에도시대
도시를 ──── 걷다

**조선통신사가 인식한
문화공간으로서의 일본 도시 :
오사카, 교토, 나고야, 에도**

에도시대 도시를 걷다

조선통신사가 인식한 문화공간으로서의 일본 도시 : 오사카, 교토, 나고야, 에도

초판 1쇄 발행 2022년 1월 25일

초판 2쇄 발행 2022년 10월 15일

지은이 김경숙 **펴낸이** 박성모 **펴낸곳** 소명출판 **출판등록** 제1998-000017호

주소 서울시 서초구 사임당로14길 15 서광빌딩 2층

전화 02-585-7840 **팩스** 02-585-7848

전자우편 somyungbooks@daum.net **홈페이지** www.somyong.co.kr

값 23,000원

ISBN 979-11-5905-620-8 03910

ⓒ 김경숙, 2022

이 저서는 2016년 대한민국 교육부와 한국연구재단의 지원을 받아 수행된 연구임 (NRF - 2016S1A5A2A01022749)

에도시대 도시를 걷다

조선통신사가 인식한
문화공간으로서의 일본 도시 :
오사카, 교토, 나고야, 에도

김경숙 지음

Walking the City in Edo Period
ChosunTongsinsa's Recognition of
Japanese Cities as the Cultural Space
— Osaka, Kyoto, Nagoya, Edo

심미안출판

　문득 통신사들은 자신들이 머물렀던 일본 도시들을 어떻게 생각했을까 하는 궁금증이 들었다. 특히 주요 도시인 오사카, 교토, 나고야, 에도에 대해 어떤 기록을 남겼을지 찾아보고 싶어졌다. 그래서 국립중앙도서관과 국회도서관 자료를 검색해 보니, 우리나라에는 이에 대한 저술이 없었다. 일본의 경우 작은 저서가 한 권 있을 뿐이었다. 수많은 통신사 관련 저술 가운데 이에 대한 시도가 없었다니 놀라울 따름이었다. 그것이 이 책의 출발이었다.

　통신사 사행록은 일본에 사신으로 다녀온 기록이자 보고서였다. 다양한 신분과 직역의 사행원들이, 사행의 경로에서 겪은 일들과 그에 대한 감상 및 비평을 대체로 날짜 순서로 기록했다. 이는 다음에 다녀올 사람들을 위한 지침서이기도 했다. 또한 일본을 가보지 못한 혹은 가볼 기회가 없는 사람들을 위한 소개서이기도 했다. 그러므로 이들의 기록은 조선 사회에서 일본 인식이 형성되는 것에 영향을 끼칠 수밖에 없었다.

　사행은 부산에서 우리나라 사행선을 타고 오사카까지 가서 배에서 내려 육로로 에도까지 갔다. 일본인들은 배를 타고 에도까지 가는 바닷길을 놓아두고 굳이 육로를 통해 산 넘고 들판을 지나고 강물을 건너며 에도까지 길을 안내했다. 에도 막부는 사행의 행렬을 관광화하며 자신들의 세력을 백성들에게 과시하려 했고 일본인들도 호기심과 선망을 지니고 사행을 맞이하였다. 이에 이 마을 저 마을, 이 도시 저 도시를 지나갔다. 뙤약볕, 살인적인 습도 그리고 비바람을 견디며 고생고생하여 행진

했다. 우리나라와는 다른 풍토와 기후로 인해 힘들어하면서 가족과 고향을 그리워하며 눈물짓기도 하였고, 병을 앓거나 죽기도 하였다. 그 고되고 기나긴 길 위에서 사행은 일본 도시를 체험하며 일본 문화와 일본인들을 관찰하고, 자신의 인식을 정립시켰다.

사행이 주로 접촉한 일본인은, 사행을 안내하는 직역의 쓰시마 사람들, 에도 막부에서 파견된 관리들, 각 지역에서 파견된 가마꾼이나 경마잡이 등의 일꾼들 그리고 사행과 시문창화를 갈망하던 지식인들이었다. 이들을 통해 이런저런 정보를 수집했으며, 이들과 친교를 맺거나 갈등을 빚기도 하였다. 사행의 일본 도시 인식에는 이 모든 것이 융합되어 있다. 비록 속 깊은 관찰을 하고 저들의 내면을 파악하는 데는 어려움이 있었어도, 자신들이 보고 듣고 살핀 것을 정성을 다하여 기록하였다.

이 저서를 완성하는 일은 품이 많이 들었다. 우선 통신사 자료들을 읽고 정리를 했는데 이 시간이 생각보다 오래 걸렸다. 그 뒤 오사카, 교토, 나고야, 에도 순으로 원고를 썼는데 계속 자료를 살피고 보충할 일이 생겼다. 또한 여러 다른 일 때문에 작업은 계속 지지부진하게 되었다. 이 일에 집중하려 하였는데 마음처럼 잘 풀리지 않았다. 코로나까지 덮친 상황이 오자 상황은 더 안 좋아졌다. 그러므로 이 저서를 완성할 수 있었던 힘은, 사행록 저자들의 정성 때문이었다는 생각이 든다. 신유한과 원중거를 위시한 사행록 저자들과 사행원들에게 다시 한번 존경과 감사함을 드린다.

생각해 보니 조선통신사는 내가 최초로 매료된 대상이 아니었을까. 대략 30년 전쯤, 박사과정 수업에서 통신사 관련 수업을 들은 뒤, 수많은 자료를 찾고 읽고 번역하고 그에 대한 논문과 책을 썼다. 그들이 갔던 길, 사찰, 도시 등을 찾아다니며 그들의 자취를 그대로 걸으면서 눈에 가득 담으려고 애쓰고 사진으로 남겼다. 그들의 자취 위에 내가 서 있다는 것만으로, 그들이 걸었던 그 길을 내가 걷고 있다는 것만으로 행복했다. 그들의 심정을 느껴보고 이해해보려고 했다. 시나가와슈쿠品川宿 거리를 이쪽 끝에서 저쪽 끝까지 홀로 걷던 그 시간이 가장 잊히지 않는다. 지하철을 갈아타고 시나가와역에 도착해서 길을 물어 찾아가서 마침내 시나가와슈쿠에 당도했던 순간의 감동이 다시 떠오른다. 수많은 사행원들이 이 길을 갔겠구나, 길옆의 건물들을 보았겠구나, 저 바다와 저 다리를 보았겠구나, 지금 보이는 이 사찰은 예전에도 있었을까……. 여기저기를 기웃거리며 천천히 걸었다. 조선통신사와의 만남은 참으로 시간과 노력이 많이 들고 피곤했지만 보람과 기쁨이 있었다.

묻지도 따지지도 않고 책을 흔쾌히 출판해 준 소명출판 박성모 사장님께 감사를 전하고 싶다. 사장님은 작은 출판사라고 겸손하게 언급하지만 소명출판은 인문학에 커다란 힘을 실어주고 있다. 긴 원고를 정성껏 편집해준 편집부 여러분들께도 감사를 드린다.

2022년 1월

김경숙

차례

제1장

물화物貨의 부고府庫
오사카

오사카 大阪

지리적 특징 및 거리

오사카항과 하구河口

오사카항의 발전과 사행선 정박

오사카는 조선통신사가 일본에서 육로로 가게 되는 첫 땅이었다. 통신사행이 타고 온 우리나라 사행선使行船은 오사카항의 하구河口에 도착한 뒤 정박을 하였고, 사행은 일본 배로 갈아타고 강을 거슬러 오사카로 갔다. 곧, 오사카는 우리나라 배에서 내려 해로海路가 아닌 육로陸路로 가는 첫 도시였다. 그러므로 이곳에서부터 일본 문화에 대해 직접 자세히 관찰할 수 있었다.

그런데 사행이 오사카에서 육로로 에도江戸까지 가게 된 것은 '조선통신사'부터이다. 임진왜란壬辰倭亂 이전의 사행은 오사카가 아니라 효고兵庫에서 배를 내려 육로로 갔고, 목적지도 에도가 아닌 교토였다. 또한 임진왜란 직전인 1590년 사행과 임진왜란 당시의 1596년 사행은 계빈界濱에서 배를 내렸다.

이에 대해서는 1596년에 일본에 사신으로 다녀온 황신黃愼, 1560~1617의 『일본왕환일기日本往還日記』를 참고할 수 있다. 그는 1596년 8월에서 11월까지 명나라 책봉사冊封使 양방형楊方亨과 심유경沈惟敬을 따라 일본에 다녀왔다. 이는 강화조약을 위한 것이었는데 결국 강화는 결렬되고 일본은 이듬해에 정유재란丁酉再亂을 일으켰다.

사행은 1596년 윤 8월 17일에 효고에 도착했고, 18일에 계빈界濱에 이르러 '마침내 육지에 내렸다'. 이들은 이곳의 관소에 머물렀다. 도요토미 히데요시豐臣秀吉, 1537~1598가 8월 28일에 '오사개五沙蓋' 곧 오사카에 왔고, 양방형과 심유경이 도요토미 히데요시를 만나러 9월 1일 오사카로 갔다가 9월 4일에 돌아왔다.

또한 1643년 『계미동사일기癸未東槎日記』를 보면, "1590년에 사신 황윤길黃允吉과 1596년에 사신 황신黃愼이 갈 때는 모두 여기서 배에서 내려 뭍에 올랐는데, 그 뒤로 수로水路로 해서 간 것은 그 까닭을 알 수가 없다"고 했다. 계빈에서 내려서 육로로 가다, 1607년 조선통신사부터 오사카의 하구에 내리게 된 것을 궁금해 하였다.

통신사행이 오사카 하구에 배를 정박하게 된 것은 오사카 항구의 발전과 관련이 있다. 1583년 도요토미 히데요시의 명에 의해 하천과 운하를 개수하게 되어 큰 배들도 정박할 수 있게 되었던 것이다. 도요토미 히데요시는 일본을 평정한 뒤 오사카성 아래를 정비하면서 요도가와淀川와 야마토가와大和川의 치수 공사를 대대적으로 하였다. 그 뒤 에도 막부江戶幕府 때에는 막부가 직접 제방을 관리하게 되었다.

그런데 사행록에는 계빈界濱·堺濱과 주길住吉이라는 지명이 자주 등장한다. 1607년 경섬慶暹, 1562~1620은 "계빈촌界濱村은 화천和泉·섭진攝津·하내河內 세 주州의 경계에 끼어 있기 때문에 이름 지어진 것이라 한다"고 했다. 이를 바탕으로 일본의 고지도를 찾아보니, 사행이 계빈이라고 불렀던 곳은, 현재 야마토가와 아래쪽(남쪽)에 있는 사카이시堺市 지역이다. 행정상 이곳은 오사카부府 사카이시이다. '계빈界濱'은 사카이시의 사카이구堺区에 해당하는 지역으로 바로 항구에 이어져 있다. 다만 한자가 달라 '계빈界濱'은 '계빈堺浜'이라고 쓰고 사카이하마라고 읽는다. 또한 주길住吉은 현재 야마토가와 위쪽(북쪽)에 있는 스미요시구住吉区로 사카이시와 강을 경계로 이어져 있다.

곧, 도요토미 히데요시가 오사카 하천과 운하를 개수함으로써 1590년부터는 사행이 오사카항에 배를 정박할 수 있게 되었다. 이로 인해 1590년과 1596년 사행은 야마토가와 남쪽의 하구에 배를 정박하고 사카이 지역을 통해 육로로 갔던 것이다.

그런데 우리가 조선통신사라고 부르는 17세기 이후의 사행 때부터는 사카이 지역에서 육로로 가지 않고 오사카 하구에 사행선을 정박시키고 강물을 거슬러 오사카 관소로 가게 되었다. 다시 말해 부산에서부터 사행을 싣고 간 6척의 사행선은 효고를 떠나 오사카의 하구에 도착하게 된다. 이곳에서 사행과 짐은 일본 배로 갈아타게 되고, 사행선은 오사카항의 서쪽 항구에 정박하게 된다. 사행선이 도착했던 하구 곧, 가와구치川口는 두 곳이었다. 시리나시가와尻無川와 키즈가와木津川였다. 이곳에서 일본의 금루선을 타고 구 요도가와旧淀川(지금의 오오카와大川)를 거슬러 올라가 텐마天満에 있던 나루터[船場]에서 내려 육로로 오사카 관소에 갔다.

사행록에는 대부분 오사카 하구에 내려 강물을 거슬러 오사카의 관소로 갔다고 기록되어 있다. 사행은 강의 이름에 대해서는 기술하지 않았다. 1748년 조명채曹命采, 1700~1764만이 '木津川' 곧 키즈가와라는 이름을 정확하게 기술하였다.

그런데 시라나시가와는 오사카부 오사카시 남서부를 흐르는 요도가와淀川 하류에서 나뉘어 흐르는 하천이고 키즈가와 역시 요도가와 하류에서 나뉘어 흐르는 하천이다. 지도를 살펴보면 두 하천은 구 요도가와가 다이쇼바시大正橋에서 갈라져, 다이쇼구大正区 지역을 양옆에서 끼고 바다로 흐르다가 오사카 하구에서 결국은 바다로 합쳐진다. 같은 요도가와의 두 줄기이니 어느 하천을 통해 강을 거슬러 올라가든 결국은 요도가와로 가게 되었다.

오사카 하구의 모습

다음은 각 사행이 효고를 떠나 오사카 하구에 도착한 시간이다.

> 1607년 이른 아침에 떠나 도착.
>
> 1617년 새벽에 떠나 도착.
>
> 1624년 밤에 떠나 해가 뜰 때[平明]에 도착.
>
> 1636년 진시辰時(오전 7시에서 9시)에 떠나 미시未時(오후 1시에서 3시)에 도착.
>
> 1643년 닭이 울자 떠나 사시巳時(오전 5시에서 7시)에 도착.
>
> 1655년 밤중에 출발하여 사시巳時에 도착.

1682년 인시寅時(오전 3시에서 5시)에 출발 오시午時(오전 11시에서 오후 1시)
에 도착.

1711년 사시巳時에 출발 포시晡時(오후 3시에서 5시)에 하구 10여 리를 못 미
처 도착.

1719년 이경二更(오후 9시에서 11시)에 출발하여 다음날 아침에 도착.

1748년 한밤이 못 되어 출발하여 다음날 새벽에 도착.

1764년 축시丑時(오전 1시에서 3시)에 출발하여 다음날 아침 먹을 때 도착.

효고에서 사행선이 출발한 시간은 새벽부터 밤까지 다양하다. 이는
조수의 흐름에 맞추어야 했기 때문이었다. 사행에 의하면 효고에서부터
오사카까지는 뱃길로 100리, 110리 혹은 130리였다. 위의 시간을 보면
효고를 떠나 오사카의 하구에 도착하기까지 걸린 시간은 대략 8시간에
서 10시간 정도였다.

그런데 에도 막부가 맞이한 첫 조선통신사인 1607년 사행의 경우는
하구에서 하루 묵고 다음날 일본 배로 갈아타고 강을 거슬러 올라갔고,
그 뒤의 사행들은 모두 도착한 뒤 바로 배를 갈아타고 갔다. 이와 관련하
여, 1607년 사행선은 오사카 앞바다에 도착하여 바다 가운데에 닻을 내
렸고 사행원들은 작은 배에 옮겨 탔는데, 1617년부터는 사행선이 하구
까지 갔다. 그 이유는 밝혀져 있지 않으나, 사행을 접대하는 방식이 변한
것으로 보인다. 1607년 사행을 치르고 보니, 굳이 하루를 하구에서 묵지
않아도 일본 배를 타고 강을 거슬러 올라가는 데 무리가 없다고 판단한
것으로 보인다. 그런데 무리가 없다는 점은 사행선이 하구까지 갈 수 있

을 만큼 오사카 항만과 하천이 정비되었음을 의미한다.

사행이 오사카 하구에 도착하여 바라본 것은 무엇이며, 처음 느낀 점은 무엇이었을까?

> 서남쪽은 바다에 막히고 동북쪽은 하천이 띠(帶)처럼 있었으며 먼 산이 빙 둘러 벌려 서 있어 형세가 아주 뛰어났다. 북쪽 언덕에는 천하기天河崎가 있는데 혹은 노옥蘆屋이라고 한다. 동남쪽 언덕에는 계빈堺濱이 있는데 인가가 매우 번성했다. 이곳은 서남西南 상인들이 모여드는 곳이라 돛대가 바다를 덮어서 옹기종기 수풀과 같았다.
>
> — 남용익, 『부상록』, 1655년 9월 5일

> 서남쪽은 바다 빛이 아득히 이어졌으며 동북쪽으로는 푸릇푸릇한 들빛이 이어졌다. 육지의 물은 강물을 따라 흘러 이르는데 그 빛이 조금 흐리면서 조수潮水 머리와 싸움을 하였고 배도 또한 떠서 흘렀다. 강물은 두 갈래로 나뉘었는데 북쪽 물의 형세가 조금 크고 얕아 배를 띄울 수 없었다. 남쪽 물은 좁고 깊었다. 그러므로 큰 배는 남쪽으로 작은 배는 북쪽으로 갔다. 흐르는 모래가 쌓인 곳에는 모두 큰 기둥을 꽂아 표시를 하였고, 뱃길도 또한 이파리가 있는 대나무를 이어놓아 인도하였다. 십 리를 가지 않아서 하구河口에 도착했다. 양쪽 언덕에 인가人家가 있었는데 서쪽은 촘촘하였고 동쪽은 듬성듬성하였다. 동쪽은 제방을 쌓았는데 제방의 안쪽에는 모두 논이 은근히 비치고 있었고 인가가 있었다.
>
> — 원중거, 『승사록』, 1764년 1월 20일

남용익南龍翼, 1628~1692의 예문은 오사카의 서남쪽·동북쪽·북쪽·동남쪽을 조망하였다. 오사카의 서남쪽은 바다로 막혀 있고 동북쪽으로는 하천이 띠를 두른 듯이 흐르고 있고 멀리로는 산들이 빙 둘러 있다. 그야말로 뛰어난 형세라고 평가했다. 그런데 북쪽 언덕에 있다고 표현한 노옥蘆屋은 '아시야'라고 읽는데 현재는 아시야芦屋라고 쓴다. 이곳은 오사카부가 아니라 효고현에 속해 있다. 효고를 떠나 오사카로 가는 바닷길은 아시야시芦屋市와 니시노미야시西宮市 앞바다를 지나 오사카로 갔다. 또한 북쪽 언덕이란 아시야 북쪽에 있는 롯코우산六甲山을 말한다. 이로 볼 때 남용익의 표현은 사행선을 탄 상태에서 오사카만灣을 포함하여 오사카 근방을 파노라마처럼 관찰한 것이다.

오사카 바다에 대한 인상을 먼저 살펴보면, 1636년 임광任絖, 1579~1644은, 효고에서 오사카에 이르는 "사이에 돛을 단 배가 얼마나 되는지 모를 지경이었다. 원근遠近을 바라보면 돛만 보이고 바닷물은 보이지 않았으니, 그 수의 많음을 알 수 있었다"고 했다. 눈앞에 펼쳐진 바다 멀리까지 가득하게 수많은 배들이 돛을 펼치고 항해하고 있는 모습은 참으로 장관이었던 것이다. 위 예문에서 남용익도 상인들이 모여드는 곳이라 돛대가 바다를 덮어 옹기종기 수풀 같다고 했다. 1711년 임수간任守幹, 1665~1721에 의하면 바닷가에 섬이 끊겼다 이어졌다 하였으며 갈대는 끝없이 가득 차 있었고, 북쪽 언덕은 대륙大陸이었는데, 원근에서 모여드는 배의 돛대가 빽빽하게 들어서 있었다. 오사카항이 번성했음을 알 수 있는 부분이다.

계빈은 앞서 살폈듯이 사카이시의 사카이구 지역이다. 이곳에 대해서는 1607년 경섬이 "오사카와 육지가 연달았고, 거리가 30여 리이다.

산이 둘러 있고 바다가 둘러 있으며, 여염이 서로 잇닿고 연수煙樹, 아지랑이나 안개에 싸인 나무가 아물거려, 바라볼수록 더욱 아스라했다"고 하였다. 그 외 사행들도 사카이에 민가가 가득하고, 매우 번성하다고 하였다.

또한 사카이와 맞닿아 있는 스미요시에 대해서도 흥미로운 기록이 있다. 1617년 이경직李景稷, 1577~1640은 사카이와 스미요시를 바라보니 수십 리에 여염집이 가득하다고 했다. 그러면서 스미요시에서 하구까지는 해마다 3월 3일이 되면 바다가 육지로 변해 넓이가 십여 리나 되었다가, 4일에는 바닷물이 점점 생겨, 5일이 되면 다시 예전처럼 되므로, 사람들이 물결처럼 몰려와 보고 이어서 재미있는 놀이를 한다고 했다. 물론 이

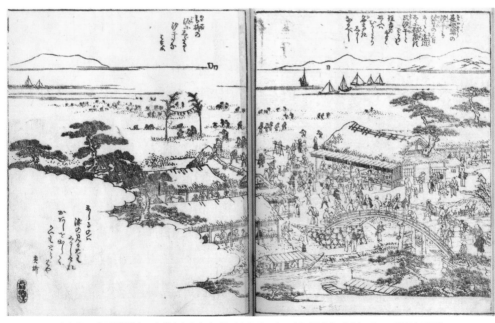

아키사토 리토우秋里籬島·타케하라 슌쵸사이竹原春朝斎,〈스미요시우라住吉浦〉,《셋츠 명소도회摂津名所圖會》
3월 3일 스미요시 바닷가에 물이 빠진 모습 | 일본 국립국회도서관 소장

는 역관을 통해 알게 된 사실이었다.

오사카 하구에 대한 감상은 1764년 원중거元重擧, 1719~1790의 위 예문을 통해서도 알 수 있다. 서남쪽은 바다 빛이 아득히 이어졌고 동북쪽으로는 푸릇한 들 빛이 이어졌다고 했다. 육지의 물이 강물을 따라 흘러 이르러 조수와 만나 싸움을 했고, 이 때문에 배도 떠서 흘렀다. 이에 대하여는 1636년 김세렴金世濂, 1593~1646의 기록을 참고할 수 있다. 하구에 이르니 얕은 여울로 되어 있어 강물과 바닷물이 섞여 흘러 서로 다투어 천만 가지 모양으로 용솟음쳤고 일본인들도 매우 두려워했다. 이로 볼 때, 강물과 바다가 만나 섞여 소용돌이가 일면서도 얕았던 것이다. 그러므로 큰 배가 항해하기 어려웠다. 그래서 조수를 기다렸다가 하구에 들어갔다.

원중거에 의하면 강물은 두 줄기로 나뉘어 흘렀는데 북쪽 줄기는 조금 크고 얕아 배를 띄울 수 없었고, 남쪽 줄기는 좁고 깊었다. 그러므로 큰 배는 남쪽으로 작은 배는 북쪽으로 갔는데, 흐르는 모래가 쌓인 곳에는 모두 큰 기둥을 꽂아 표시를 하였고, 뱃길도 또한 이파리가 있는 대나무를 이어 놓아 인도하였다. 이렇게 가기를 십 리 정도 후에 하구河口에 도착했다.

이 하구에 대한 서정적 감상을 1719년 신유한申維翰, 1681~1752에게서 찾을 수 있다.

땅은 넓고 시원하였으며 촌락이 자못 번성하였다. 앞산의 기슭에 물이 띠처럼 둘러서 섬처럼 된 곳들은 사람들이 거주하고 있었는데, 종옥鐘屋, 점포店鋪라고 하였다. 동쪽과 서쪽의 울타리들이 바둑판을 펴 놓은 것 같이 눈에 들어왔다. 아름다운 나무가 있고 고운 대나무들이 보였으며 갈대꽃과 물억새 잎들이 가을을 맞아 더욱 기이하였다. 물가의 갈매기와 학들이 그 아래로 날고 헤엄쳤다. 눈에 보이는 모든 것이 강호江湖의 즐거움이니, 풍파를 겪은 나그네로 하여금 바다를 건너 3천여 리를 온 일을 저절로 생각나게 하였다. 다행히 큰일 없이 평지를 밟게 되니 사람마다 즐거워하는 기색이 있었다.

— 신유한, 『해유록』, 1719년 9월 4일

사행은 9월 3일 밤 9시쯤 효고를 떠나 밤새 바닷길을 달려와 4일 아침에 하구에 도착하였다. 그러므로 위 예문은 갑판 위에 서서 하구를 처음으로 바라본 감상이다. 눈 앞에 펼쳐진 오사카는 땅이 넓게 펴져 시원해 보였고 마을들이 번성했다. 또한 앞에 바라다 보이는 산의 기슭은 물이 띠처럼 흘러 섬들처럼 되었는데 그곳에는 마을이 있었다. 울타리는 바둑판을 펼쳐 놓은 것처럼 반듯반듯했는데 아름다운 나무와 대나무들을 심어 놓았다. 또한 갈대와 물억새가 가을을 맞아 아름다운 경치를 만드는데 갈매기와 학들이 물가에서 헤엄치고 날아다녔다. 상상해보면 참으로 평화롭고 아름다운 광경이다. 그러므로 강호 곧, 자연의 즐거움이라고 했다. 부산을 떠나 비바람과 폭풍을 무릅쓰며 험난한 뱃길을 지나 이제 육지에 다다른 사행에게는 참으로 마음을 편하게 하는 광경이었을 것이다. 그러기에 큰 문제 없이 육지를 밟게 된 것을 모두 기뻐했다. 이는 신유한뿐만 아니라 대부분의 사행원들이 오사카 하구에 이르러 느꼈던 심상이었을 것이다.

강을 거슬러 가는 뱃길

강물을 거슬러 가는 작은 배, 누선樓船

오사카는 앞바다뿐 아니라 하구의 강어귀가 물이 얕았다. 그래서 우리나라 사행선처럼 해선海船인 큰 배는 무거워서 걸렸다 떴다 하였다. 또한 오사카 하구로 흘러내리는 강물들도 물이 깊지 않았다. 앞서 살핀 대로 스미요시의 바닷가가 육지가 된다는 것도 강물이 얕기 때문이었다. 그러므로 바다를 다니는 큰 배들은 강물을 거슬러 올라갈 수 없었다.

우리나라 사행선이 오사카 하구에 이르면 일본의 배들이 마중을 나왔다. 이 배들은 강물에서 운행할 수 있도록 제작된 작은 배들이었다. 흥미로운 점은 1607년은 오사카 바다 한가운데에 닻을 내리고 일본 배로 갈아탔는데, 1617년부터는 하구까지 사행선이 운행하고 그곳에서 일본 배로 갈아탔다. 10년 사이에 항만과 하천의 정비가 좀더 되었던 것으로 보인다. 그런데 1748년의 경우도 바다 가운데서 배를 갈아탔다. 아침에 오사카 바다에 도착하니 조수가 썰물이었기에 저녁 밀물이 올 때까지 기다릴 수 없어 배를 갈아타고 하구까지 갔다. 하천의 정비뿐 아니라 조수도 영향을 미쳤던 것이다.

사행원들과 짐은 이 일본 배들로 옮기게 되고, 우리 사행선 6척은 시리나시가와의 서쪽 항구로 들어가 정박하게 된다. 원중거는 이곳이 '강을 거슬러 위로 가서 서쪽에 있는 작은 항구'라고 하였다. 사행선들은 사행이 에도에 다녀올 때까지 이곳에서 기다렸다. 그동안 이곳에 배와 함께 남아 있는 사람들이 있었다. 이들은 대부분 배와 관련된 사람들로, 선장船將, 사공沙工, 격군格軍들이었는데 대체로 100여 명 정도 되었다. 이들은 배를 지키고 수리하며 지냈다.

　　사행원들과 짐을 싣기 위해 준비된 일본 배들은 사행록에 다음과 같이 나타난다.

　　옥선屋船 및 작은 배[小船] 40여 척; 1607년

　　강선江船; 1617년 오윤겸, 1624년

　　작은 누선[小樓船]; 1617년 이경직, 1636년 임광

　　누선樓船 8, 9척 및 소선小船 수백 척; 1636년 김세렴

　　누선樓船 5척과 소선小船 백여 척; 1643년, 1655년

　　누선樓船 6척과 소선小船 30여 척; 1682년 김지남

　　누선樓船 6척과 소선小船 40여 척; 1682년 홍우재

　　채선彩船 10여 척, 누선樓船, 소선小船; 1711년

　　누선樓船 9척; 1719년

　　채선彩船과 많은 소선[許多小船], 금루 여러 배[金鏤諸船], 금선金船 11척; 1748년

　　금루선金鏤船 11척; 1764년

　　일본의 하천을 운행하는 배들에 대한 명칭은 사행록에 다양하게 나타난다. 먼저 소선小船이라는 용어가 지속적으로 나타난다. 소선小船은 말 그대로 '작은 배'라는 뜻이다. 배에 따라 햇볕을 가리기 위한 휘장을 세워놓기도 했다.

　　우리가 주의 깊게 봐야 할 단어는 소선을 제외한 나머지 용어들이다.

옥선屋船이라는 용어는 1607년에만 나타난다. 강선江船이란 용어는 1617년과 1624년에 나타난다. 소루선小樓船이라는 용어는 1617년과 1636년에 사용되었고, 1643년 이후로는 누선樓船이란 용어로 자리 잡은 것으로 보인다. 그 뒤 1748년에 이르면 '금金'이란 단어를 합성하여 금루선金鏤船 혹은 금선金船이라는 용어가 되었다. 또한 1711년과 1748년에는 채선彩船이라는 용어가 등장한다.

일단 용어를 살펴보면, 강을 운행하기에 강선江船이라고 불렀다. 옥선屋船은 배에 집이 있다는 뜻이고, 누선樓船은 배에 층루層樓 곧, 이층집이 있다는 뜻이며, 금루선金鏤船은 금으로 칠한 이층집이 있다는 뜻이고, 금선金船은 금루선을 줄인 말이다. 그러므로 옥선, 누선, 금루선은 같은 종류의 배를 부르는 명칭이다.

또한 채선彩船이라는 단어가 1711년과 1748년에 등장한다. '彩船'이란 그림이 그려진 화려한 배라는 뜻이다. 1711년 임수간은 국서國書는 누선에 실었고 사행원은 채선을 탔으며, 사행원 가운데 기고旗鼓(깃발 드는 이와 북 치는 이)와 나졸羅卒들은 소선에 나누어 탔다고 했다. 그러면서 정사正使였던 자신이 탄 배는 관백關白*이 타는 것인데 이번에 특별히 사신에게 빌려준 것이라고 들었다고 했다. 국서를 실은 배와 사신이 탄 배에 대한 명칭이 누선/채선으로 나뉜다. 그런데 중요한 것은 임수간이 탄 배를 채선이라고 하였으나 관백이 타는 배라는 점에서, 국서를 실은 배와 동급이거나 더 높은 급의 배였음을 유추할 수 있다.

---

* 에도 막부의 수장인 쇼군(將軍)을 통신사행은 대체로 관백이라고 지칭했다. 이에 본 책에서도 이 용어가 주로 사용되었다.

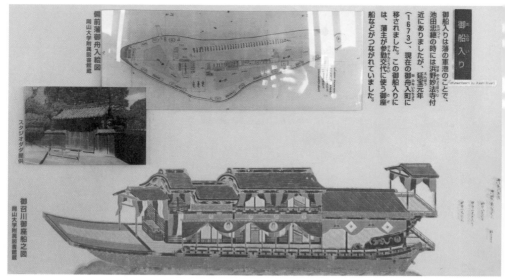

御船入り

御船入りは藩の軍港のことで、
池田忠継の時には浜野の地の付
近にありましたが、延宝元年
(一六七三)、現在の御船入町に
移されました。この御船入りに
は、藩主が参勤交代に使う御座
船などがつながれていました。

備前藩御舟入絵図
岡山大学附属図書館蔵

スタジオダダ提供

御召川御座船之図
岡山大学附属図書館蔵

오카야먀현岡山県 오메시가와御召川 고자부네御座船 | 김경숙 사진

　　1748년의 경우 앞서 살폈듯이 하구가 아닌 바다에서 배를 옮겨 탔다. 그때 옮겨 탄 일본 배를 채선과 소선이라고 표현하였다. 또한 이 배들을 타고 하구에 이르러, 국서와 삼사三使(정사, 부사, 종사관)와 수역首譯 3명과 상판사上判事 3명 및 쓰시마 도주對馬島主는 다시 11척의 금칠한 배로 갈아 탔는데 이를 금루선 또는 금선이라고 표현하였다. 곧, 이 경우 채선과 누선이 다른 종류의 배였음을 알 수 있다.

　　그런데 일본이 오사카 하천을 거슬러 올라가기 위해 준비한 배의 일본 측 정식 명칭은 가와고자부네川御座船 혹은 고자부네御座船이다. 이는 다시 공의선公儀船과 다이묘大名의 가와고자부네로 나뉜다. 공의선公儀船은 국서와 삼사를 위해 준비한 배이고 다이묘의 가와고자부네는 나머지 사행원(상상관, 상관, 상판사 등)을 위해 준비한 배였다. 공의선은 공적인 행사에 사용되는 배였고, 다이묘의 가와고자부네는 다이묘들의 배를 빌려 사용한 것이었다.

그러므로 조선통신사는 가와고자부네에 대해 옥선屋船, 강선江船, 소루선小樓船, 누선樓船, 금루선金鏤船, 금선金船 그리고 채선彩船이라는 용어를 사용했음을 알 수 있다.

이 배에 대한 설명은 1624년 사행부터 나타났다. 17세기에는 크게 분량을 차지하지 않다가 18세기 사행록에 이르면 자세해지고 분량도 많아졌다.

> 작은 누선을 탔는데 배의 모습이 몹시 기이하고 교묘하였다. 널빤지 벽[板壁]으로 꾸미고 황금을 입혔는데, 대개 나무 널빤지[木板]는 흑칠黑漆을 하였다. 방석과 그릇 등이 너무도 사치하고 화려하다. 벽에는 단청으로 그림을 그렸다. 그러므로 사람의 눈을 현란하게 하였다.
>
> — 강홍중, 『동사록』, 1624년 11월 15일

이는 1624년 강홍중姜弘重, 1577~1642의 기록으로 조선통신사 사행록 가운데 금루선에 대한 최초의 묘사이다. 그런데 언뜻 봐서는 배의 모습을 정확하게 이해하기 힘들다. 황금과 옷칠을 한 화려한 배라는 점을 알 수 있다. 이를 자세히 살펴보면, 누선樓船이란 이층으로 된 다락집이 있는 배이다. 이 다락집은 널빤지로 만들었다. 그리고 황금을 칠했다고 했는데 전체를 황금으로 칠한 것이 아니라 처마, 대들보, 난간 등을 황금으로 장식했다. 그리고 지붕이며 벽 등의 널빤지에는 모두 검은 옷칠을 했다. 단청으로 그림을 그렸다고 한 것은, 벽에 붉고 푸르고 노란 색으로 사람, 화초, 조수鳥獸 등의 그림을 그린 것을 뜻한다. 또한 사신이 사용하라고 준비한 방석이나 그릇 등의 집물들도 사치하고 화려했다.

그러므로 사행은 누선에 대해 '사람의 눈을 현란하게 한다, 어지러워 볼 수가 없었다, 영롱한 모습이 물결에 비쳐 마음이 설레고 눈이 어지러워 쳐다볼 수가 없다, 찬란하고 교묘하였다, 너무 화사하였다' 등으로 표현하였다.

이러한 누선 10여 척에 삼사를 비롯한 높은 직역의 사행원들이 타고, 소선에는 낮은 직역의 사행원과 사행의 짐을 싣고 강물을 거슬러 올라갔다. 하천을 가득 메운 선박의 행렬은 참으로 장관이었다.

강을 거슬러 가는 길

이 배들을 타고 하구에서부터 강을 거슬러 오사카 시내의 나루터까지 가게 되었다. 거리는 사행마다 조금씩 차이가 나지만 30여 리라는 의견이 가장 많다. 하구에서 나루터까지 강물은 좁아졌다 넓어졌다 갈라졌다 합쳐졌다 다시 갈라졌다 하였다. 1748년 조명채에 의하면 이 강물의 흐름이 마치 핏줄을 벌여놓은 것처럼 보였고, 1764년 원중거는 직물을 짜놓은 것 같다고 하였다. 또한 강물 양쪽으로는 돌로 쌓은 둑이 있었고 그 위에는 인가가 있었다. 1719년의 기록에 자세한 모습이 남아있다.

강 언덕 위 산비탈은 구불구불 실처럼 길게 이어지면서 높아졌다 낮아졌다 하였는데, 2층으로 된 큰 집과 날개 달린 듯한 정자[層軒翼樹]가 구름과 햇볕에 빛났다. 모든 집의 담과 벽이 다 화려하게 색칠을 하였다. 한 조각의 땅도 놀리지 않았으니, 낮고 습해서 거처할 수 없는 곳에는 푸른 풀로 금빛 방죽[綠莎金堤]을 만들었는데 깨끗하여 침도 뱉을 수 없을 정도였다. 그 가운데는 돌을 깎아 터를 만든 것이 있었는데 아득히 날아갈 듯 아래로 물가에 다다랐다. 뜰의 섬돌이나 우물가에는 노송, 추해당秋海棠, 베고니아과 여러 기이한 풀과 아름다운 꽃을 심었는데 깃발 같기도 하고 덮개 같기도 하고, 용이 서린 듯 봉황새가 높이 나는 듯하였다. 위에 구화장九華帳, 여러 가지 꽃무늬를 수놓은 휘장과 오색 등燈을 설치한 것은 모두 각 주州 태수太守의 물가 별장이었다. 그 아래 수문에는 목책木栅을 설치하고 황금선黃金船을 넣어 두었는데 사행이 탄 것과 같은 배들이 수도 없이 많았다. 이 또한 부유하고 권세 있는 사람들이 잔치하고 노는 집이었다. 강 양쪽으로 고기잡이배와 장삿배가 크고 작은 나루에 머리와 꼬리를 꿴 듯한 것이 천 길[尺]도 더 되었다.

— 신유한, 『해유록』, 1719년 9월 4일

강 양쪽 언덕 위의 산비탈은 높아졌다 낮아졌다 하였는데 집들이 많았다. 사행은 '층층 누각이 마치 바둑이나 별처럼 벌려 있다', '인가가 비늘처럼 다닥다닥 붙어 있다', '인가와 누각과 큰 집들이 즐비하게 섞여 있다', '인가가 잇달았다'라고 하여 집들이 많았다고 증언하였다.

그런데 이 언덕 위의 인가에 대해서 흥미로운 점이 있다. 1617년, 1624년, 1636년, 그리고 1764년 사행은, 집들이 동쪽 언덕에는 한 줄로 있었다거나 듬성듬성하다고 했고, 서쪽 언덕에는 땅을 뒤덮을 정도로 가득했다고 기술했다. 그 이유를 1764년 기록을 통해 알 수 있다. 듬성듬성한 동쪽 제방의 안쪽에는 논이 은근히 보였다는 것이다. 지리적 형세 때문이었다.

위 예문에 의하면, 이층집들과 정자가 아름다웠으며 담과 벽에는 모두 채색을 하였다. 다른 사행들도 '모두 하얀 흙으로 칠해서 분처럼 흰 빛이 하늘을 찌르고, 그 중간에는 술집과 찻집이 반반씩 되었다', '희게 칠한 누각과 아름다운 정자와 높은 집', '매우 크고 화려했다'고 하였다. 곧, 이층집과 누각과 담들이 흰빛과 채색으로 아름답게 빛났던 것이다.

또한 한 조각의 땅도 그냥 두지 않았다고 했다. 낮고 습해서 사람이 살 수 없는 곳에는 푸른 풀을 심어 금빛 방죽을 만들었다. 이 푸른 풀은 원문으로는 '녹사綠莎'로 되어 있다. '사莎'는 사초莎草를 말하는데 전 세계의 습한 지역에 분포하는 벼풀처럼 생긴 풀이다. 그런데 너무 깨끗하여 침을 뱉을 수도 없을 정도라고 했으니 관리가 잘 되었음을 알 수 있다. 집들 가운데는 돌을 깎아 터를 만들기도 했는데, 돌 위에 자리하고 아래로 물가로 임한 모습이 마치 새처럼 아득히 날아갈 듯했다. 뜰과 우물가에는 노송과 베고니아를 위시해 여러 기이한 풀과 꽃을 심어 놓았는데 모양이 마치 깃발 같기도 하고 덮개 같기도 하고 용이나 학 같기도 했다는 것이다. 우리나라와는 다른 더운 날씨로 인해 따뜻한 지방에서 자라는 식물들이 많았다.

이러한 집 가운데 꽃무늬를 그려 놓은 깃발을 꽂고 오색 등을 달아놓은 집들이 있었으니, 각 주 태수의 별장, 곧 관사였던 것이다. 일본 각지에서 배를 타고 오사카로 왔기 때문에 태수들이 집을 마련해 두었던 것이다. 김지남金指南, 1654~?에 의하면, 이들은 집과 배를 화려하게 꾸미려고 애를 썼다. 예문에서 보이듯이, 수문에 목책을 설치하고 황금선을 넣어두었다. 이 배들은 사행이 타고 가는 것들과 같은 배들이었고 수도 없이 많았다. 그 구조는 물 쪽으로 문을 내거나 물을 끌어들여 선착장[港]을 만든 뒤에 수각水閣 곧, 물 위에 집을 짓고 그 아래에다 배를 띄워두었다가 여기서 배를 타고 나갔다고 했다. 물가에 지붕이 있는 정박 시설을 지었다고 할 수 있다.

수없이 많은 선박들

다음으로 강물로 시선을 옮기면 하구 안쪽 30리에는 굽이굽이 포구가 있었고, 배들이 몹시 많았다. 이에 대해서는 주로 17세기 사행들이 기록을 남겼다. 배들은 주로 관선官船과 상선商船이었는데 특히 상선 곧, 장삿배들이 많았다. 장삿배들은 머리와 꼬리를 서로 잇댈 정도로 가득하였는데, 그 숫자가 수천 척은 되었다. 강물 가득 떠가거나 정박해 있는 장삿배를 상상할 수 있다. 또한 하구에서 두 번째 다리인 엣츄바시越中橋를 지나면 물이 나뉘고 장포長浦(긴 물가 혹은 긴 포구)가 나타났다. 이곳은 1636년 임광에 의하면 사카이 지역으로 가는 길목이라고 했다. 그런데 그 안에는 선박들이 정박해 있었다. 그 수에 대해서는 '전선戰船이 50에서 60척', '선박이 이어짐', '크고 작은 선박의 수를 알 수 없었다'고 하였다.

배에서 내린 나루터

사행을 태우고 강물을 거슬러 올라가던 금루선들은 나루터에 이르게 되었다. 이곳에 도착하여 배에서 내려 육로로 가게 되었다. 그렇다면 이 나루터의 위치는 어디였을까?

이에 대해서는 1617년 사행의 기록에서 답을 찾을 수 있다. 이경직과 오윤겸吳允謙, 1559~1636은 다섯 개의 다리를 지나서 내렸다고 하였다.

> 판교板橋가 다섯 군데나 강 위에 놓여, 형세가 긴 무지개와 같았는데, 첫 번째는 토좌굴교土佐堀橋, 두 번째는 월중교越中橋, 세 번째 축전교筑前橋, 네 번째는 삼좌교三左橋, 다섯 번째는 비후교肥後橋였다. 또 천만교天滿橋와 경교京橋가 서로 바라보이는 거리에 있었다. 이 강의 한 줄기는 우치宇治에서 나오는데 우치는 좋은 차茶가 생산되는 곳이라고 한다. 다른 한 줄기는 하내주河內洲에서 나와 대판성大坂城* 아래서 합류된다. 왕래하는 배들이 모두 다섯 다리 아래를 경유한다고 한다. 우리들이 탄 배도 또한 다리 아래를 경유하였고, 제5 교를 지나서 배에서 내렸다.
>
> — 오윤겸, 『동사상일록』, 1617년 8월 18일

오윤겸에 의하면, 오사카 하구에서 사행을 태운 배는 모두 다섯 개의 다리를 지난 뒤 나루터에 이르러 사행을 내려놓았다. 다섯 다리는 토사보리바시土佐堀橋, 엣츄바시越中橋, 치쿠젠바시筑前橋, 삼좌교三左橋(이경직은 三佐橋라고 함), 히고바시肥後橋이다. 현재 오사카에는 삼좌교를 제외한 나머지 4개의 다리가 남아 있거나 흔적이 있다. 그동안 오사카 하천의 다리들은 예전 것이 남아있기도 하고 철거되기도 하고 새로 건설되었기 때문에 삼좌교의 정확한 위치를 알 수는 없으나 치쿠젠바시와 히고바시 사이의 어느 지점이었을 것이다.

---

* 오사카는 예전에는 大坂이라고 썼으나 현대는 大阪이라고 쓴다.

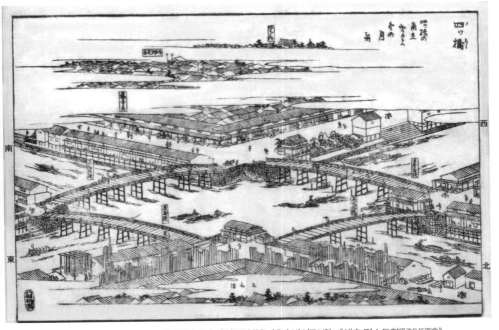

아키사토 리토우秋里籬島·타케하라 슌쵸사이竹原春朝斎,〈요츠바시四ツ橋〉,《셋츠 명소도회摂津名所圖會》
강물 교차점에 놓인 네 개의 다리를 통칭한 이름, 치쿠젠바시와 히고바시 사이에 있다. | 일본 국립국회도서관 소장

그런데 일본 측 자료를 살펴보면, 오사카에 존재했거나 현재 있는 다리 가운데 삼좌교는 없다. 오히려 치쿠젠바시와 히고바시 사이에는 요츠바시四ツ橋·四つ橋가 있었다. 이는 구 요도가와의 지류인 호리카와堀川 운하의 십자十字 교차점에 있었던 4개의 다리인 카미츠나기바시上繋橋, 시모츠나기바시下繋橋, 스미야바시炭屋橋, 요시노야바시吉野屋橋를 통칭한 것이다. 여기서 흥미로운 점은, 이 운하를 완성한 시기는 1622년이고 요츠바시는 그보다 빨리 건설되었다고 여겨진다는 사실이다. 그러므로 1617년 사행이 요츠바시를 삼좌교로 잘못 기록했거나, 1617년에는 요츠바시 네 다리가 아직 완성되지 않았거나(혹은 세 개만 완성되었을 수도) 하는, 두 가지 가능성이 있다.

어쨌거나 사행이 내린 나루터의 위치를 추정하기 위해서는, 다섯 번째 다리인 히고바시를 지난 지점에 주목할 필요가 있다. 이곳은 텐마바시天滿橋와 교바시京橋가 바라다 보이는 거리에 있었다. 그리 멀지 않았던 것이다.

그런데 1624년 이후에는 다리를 7개 건넌 뒤에 내렸다고 기록되어 있다. 이에 대해서는 현재로는 명확한 답을 내리기가 어렵다. 일본 측에도 기록이 남아 있지 않기 때문이다. 다만 2가지 추측을 할 수는 있다. 첫 번째는, 1617년과 1624년 사이에 다리가 더 생겨서 히고바시가 7번째 다리가 되고, 나루터는 변함이 없었다는 가정이다. 두 번째는 다리의 개수는 같았으나 나루터가 좀더 북쪽의 다른 다리 쪽으로 옮겨갔다는 가정이다.

그런데 1764년 원중거의 기록은 이에 대한 해답을 어느 정도 제시한다. 1월 20일 오사카에 도착한 사행은 26일 오사카를 떠나 교토로 향했다. 이때, 오사카에 올 때 배에서 내린 나루터에 가서 다시 배를 타고 요도가와를 거슬러 갔다. 원중거에 의하면 북쪽으로 배를 타고 가며 다리를 넷 지나니 남쪽으로 오사카성의 한쪽 모퉁이가 남쪽 언덕에 드러나 보였다고 했다. 지리상, 강을 거슬러 올라가다 오사카성이 남쪽으로 보이는 지점은 텐마바시 근처이다. 그러므로 1624년 이후 사행이 내린 나루터는 텐마바시로부터 하구 쪽으로 네 번째 다리였다. 현재 지도를 참고하면 텐마바시로부터 다리를 5개 지나면 히고바시가 있다. 그러므로 원중거가 내린 나루터 역시 히고바시 근처였다. 다리를 5개 지났든 7개 지났든 나루터는 크게 위치가 변하지 않았다고 하겠다. 결국 나루터는 히고바시에 가까웠다. 이로 볼 때 나루터가 있던 곳은 현재 텐마 지역이다.

강물에 놓인 다리들

사행은 강물에 놓인 이 다리들에 대해서도 관심이 많았다. 다리에 대해서 널다리[板橋], 무지개 다리[虹橋], 대판 다리[大坂橋], 긴 다리[長橋], 큰 다리[大橋], 큰 부교[大浮橋] 등의 용어를 사용했다. 나무로 만든 다리여서 널다리, 무지개처럼 양쪽은 처지고 가운데는 위로 솟아서 무지개 다리, 대판의 하천에 놓인 다리라서 대판 다리, 다리가 길었기에 긴 다리, 다리의 규모가 컸기에 큰 다리, 하천 위에 떠 있기에 부교라고 하였다. 이 가운데 널다리와 무지개 다리라는 용어를 주로 사용했다.

　다리는 높이가 수십 길이었고, 길이는 5백 보 혹은 6백 보였으며 크기는 백여 칸 혹은 수백 칸이었다. 기둥과 들보가 견고하고 튼튼하며 모습이 웅장했는데, 나무로 만들고 구리 난간을 설치했다. 다리 위로는 수레 몇 대가 나란히 갈 수 있고, 다리 아래로는 배가 지나갈 수 있었는데 비늘처럼 잇닿아 지나갔다. 이러한 큰 다리들이 하천에 '두서너 개', '일곱 개', '여덟 아홉 개'가 있었고, 지류에는 작은 다리가 헤아릴 수 없이 많았다.

　앞서 언급했듯이 강물은 좁아졌다 넓어졌다, 갈라졌다 합쳐졌다, 다시 갈라졌다 하였는데, 이 강물을 따라 사행을 태우고 금루선이 거슬러 올라갔다. 배는 강물에 있고 다리는 강물 위에 있으니 배에서 바라보면 다리는 위쪽에 있었다. 그러므로 사행은 아래에서 위에 있는 다리를 올려다보게 되었다. 그런데 다리는 배가 아래로 통행할 수 있도록 만들어졌기 때문에 무지개 모양이 되었다. 양쪽은 육지의 높이와 같았으나 가운데는 배가 지나도록 높았다. 특히 중선中船이 돛을 달고 지나갈 수 있었으니 가운데가 제법 솟았던 것이다. 그래서 사행은 무지개 다리라는 용어를 많이 사용하였다. 다리는 멀리서 바라보면 마치 날아가는 무지개[飛虹]처럼 보였다. 다리 모습 자체도 무지개처럼 곡선을 잘 연출했으나 난간에 그림을 그려 놓았기에 아름다운 무지개처럼 보였다. 또한 밤에 보면 더욱 아름다웠다.

> 그때 공중에 밝게 빛나는 불 구슬[火珠]이 문득 가까워져 오고, 만 길 뻗은 무지개가 뱃머리에 다가오는 것이 보였는데, 무지개는 다리[橋]요, 구슬은 다리 위에 걸린 등불이었다. 누워서 쳐다보니 긴 난간이 아득히 구름 사이에서 나오는 듯하였다.
>
> — 조명채, 『봉사일본시문견록』, 1748년 4월 21일

이는 1748년 조명채의 기록이다. 배를 타고 강을 거슬러 올라가고 있는데 저 멀리 하늘에 밝게 빛나는 불 구슬들이 나타나고 만 길은 뻗은 것 같은 무지개가 다가왔다. 다리 위에 밝힌 등불로 인해 빛나는 무지개가 나타난 것처럼 보인 것이다. 또한 배에 누워서 올려다보니 등불을 밝힌 난간이 아득히 구름 속에서 나오는 것처럼 느껴졌다. 다소 몽환적인 분위기를 연출한다.

밤에 유람선을 타고 야경을 구경하는 장면이 떠오른다. 요즘은 우리나라뿐 아니라 외국에도 유명한 강에서 유람선을 타는 일이 좋은 추억거리로 자리잡았다. 다리들은 푸르고 노랗고 불그레한 색으로 빛을 밝히

고 강가의 건물들도 불빛에 자태를 드러낸다. 어두운 강물 위에서 바라보는 이국적 풍경은 그야말로 지상의 불빛이 아닌 듯하다. 사람의 눈을 사로잡고 감탄을 자아내게 한다. 이러한 다리들을 지나가게 되었으니 꿈인 듯 현실인 듯 환상적으로 느껴졌으리라.

나루의 풍경

사행이 오사카의 나루에 도착한 뒤에 펼쳐진 광경은 다음과 같다.

> 무릇 긴 다리 일곱을 지나 비로소 대판에 당도하니, 곧 모든 배가 정박하는 곳이었다. 연안沿岸에 널빤지를 깔아 부계浮階를 만들었는데, 높이는 뱃전舷과 같았고 좌우에 만든 대나무 난간은 곱고 촘촘하여 좋아 보였다. 그 위에는 많은 왜인들이 가마와 말을 준비하여 빙 둘러서서 엄숙히 정돈하

고 있었다. 마침내 부계浮階를 밟고 내려가서 사신은 대교大轎를 탔고, 나와 당상역관은 현교懸轎를 탔으며, 나머지는 말을 탔다. 말은 빼어난 준마駿馬였는데 금 안장, 비단 언치[錦韀], 은 등자[銀鐙]를 갖추었다. 또한 자줏빛과 녹색 노끈으로 만든 그물을 안장 뒤부터 덮어서 말의 꽁무니에 이르게 하여, 땀이나 오물로 더러워지는 것을 막았는데, 부드럽게 아래로 드리워져서 반짝이며 빛이 났다. 양쪽에서 경마를 잡는 무리와 짐을 메고 따르는 사람들은 각각 상관上官, 중관中官, 하관下官의 높고 낮음에 따라서 많기도 하고 적기도 하였는데, 적어도 5, 6명 이하로는 내려가지 않았다. 일시에 국서를 받들고 음악을 울리며 행진했다.

— 신유한, 『해유록』, 1719년 9월 4일

이는 신유한이 1719년 9월 4일 경험한 기록이다. 배가 나루에 도착하니, 나루에는 널빤지로 계단을 만들어 배의 높이와 같게 해 놓았고 좌우로는 대나무로 난간을 만들어, 육지로 내리기에 위험하지 않고 편하게 하였다. 그런데 1748년 조명채의 기록에 의하면 이는 한 곳이 아니었다. 금루선 11척이 배를 나란히 댈 수 있게 하고 각 배에 따라 나루와 계단을 만들어 놓았다. 11척의 배가 강가에 나란히 배를 대고 널빤지로 만든 계단을 통해 사행이 일시에 육지로 내려서는 모습을 상상할 수 있다.

다시 신유한의 기록으로 돌아가면, 육지에 내리자 수많은 일본 사람들이 가마와 말을 준비하고 나루터를 둘러서서 질서 있게 기다리고 있었다. 삼사三使와 제술관과 세 역관은 가마를 탔고 나머지 상관, 중관, 하관은 말을 탔다.

삼사가 탄 가마를 신유한은 대교大轎라고 했는데 이에 대해서 사행들은 옥교屋轎, 유옥교有屋轎, 교지轎子, 견여肩輿라는 다양한 단어를 사용했다. 이는 같은 가마에 대한 다양한 표현으로 대표적인 단어는 견여라고 할 수 있다. 가마꾼이 어깨 위로 메는 나무 위에 가마가 있는 형태로 가마의 모습이 집처럼 생겼다. 가마꾼의 수는 8명이었다. 제술관과 세 역관이 탄 가마를 신유한은 현교懸轎라고 했는데 다른 사행들도 대부분 같은 단어를 썼다. 현교는 가마꾼이 메는 나무 아래에 가마가 늘어진 것을 말한다. 견여보다 크기도 작아 가마꾼도 2명이었다.

상·중·하관은 말을 탔는데 일본은 말의 치장에 제법 신경을 썼다. 안장은 금으로 만들었고 언치(안장이나 길마 밑에 깔아 말의 등을 덮어주는 물건)는 비단이었으며 등자는 은이었다. 또한 자줏빛과 녹색 실로 만든 노끈으로 그물을 만들어 안장부터 말의 꽁무니까지 덮고 늘어뜨려 오물이 말에게 튀지 않도록 했는데 반짝이며 고운 빛이 났다. 말을 몹시 화려하게 꾸몄음을 알 수 있다. 또한 이렇게 치장한 말을 양쪽에서 경마 잡는 이와 짐꾼들, 다시 말해 말을 탄 사행원 한 명에 딸린 인원이 최소한 대여섯 명 이상이었다.

이렇듯 가마와 말을 탄 행렬은 음악을 울리며 관소로 행진해 갔다. 사행원의 수는 오사카 하구에 사행선과 함께 남은 인원을 빼고도 300여 명이었다. 거기에 사행을 안내하는 쓰시마 사람들, 오사카의 가마꾼, 경마잡이, 짐꾼…… 이렇듯 수많은 사람들이 가마를 타고 말을 타고 혹은 걸어서 관소로 행진해 가는 모습을 상상해보자. 몹시 화려하고 장관이었을 것이다.

나루에서 관소까지 가는 육로

나루에서 관소까지의 거리

나루에서 관소까지의 거리는 사행마다 조금 다르게 나타나 있다. 4~5리(1607년), 5리쯤(1655년), 6~7리(1719년), 거의 10리(1636년, 1748년, 1764년), 15리(1617년) 등이다. 육지에 올라와서 처음으로 만나는 대도시 오사카의 인상은 다음과 같았다.

> 서쪽으로 큰 시가지市街地를 지나갔다. 거리는 이따금 가로로 나뉘어 모두 정#자 형으로 네모나고 반듯반듯하여 사방을 바라보아도 통달하였다. 시장의 물건은 수북이 쌓여있고 온갖 물건百物이 모두 구비되어 있었다. 민가民家는 60호를 1정町으로 삼았으며, 정町마다 이문里門을 하나씩 세우고 밤에는 자물쇠를 채우고 지켰다. 물통을 옥상屋上에 설치하였고, 긴 사다리를 집 앞에 세워두었으니 화재를 방비하기 위함이었다. 상점들은 각자 파는 물건을 매달아 알아보도록 하였다. 언어와 의복은 비록 중국과 같지 않으나, 음식과 매매는 중국을 많이 모방했다.
>
> — 강홍중, 『동사록』, 1624년 11월 15일

> 시가市街를 뚫고 들어갔다. 거리街路의 너비는 겨우 한 길丈 정도 되었는데, 이따금 가로로 나뉘어져 모두 우물정#자를 이루었다. 네모나고 반듯하여 사방을 바라봐도 모두 통해 있었다. 상점들이 길게 이어지고 온갖 물건들百貨이 쌓여 있었는데 각각 자신들이 판매하는 물건들을 깃발처럼 매달

아 놓았다. 민가民家 60채를 1정町으로 삼고, 각 정마다 이문里門을 하나씩 설치하였으며 밤이면 문을 잠그고 지킨다. 문 앞에는 각각 등촉燈燭을 달아 놓았는데 밝기가 대낮 같았다. 몇천만 호가 되는지 알 수가 없었다. 대저 성지城池의 견고함과 선박의 정교함과 누각의 웅장하고 아름다움과 인물의 번성함이 사람의 마음과 눈을 놀라게 하였다. 중국의 소주蘇州나 항주杭州를 보기전에는 생각건대 이곳이 제일이라 여겨질 것이다.

— 김지남, 『동사록』, 1682년 7월 26일

위 예문은 1624년과 1682년의 기록으로 시가를 지나 관소로 가는 길을 묘사했다. 오사카 시가는 큰길이 반듯하게 우물 정井자 모양으로 되어 있어서 사방 어디를 바라보아도 통하였다. 길의 너비는 한 길丈 혹은 세 칸 정도로, 가마가 겨우 바듯하게 지나갈 수 있는 정도였다. 또한 길은 티끌 하나 없이 깨끗했다.

이 길 좌우 양옆에는 집들이 즐비했는데, 십十자로 된 통로 외에는 지붕들이 모두 연결되어 '긴 회랑長廊'처럼 이어져 있었다. 이는 '한 치의 땅도 비어 있는 곳이 없이'(1617년 오윤겸), '땅에 가득 차 동서로 수십 리, 남북으로 15~16리가 연결되었으며'(1636년 임광), '초가집이 한 채도 없었'(1655년 남용익)다. 또한 1719년과 1748년의 기록에는 이 집들이 모두 이층집이라고 되어 있다.

그런데 큰길에 있는 집들은 대부분 상점이었다. 물건을 파는 곳뿐만 아니라 음식점, 술집도 있었다. 길게 늘어선 상점들에는 온갖 물건들百貨이 구비되어 있었으니, 그곳 시장은 말 그대로 백화점百貨店이었다. 이들은 각자 판매하는 물건을 문 앞에 깃발처럼 매달아 놓아 무엇을 파는 상점인지 알아보기 쉽게 하였다.

집들은 구슬발[球簾]과 그림이 그려진 장막[畫帳]으로 장식되어 마치 수를 놓은 듯했고(1719년), 채색 장막과 높은 차양이 있었으며, 금빛 병풍을 두르고 붉은 깔개[氈]를 깔아놓았다. 몹시 화려했음을 알 수 있다. 그래서 정신이 현란하다고 했다.

또한 일본의 마을 제도인 정町에 대해서도 기술했다. 민가 60호를 한 정町으로 삼아, 동네 앞에 이문里門을 설치하고 밤이면 문을 잠그고 마을을 지킨다고 했다. 이에 대해서는 실제로 보기는 했지만, 민가의 수를 직접 세었다기보다는 일본인들에게 물어서 알아낸 사실이라고 할 수 있다. 또한 각 민가는 밤이면 문에 등불을 달아 대낮처럼 밝았다. 그런데 위 예문에서 김지남은 등불을 달았다고만 했는데, 김세렴(1636년)은 한 집마다 하나씩 달았다고 했으며, 원중거(1764년)는 두 개씩 달았다고 했다. 이에 대해서 원중거는 등불을 단 것은 사행을 위한 것이 아니라 풍속이기 때문이라고 한다고 하였다. 위 강홍중의 예문을 보면, 지붕 위에는 물통을 마련해두었고 집 앞에는 긴 사다리를 세워놓았는데 이는 화재를 방비하기 위한 것이라고 했다. 지진이 많기 때문이기도 했겠지만 밤마다 문에 등불을 밝혀놓았으니 화재 방비에 만전을 기했던 것으로 보인다.

오사카 거리에 대한 평가

육로의 첫 기착지인 오사카에 대해 강홍중은 언어와 의복은 비록 중국과 같지 않지만 음식 매매는 중국을 모방했다고 평가했다. 시장의 모습과 물건을 파는 것이 중국과 닮았다고 본 것이다. 김지남의 경우는 성과 해자가 견고하고 선박이 정묘하고 누각이 웅장하고 아름다우며 사람들은 번성하다고 평가를 내렸다. 이는 다른 사행에게서도 지속적으로 드러났다. 곧, '인민의 많음과 물자의 풍성함이 참으로 큰 도회지'(1617년 오윤겸), '물건들이 번화하여 눈이 황홀함'(1682년 홍우재), '눈이 부시고, 정신이 현란함'(1719년 신유한), '한 나라에서 제일가는 승지勝地'(1682년 홍우재), '휘황찬란하여 비단이 쌓인 곳을 지나는 듯, 눈 쌓인 봉우리 같은 건물, 혼인 잔치를 위해 색색으로 꾸민 것 같은 집들'(1748년 조명채)이라고 했다. 곧, 오사카의 인상은 번화하고 화려한 도회지요 명승지라고 요약할 수 있다. 그래서 김지남은 중국의 명승지인 소주나 항주를 보기 전에는 이곳이 제일가는 곳이라고 생각된다고 하였다.

그런데 사행은 이에 대해 마냥 감탄만 한 것은 아니었다. 거북한 감정도 지녔다. 특히 이는 17세기 전반의 사행에게서 직접적으로 드러났다. 곧, 1617년 이경직과 1636년 임광은 도쿠가와 이에야스德川家康, 1543~1616와 도요토미 히데요리豊臣秀賴, 1593~1615가 싸울 때, 민가가 불에 타 남김없이 없어졌는데, 그 뒤 새로 건설하여, 얼마 지나지 않은 시간 동안 번성하게 되었다고 했다. 덧붙여 이경직은 하늘이 무슨 뜻으로 이들을 이처럼 번성하게 하느냐며 의심을 가졌다. 임광은 웅장하고 번화한 것은 전보다 더하였지만, 전쟁으로 탕진되었기에 물화物貨는 평소보다 못하였다고 하였다. 1643년 사행록 저자는 오사카가 도요토미 히데요시의 옛 도읍터로서 예전에 풍부하고 화려했던 것을 상상할 수 있다고 했다. 곧 17세기 전반 통신사들은 전투, 그로 인해 폐허가 된 점, 다시 재건한 점을 떠올렸다. 또한 오랑캐이자 우리나라를 침략한 이들이 번성함에 대해 불편한 심정을 드러냈다. 그러나 17세기 후반 이후로는 이러한 심정을 직접적으로 드러내지 않았다.

'관광觀光'하는 사람들

사행이 오사카 하구에 도착해서 강을 거슬러 올라가면서 마주치는 광경에는 사행을 구경하러 나온 인파人波도 있었다. 사행은 이를 '관광觀光', '관광하는 사람[觀光者]', '관광하는 남녀[觀光男女]'라고 표현하였는데, 그중에서도 관광하는 남녀라는 표현을 주로 썼다.

관광하는 사람들에 대한 감상은 하구에서 나루까지 가는 길과 나루에서 관소까지 가는 길에서 나타났다. 하구에서 나루까지 가는 뱃길에서 만난 관광하는 사람들에 대한 감상은 다음의 예문을 통해 가장 잘 드러난다.

관광하는 남녀들이 양쪽에 담처럼 서 있었는데, 대체로 모두 비단옷을 입었다. 여자들은 검고 아름다운 머리털이 기름지고 반지르르하였으며 꽃잠[花簪]과 대모빗[玳瑁梳]을 꽂았고, 얼굴에는 연지와 분을 발랐다. 옷은 붉고 푸른 채색 그림이 있는 긴 옷을 입고 보석 띠로 허리를 묶었으며 허리는 가늘고 길었다. 바라보니 불화佛畵와 같았다. 어린 사내아이들 가운데 고운 아이들은 옷차림과 단장이 여자들보다도 더욱 예뻤다. 나이가 8살 이상은 보배칼[珍刀]을 왼쪽 옷깃에 꽂지 않은 자가 없었다. 강보襁褓에 싸인 어린아이들은 진주와 비취가 하나씩 흩어져 있듯이 무릎에 안겨 있거나 등에 업혀 있었다. 그 모습은 온갖 나무와 수많은 꽃이 붉고 푸르고 노랗고 자줏빛인 것 같았다. 그들이 앉아있는 자리는, 가까운 곳은 강 좌우에 정박해 있는 배를 먼저 차지하였는데 자리[席]를 나열해서 옷깃들이 이어졌다. 배가 다하면 물가 언덕에 미쳤고, 언덕이 부족하면 인가의 담[墻]이나 다리의 난간에 의지하였다. 어떤 이는 깔개를, 어떤 이는 풀 자리를, 어떤 이는 화려한 평상에 비단 덮개를 깔고 앉아 있었고, 술, 차, 먹을 것, 마실 것 등 여러 음식물을 준비하고 있었다. 듣자니 그 자리는 각각 주인이 있어 미리 돈을 주고 빌려준 것으로, 한 사람이 앉는 자리의 세[稅]는 은[銀] 2전인데, 자리의 멀고 가까운 것, 좋고 나쁜 것에 따라 차이가 있다고 하였다. 때때로 어린아이 울음소리와 여자의 웃음소리가 들렸는데, 웃을 때에는 반드시 그림 무늬가 있는 손수건으로 입을 가렸으며 구슬을 굴리는 듯 가느다란 소리가 새소리 같았다. 그 밖에는 한 사람도 자리에서 나오거나 길을 범하거나 떠들거나 하는 자가 없었다. 가을볕이 사람에게 내리쬐니 어떤 이는 채색 수건으로 머리를 덮었고, 어떤 이는 희고 둥근 입지[笠子, 모자 또는 삿갓]를 쓰고 있었다. 모두 조용히 무릎을 꿇고 앉거나, 멀리 서서 바라보았는데, 각각 지형을 따라 높이 있거나 낮게 있거나 가로로 있거나 세로로 있거나 했다. 이처럼 20리가 숲처럼 빽빽하였는데, 갈수록 더욱 성황이었으니, 내 눈으로 본 것만 하여도 번잡하고 많았다.

산천과 누대[樓臺]와 사람들이 곱고 아름다웠으며 대[竹]와 나무가 아름답게 우거져 그 찬란함이 서로 어여쁨을 질투하여 자랑하는 것 같았다. 왼쪽을 보면 오른쪽의 관광을 놓칠까 걱정되었고, 오른쪽을 보면 왼쪽의 것이 더욱 기이하였다. 배를 타고 반나절 동안 가면서 두 눈이 모두 붉어져서 마치 식욕이 많은 사람이 진수성찬을 받아놓고 배는 불렀으면서도 입은 멈

출 수 없는 것과 같았다.

— 신유한, 『해유록』, 1719년 9월 4일

이는 1719년 신유한의 기록이다. 사행은 강물 위에 배를 타고 가고 있으며 사람들은 강가에 있었다. 그러므로 가까이 접촉하는 일 없이 일정 거리를 유지한 채 서로가 서로를 바라보았다. 이렇듯 멀리서 바라보아도 사람들이 많았다. 예문의 앞부분에서는 관광하는 사람들이 양쪽에 담처럼 서 있다고 했고, 예문의 뒷부분에서는 숲처럼 빽빽하다고 했다.

이에 대해 다른 사행들도, 사람들이 '다리를 메우고 항구에 넘쳐나서 파리나 고슴도치가 모인 것 같아 머리와 손가락이 빽빽하다', '숲처럼 서 있고 개미처럼 모였다', '개미떼처럼 모였다', '겹겹이 둘러싸 가득 차 있었다'라고 표현하였다. 또한 그 수에 대해서는 몇천인지, 몇만인지, 백만인지, 몇천만, 몇억인지 모르겠다고 했다. 관광하는 사람들의 수가 몹시 많았음을 알 수 있다.

이들은 강가에서부터 언덕 위에 이르기까지 가득 찼다. 위 예문을 보면, 가장 가까운 사람들은 강가에 배를 대고 있었고, 다음은 강가부터 언덕에 있었으며, 그 다음은 언덕 위쪽 인가의 담이나 강물 위 다리의 난간에 있었다. 또한 사람들은 맨 바닥이 아니라 자리를 깔고 앉아 있었다. 요즘으로 말하면 돗자리 혹은 매트를 깔고 있었던 것이다. 종류도 다양했다. 깔개[鋪茵], 풀 자리[藉草], 화려한 평상과 비단 가리개[華淋錦帷] 등이었다. 그런데 이러한 좌석은 모두 돈을 주고 빌린 것이라고 했다. 이에 대한 기록은 1711년 임수간부터 나타난다. 문 앞의 좁은 땅도 모두 세를 받고 사람들에게 빌려준다고 했다. 이른바 자릿값이 있었던 것이다. 신유한에 의하면 보통은 한 사람당 은銀 2전錢이지만 가격이 일정한 것이 아니라, 사행에 가까울수록 비쌌다. 요즘 경기나 공연을 보기 위해 좋은 좌석을 비싼 값을 주고 사는 것과 같은 이치였다.

관광하는 사람들의 모습에 대한 관찰도 자세하다. 신유한은 특히 여자와 아이들에 대해 자세히 묘사를 했다. 사람들은 대부분 비단옷을 입고 있었는데 여자들은 붉고 푸른 채색 그림이 있는 긴 옷을 입었고, 보석 띠로 허리를 묶었다. 얼굴은 연지와 분으로 화장을 하였고, 머리칼이 검고 아름다우며 기름지고 반지르르하였는데 장식을 했다. 장식은 꽃 모양 비녀와 대모玳瑁로 만든 빗이었다. 대모란 바다거북 껍질을 말한다. 그 모습을 멀리서 바라보니 마치 불화佛畫 같았다. 또한 어린 사내아이들은 옷차림과 단장이 여자들보다도 더욱 예뻤는데, 8살 넘는 아이들은 모두 왼쪽 옷깃에 보배칼을 꽂고 있었다. 여인들이 띄엄띄엄 강보에 싸인 어린 아이들을 무릎에 안거나 등에 업고 있었는데 멀리서 바라보니 그 모습이 마치 진주와 비취가 하나씩 흩어져 있는 것처럼 보였다.

또한 그날은 음력 9월 4일이었는데 오사카 날씨는 몹시 더웠고 해가 뜨거웠다. 사람들은 수건으로 머리를 가리거나 삿갓 비슷한 모자를 쓰고 있었다. 그런데도 사람들은 모두 조용히 자신의 자리를 지키고 앉아 있었다. 다만 가끔 어린아이 울음소리와 여자들의 웃음소리가 들렸다. 여자들은 반드시 무늬가 있는 손수건으로 입을 가리며 웃었고 웃음소리는 구슬이 굴러가는 듯 가느다란 것이 새소리 같았다.

이로 볼 때 관광하는 사람들의 차림새가 몹시 아름답고 화려했음을 알 수 있다. 신유한은 사람들의 전체적 모습을 온갖 나무와 수많은 꽃이 붉고, 푸르고, 노랗고, 자줏빛인 것 같다고 하였다. 아울러 산천과 집들과 사람들이 곱고 아름다웠고 나무들은 아름답게 우거져, 그 찬란함이 서로 어여쁨을 질투하여 자랑하는 것 같았다. 그래서 왼쪽을 보면 오른쪽을 못 볼까 걱정되었고 오른쪽을 보면 왼쪽을 못 볼까 염려되었다고 했다. 하구에서 나루까지 배를 타고 반나절 가는 동안 두 눈이 붉어져서 마치 식욕이 많은 사람이 진수성찬을 먹어 배가 부른데도 입맛은 물리지 않는 것과 같았다고 했다. 결국, 관광하는 사람들의 모습을 상당히 아름답게 그려내었고 긍정적으로 평가했다.

'관광観光'하는 사람들의 태도

통신사행은 관광하는 일본 사람들의 태도에 관심을 가졌다. 이에 대해서는 하구에서 나루까지 가는 과정에 대한 기술에서도 나타나지만, 그보다는 나루에 내려 관소까지 가는 거리에서 마주친 사람들에 대해 기술하는 과정에서 주로 나타난다.

일본인들의 관광 태도는 극명하게 나뉜다. 먼저, 1607년에는 관광하는 사람들이 거리에 가득했고, 떠드는 소리가 하늘까지 울려 퍼졌다. 1617년에도 관광하는 남녀가 가득 붐볐는데, 좌우로 담장처럼 줄지어 서서는, 사행이 지나갈 때 고개를 들고 손을 이마에 대고 바라보며 일제히 소리쳐서 마치 우레 소리처럼 시끄러웠다. 왁자지껄하게 떠들며 자유롭게 관광을 즐기었음을 알 수 있다.

그러나 1624년 이후로는 정반대의 태도가 나타났다.

관광하는 남녀들이 길 좌우를 메웠는데 고요하며 떠드는 소리가 없었다. 아이들까지도 모두 꿇어앉아 구경하고 감히 어른 앞을 가로막지 않았다. 그 평소 법령이 엄하고 무서운 것을 이를 통해 알 수 있었다.

— 강홍중, 『동사록』, 1624년 11월 15일

지나는 거리 곳곳마다 관광하는 사람들이 가득 차서 몇천만 명인지 알 수 없었다. 그들은 모두 줄을 지어 늘어앉아 있었는데 전혀 떠드는 소리를 내지 않았으니, 엄하게 단속했음을 알 수 있었다.

— 임광, 『병자일본일기』, 1636년 11월 10일

관광하는 사람들이 천만으로 무리를 이루었는데 감히 소리를 내지 않았다.

— 김세렴, 『해사록』, 1636년 11월 10일

음식점, 술집과 온갖 점포들이 길을 끼고 죽 늘어서 있었고, 그 안에는 사녀#女들이 가득 들어차 있었으나 한 사람도 감히 문밖으로 나오지 않았다. 또한 길에 물을 뿌리며 비를 들고 대기하였다. 조용하며 떠들지 않았다.

— 임수간, 『동사일기』, 1711년 9월 16일

위 예문들은 모두 나루에서 관소까지 가는 길에 대한 묘사이다. 관광하는 사람들이 길 양쪽에 가득한 것은 마찬가지인데 그전과는 달리 조용했다. 큰 소리를 내거나 대화를 하지 않았다. 또한 질서가 생겼다. 서서 구경하지 않고 무리를 지어 줄을 지어 앉아 있었다. 어른뿐만 아니라 아이들도 모두 꿇어앉아 있었다. 또한 점포 안에는 사녀士女들이 있었는데 한 사람도 문밖으로 나오지 않았다. 여기서 사녀란 우리나라처럼 사대부 집안을 말하는 것이 아니라 신분이 높거나 잘 사는 집안 여인들을 말한다. 또한 1711년의 기록을 보면 사람들이 길에 물을 뿌리며 비를 들고 대기하고 있다고 했다. 이는 많은 인원이 지나가는 길에 흙먼지가 나지 않게 하려는 것으로 보인다. 거리를 깨끗하게 하려고 한 것이다.

이러한 점에 대해 사행은 평소 그 법령이 엄하고 무서운 것을 알 수 있다거나, 엄하게 단속해서 그렇다고 생각했다. 사행의 생각은 일본의 상황을 잘 이해하고 있다. 도쿠가와 막부는 1615년 도요토미 히데요리와의 전투에서 승리하고 권력을 잡게 되었다. 초기라 할 수 있는 1617년까지는 오사카의 백성들을 통제하지 않다가, 시간이 흐른 뒤 1624년 사행 이후로는 통제하게 된 것이다.

이에 대한 답은 1636년 김세렴에게서 찾아진다. 김세렴은 하구에서 나루까지 가는 경로에서, 관광하는 사람들의 태도에 대해 기술했다. 다리 위에 난간이 있는데, 관광하는 사람들은 다리에 가까이 오지 못했다. 이에 대해 우리나라 역관들은, 전에 왔을 때는 관광하는 사람들이 다리 위에 가득했는데, 이번에는 엄금했다면서, 이는 우리나라 사신의 행차를 공경하기 때문이라고 했다.

그러나 1655년에 이르면 다리 위에 다시 사람들이 가득 찼다. 이로 볼 때, 1624년부터 관광하는 사람들에 대한 통제가 시작되어, 사람들이 조용히 있게 되었다. 또한 1636년에는 그전과는 달리 다리 위에서 관광하는 것을 통제했으나 1655년에는 그렇지 않았다. 이러한 점은 시기마다 정책이 바뀌었음을 알게 해준다.

오사카
大阪

관소

관소의 종류 및 특징

조선통신사가 오사카에 머문 시기는 〈표 1〉과 같다. 기준이 되는 날짜는, 전명傳命, 에도에 가서 관백을 만나 국서를 전하는 것길의 도착은 오사카 바다에 도착한 날이고 출발은 요도가와淀川 혹은 히라카타枚方·平方에서 떠난 날이다. 회정回程, 국서를 전하고 되돌아가는 것길은 히라카타 혹은 요도가와 혹은 오사카에 도착한 날이고, 출발은 오사카 바다에서 떠난 날이다.

관소는 사행이 묵었던 숙소이다. 그런데 지금처럼 호텔이 있었던 것도 아니고, 건물이 높아서 건물 한 채에 많은 인원을 한꺼번에 수용할 수 있었던 것도 아니었다. 그래서 넓은 부지에 들어선 건물들을 선호했는데, 여기에 가장 적합한 곳이 사찰이었다. 사찰은 넓은 부지에 부속 건물들이 여러 채가 있었기 때문에 사행을 머물게 하기에 맞춤했다.

또한 사행록에는 관소가 관소館所, 사관使館, 처소處所로 구별되어 서술

사행	전명길 날짜	회정길 날짜	사행록 기록	실제 관소
1607년	4월 7~11일	윤 6월 8~12일	전명길 : 사택지마수정성 (寺澤志摩守政成)의 집(家), 회정길 : 쿠혼지[九品寺]	전명길 : 사택지마수 정성의 집, 회정길 : 쿠혼지
1617년	8월 18~20일	9월 11~16일	이경직 : 아미타사(阿彌 陀寺) 대어당(大御堂) 오윤겸 : 일향사(日向寺) 대어당(大御堂)	니시혼간지 [西本願寺]
1624년	11월 15~18일	1625년 1월 17~28일	혼간지[本願寺]	니시혼간지 [西本願寺]
1636년	11월 10~15일	1637년 1월 20일 ~2월 1일	임광 : 혼간지[本願寺] 김세렴 : 전명길 혼렌지 [本蓮寺], 회정길 혼세이 지[本誓寺]	니시혼간지 [西本願寺]
1643년	6월 7~13일	8월 26일 ~9월 6일	혼간지[本願寺]	니시혼간지 [西本願寺]
1655년	9월 5~11일	11월 22일 ~12월 2일	혼간지[本願寺]	니시혼간지 [西本願寺]
1682년	7월 26일 ~8월 2일	10월 1~6일	혼간지[本願寺]	히가시혼간지 [東本願寺]
1711년	9월 15~27일	12월 9~21일	혼간지[本願寺]	니시혼간지 [西本願寺]
1719년	9월 4~10일	11월 4~15일	니시혼간지[西本願寺]	니시혼간지 [西本願寺]
1748년	4월 21 ~5월 2일	6월 28일 ~7월 7일	혼간지[本願寺]	니시혼간지 [西本願寺]
1764년	1764년 1월 20~27일	4월 4일 ~5월 8일	혼간지[本願寺]	니시혼간지 [西本願寺]

되었다. 관소는 사행 전체가 묵었던 숙소이고, 사관은 정사·부사·종사
관 등 삼사三使가 묵었던 숙소이며, 처소는 나머지 사행원들이 묵었던 숙
소이다.

　사행이 오사카에서 머문 관소는 사행록에 다음과 같이 나타난다.
1607년은 전명길은 사택지마수寺澤志摩守 정성政成의 집[家], 회정길은 쿠혼

지九品寺였고, 1617년은 이경직의 경우는 아미타사阿彌陀寺 대어당大御堂, 오윤겸은 일향사日向寺 대어당大御堂이라고 하였다. 1636년은 정사 임광은 혼간지本願寺라고 하였고, 부사 김세렴은 전명길은 혼렌지本蓮寺, 회정길은 혼세이지本誓寺라고 하였다. 1719년은 전명길, 회정길 모두 니시혼간지西本願寺라고 하였다. 나머지 사행은 전명길, 회정길 모두 혼간지本願寺라고 하였다.

테라사와 히로다카寺沢広高의 저택과 쿠혼지九品寺

1607년 전명길에 머문 관소는 사택 지마수 정성寺澤 志摩守 政成의 집[家]이었다. 그런데 이는 말이 집이지 큰 저택이었다. 이에 대해 경섬은 '담장이 높고 크며 정원과 건물은 널찍하고, 금과 은으로 꾸민 장식이 사방에서 빛이 난다'고 하였다.

'寺澤 志摩守 政成'은 '시마노카미志摩守 寺澤政成'이라는 뜻이다. 寺澤政成은 테라사와 마사시게寺澤正成를 말하는데 일본에서는 테라사와 히로다카寺沢広高, 1563~1633로 알려져 있다. 그의 관위官位가 쥬시이게 시마노카미從四位下 志摩守이다. 테라사와 히로다카는 그 아버지 데라사와 히로마사寺沢広政와 함께 도요토미 히데요시를 섬겼다. 그는 무관이 아니라 관리 출신이었다. 임진왜란 때 조선 침략의 전진 기지였던 나고야성名護屋城 축성에 공헌했다. 그런데 이 나고야성은 우리가 알고 있는 나고야와는 다른 곳이다. 현재 사가현 가라쓰시佐賀県 唐津市 부근이고 예전에는 이곳을 마쓰라군松浦郡이라고 했다. 해안이 우리나라를 향하고 있기에 침략 기지를 이곳에 세운 것이다. 테라사와 히로다카는 임진왜란과 정유재란 때

나고야성에서 군량을 조달했으며, 명나라와의 강화교섭을 위해 우리나라에 오기도 했다. 도요토미 히데요시 사후에는 도쿠가와 이에야스 편이되어 1600년 세키가하라 전투関ヶ原の戦い 때 도쿠가와 이에야스의 편인동군東軍으로 참여했다. 그 후 히젠국肥前国(지금의 사가현과 나가사키현) 가라쓰번唐津藩의 초대 번주藩主가 되었고 버려진 나고야성의 부재를 가져다가라쓰성唐津城을 축성했다. 그는 또한 성 아래 마을을 정비하고, 해안지역의 염해塩害 대책을 세웠으며, 소나무를 심어 장대한 방풍림防風林을 만들었고, 간척을 실현했다. 특히 이 방풍림은 무지개 소나무 숲(니지노마쓰바라虹の松原)이라고 불리는데 현재 일본 3대 송림이다. 이런 이유로 그가사망한 뒤 지역민들은 시마님[志摩様]으로 추모하고 매년 봄 벚꽃이 필 때묘소에서 작은 잔치를 연다.

1607년 당시 테라사와 히로다카는 히젠국에 가 있었다. 또한 그가 무관이 아니라 관리 출신이었기에, 임진왜란의 원한이 상대적으로 덜하다는 점에서 그의 저택을 관소로 사용했을 것이다. 그 저택의 위치에 대해서는 정확한 기록이 없기 때문에 알 수 없으나 시리나가와 어구에서 배를 타고 가서, 현재의 텐마天満 지역에 있던 나루터[船場]에서 내려 육지를4~5리 정도 간 곳에 있었다.

회정길에 머문 관소는 쿠혼지九品寺였다. 이곳은 현재 오사카부 오사카시 키타구 도우신北区同心 1-4-8에 위치하는 정토종浄土宗 사원이다. 이역시 텐마 지역 나루터에서 멀지 않은 곳으로 오사카 텐만구大阪天満宮 근처에 있다. 이곳은 구 요도가와旧淀川(오오카와大川)의 북쪽에 위치한다.

니시혼간지西本願寺

1607년과 1617년을 제외한 사행록에는 오사카의 관소가 대부분 혼간지本願寺라고 기술되어 있는데 이는 혼용되어 기술된 것이다. 오사카에서 혼간지라는 절은 첫째 이시야마혼간지石山本願寺, 둘째 텐마혼간지天満本願寺, 셋째 니시혼간지西本願寺・혼간지쓰무라베쓰인本願寺津村別院・니시혼간지쓰무라베쓰인西本願寺津村別院・쓰무라고보우津村御坊・키타미도北御堂, 마지막으로 히가시혼간지東本願寺・미나미미도南御堂・난바베쓰인難波別院 등 넷으로 구분할 수 있다.

혼간지는 원래 교토가 본사이다. 그런데 1496년에 혼간지 제8대 렌뇨상인蓮如上人(쇼닌上人은 승려를 높인 말)이 지금의 오사카성 부근에 건물한 채를 지었다. 이를 중심으로 사원이 확장되고 사람들이 모여들어 마을이 형성되었다. 마을이 나지막한 고개에 있었기 때문에 고사카小坂 곧 '작은 고개'로 불리다가 1498년경부터 오사카大坂 곧 '큰 고개'로 불리게 되었다. 이로 볼 때 1498년경에는 마을이 발전하였음을 알 수 있다.

그런데 1532년 교토에 있던 본사本寺인 야마시나혼간지山科本願寺가 소실되자 오사카에 있던 절이 1533년 본사로 지정되었다. 이를 오사카 혼간지 혹은 이시야마혼간지石山本願寺라고 부르게 되었다. 그 후 이곳은 넓은 땅에 종교적 자치도시의 성격을 지니고 비약적으로 발전하였다. 그러나 1564년 발생한 대화재로 인해 전부 불에 탔다. 그 뒤 절을 다시 부흥시키기 위한 노력이 이어졌고, 겐뇨상인顕如上人, 1543~1592 때는 큰 세력을 형성하게 되었다.

그러나 오다 노부나가織田信長, 1534~1582가 1570년에 토지를 넘길 것을 요구하자 혼간지와 그 문도門徒들은 이를 거부하고 대적하였다. 이를 이시야마갓센石山合戦이라고 하는데 10년에 걸쳐 전쟁을 하였다. 그 후 화친을 하고 겐뇨상인은 1582년 오사카에서 키슈 사기노모리紀州 鷺森(지금의 와카야마시和歌山市 사기노모리)로 물러났고 혼간지 절의 터전[寺基]도 옮겨갔다.

그 후 권력을 잡은 도요토미 히데요시가 1585년에 이시야마혼간지 터에 오사카성을 건설하였다. 이에 혼간지는 오사카 텐마天満 지역으로 옮겨갔다. 이를 텐마혼간지天満本願寺라고 한다. 장소는 나카시마텐만구中島天満宮인데, 현재 오사카텐만구大阪天満宮의 동쪽부터 조폐국이 있는 장소까지 넓은 장소였다. 이는 도요토미 히데요시가 관할지역 곧, 나와바리縄張(건축물 부지의 넓이를 정하는 것)로 준 것이다. 이 텐마혼간지에는 아미다도우阿弥陀堂, 미에이도우御影堂도 정비하였다. 그러나 다시 1591년에는 도요토미 히데요시의 지시로 인해 교토로 절의 터전을 이전하였다. 다시 본사가 교토로 옮겨간 것이다. 현재 교토의 니시혼간지西本願寺로 교토 시 모교구 호리카와도오리下京区 堀川通에 있다.

혼간지가 교토로 이전한 뒤 오사카의 문도들은 1592년에 로노키시 토리데楼の岸砦(현재 텐마 주변의 하치켄야八軒屋 부근, 텐마바시 미나미쓰메 동쪽)에 집회소를 설치하였다. 이것이 혼간지쓰무라베츠인本願寺津村別院의 시작이었다. 그리고 이 집회소는 1597년에 마치와리 개혁(전근대 일본의 도시계획 관련 용어. 길 또는 수로를 정비하고 이것에 따라 토지를 구획하는 것을 가리킴)에 따라, 당시 쓰부라에円江 쓰무라고우津村郷라고 불리던 현재의 땅으로 이전하고, 쓰무라고보우津村御坊라고 불리게 되었다. 1605년에는 절의 정비를 완성시켰다.

아키사토 리토우秋里離島 · 타케하라 슌쵸사이竹原春朝斎, 〈쓰무라미도津村御堂〉, 《셋츠 명소도회攝津名所圖會》
니시혼간지 모습 | 일본 국립국회도서관 소장

당시 쓰무라고보우는 경내 면적이 약 2,000평에, 본당本堂(17間×19間), 서원書院, 대면소対面所(13間), 대소台所(조리하는 곳, 9間×11間) 등이 있었다. 또한 1655년에는 조선통신사의 관소로 사용하여 약 800명이 숙박하였다고 절에서는 밝히고 있다.

또한 1692년에는 개축에 착수하여 주변의 집들을 구입하여 남북 130.9m, 동서 140m로 경내의 땅을 확장하고 개축을 하였다. 그러나 1724년 대화재로 오사카의 3분의 2가 소실되었고 쓰무라고보우의 절도 대부분 소실되었다. 이후 다시 절을 일으키고자 하여 경내를 5,488평으로 확장하고, 1734년 이후에 절의 정비를 도모하였다.

이를 니시혼간지西本願寺, 혼간지쓰무라베쓰인本願寺津村別院, 니시혼간
지쓰무라베쓰인西本願寺津村別院, 키타미도北御堂라고도 부른다. 일본 측 자
료에 의하면 이곳은 조선통신사의 관소로 9차례 사용되었다.

이곳은 정토진종淨土眞宗 혼간지파本願寺派 사원寺院으로, 현재는 오사카
시 츄오구 혼마치中央区 本町 4-1-3에 있다. 이곳은 구 요도가와의 남쪽에
위치한다. 나루터가 있던 히고바시에서 남쪽으로 쭉 내려가면 만나게
된다.

히가시혼간지東本願寺

다음으로 히가시혼간지東本願寺가 있다. 이는 1595년에 혼간지 제12대 교
뇨상인敎如上人, 1558~1614이 오사카 와타나베渡辺에 오타니혼간지大谷本願寺
를 건립한 것이 시작이었다. 그런데 1598년 도요토미 히데요시가 오사
카성을 확장하자 오타니혼간지는 현재의 난바 지역으로 이전하게 되었
다. 그 후 1602년에는 세키가하라 전투에서 승리한 도쿠가와 이에야스
가 교토의 가라스마 나나죠烏丸七條·烏丸七条의 땅을 하사해, 교뇨상인은 오
사카에서 교토로 절의 터전[寺基]을 이전하였다. 이로 인해 본원이 교토로
간 것이고, 이것이 현재 교토의 히가시혼간지東本願寺(진종대곡파眞宗大谷派의
본산本山·진종본묘眞宗本廟)이다. 그 후 교뇨상인은 오사카 오타니혼간지 땅
을 난바미도難波御堂 혹은 난바베쓰인難波別院이라고 하였다. 정확히는 신
슈 오오다니와 난바베쓰인眞宗 大谷派 難波別院이라고 한다. 진종 대곡파의
난파 별원이란 뜻이다. 이 난바베쓰인은 쓰무라고보우津村御坊에서 500m
남쪽에 위치한다. 그래서 쓰무라고보우는 키타미도北御堂, 난바베쓰인은

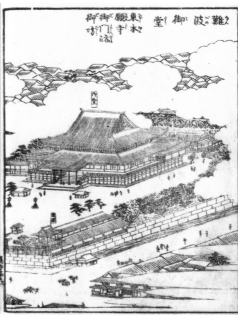

아키사토 리토우秋里籬島 · 타케하라 슌쵸사이竹原春朝斎, 〈난바미도難波御堂〉, 《셋츠 명소도회摂津名所圖會》
히가시혼간지 모습 | 일본 국립국회도서관 소장

미나미미도南御堂라고 하게 되었다. 1605년에 본당 곧, 미도御堂가 완성되었고, 1705년에는 전각들을 재건립하기 시작하였다. 부지는 5,838평으로 확대되고 본당도 2층으로 더 크게 지었다. 현재 주소는 오사카시 츄오구 큐타로마치 욘쵸메中央区 久太郎町 4丁目이다.

일향사日向寺와 아미타사阿彌陀寺

1617년 관소에 대해 정사인 오윤겸은 관소가 일향사日向寺 대어당大御堂이라 하였고, 종사관 이경직은 아미타사阿彌陀寺 대어당大御堂이라고 하였다. 곧, 오사카 관소에 도착한 8월 18일 기록을 보면, 오윤겸은 '일향사 대어당에 관을 정했는데 대판성 밖 6~7리에 있다'라고 했으며, 이경직은 '나루에서 내려 서쪽으로 큰 시가를 지나 아미타사 대어당에 관을 정했다. (…중략…) 일향사日向寺는 대판 서북쪽에 있다'라고 했다.

정사와 종사관은 같은 관소에 들었는데, 관소의 명칭을 일향사와 아미타사라고 다르게 기술하였다. 그러나 사관은 두 사람 모두 대어당大御堂이라고 일치한다. 관소의 명칭은 다르고 사관의 이름은 일치하는 것이다. 그런데 이경직은 같은 날 기록에서 아미타사와 일향사를 섞어 기술했다. 혼용해서 쓰고 있다. 또한 위치를 오사카의 서북쪽이라고 했는데, 실제로 니시혼간지가 있는 곳은 오사카의 서구西區와 북구北區 사이에 있는 중앙구中央區이다. 서북쪽에 있는 것이다.

그런데 대어당大御堂은 '큰 어당'이란 뜻이다. 어당은 사원寺院이란 뜻도 되고, 불상이 안치된 당堂이란 뜻도 되는데, 본당이라고 할 수 있다. 우리나라의 경우는 잘 쓰지 않는 단어이다. 그렇다면 두 사람이 모두 대어당이라고 기술했던 것은, 그들이 묵은 사관의 편액扁額이 '大御堂'이라고 되어 있었음을 알게 한다. 곧, 같은 사관에 들었던 것이다.

다음은 1624년 사행의 부사였던 강홍중의 기록이다.

> 미시未時에 배에서 내려서 오사카에서 몇 리 떨어진 관소 본원사에 들었다. 정사丁巳, 1617년에도 우리 사신이 여기에 묵었다. 그때는 절의 이름이 아미타阿彌陀였는데 지금은 본원本願으로 고쳤다고 한다.
>
> ― 강홍중, 『동사록』, 1624년 11월 15일

강홍중은 관소가 혼간지라면서 1617년 사행도 같은 곳을 관소로 사용했는데 그때는 절의 이름이 아미타였다고 했다. 오윤겸과 이경직의 기록 가운데 이경직의 서술을 인용한 것이다.

그런데 일본의 정토진종淨土眞宗에서는 아미타불에 대한 믿음을 주장한다. 오로지 아미타불의 이름을 부르면 서방 정토에 왕생할 수 있다고 한다. 이때 '오로지 전념한다'는 의미로 '一向'을 썼다. 또한 지금도 일본에서는 죠도 신슈 혼간지파淨土眞宗本願寺派를 잇코슈一向宗라고 부르기도 한다.

그러므로 오윤겸과 이경직이 일향사日向寺와 아미타사阿彌陀寺라고 한 것은 혼간지에 대해 제대로 파악한 것이었다. 다만 한자가 달라, '한 일一'이 아닌 '날 일日'자를 썼다. 또한 이들이 묵었던 관소의 본당에 아미타불이 안치되어 있었고, 아미타사라고 했을 것이다.

결국 1617년 오윤겸과 이경직이 관소라고 기록한 일향사日向寺와 아미타사阿彌陀寺는 같은 곳으로 오늘날의 니시혼간지였다. 또한 일본 측 기록을 살펴보니 조선통신사는 1682년에는 히가시혼간지를 관소로 하고, 이를 제외한 1617년부터 1764년까지는 니시혼간지를 관소로 사용하였다.

이러한 점으로 볼 때, 총 11차례의 사행이 오사카에서 머문 관소는 테라사와 히로다카의 저택, 쿠혼지, 니시혼간지, 히가시혼간지 등 모두 4곳이었다. 1차 때만 전명길과 회정길의 관소가 달랐고, 2차부터는 같은 곳에 묵었다. 또한 2차인 1617년부터 1764년까지 총 10회의 사행에서 머문 관소는 1682년만 히가시혼간지이고 나머지 9회는 모두 니시혼

우타가와 쿠니카즈歌川國員, 〈양혼간지両本願寺〉,《나니와 백경浪花百景》 니시혼간지와 히가시혼간지를 그린 그림 ㅣ오사카시립도서관 소장

간지이다. 그런데 사행록의 기록에 모두 혼간지라고 되어 있고, 1719년만 니시혼간지라고 기술되어 있다. 이는 사행원들의 실수라고 보기는 어렵다. '혼간지本願寺'라는 절을, '텐마혼간지天滿本願寺' '오타니혼간지大谷本願寺' '혼간지本願寺'라는 여러 이름으로 부르던 일본 측의 관례에 따른 것이다. 지금도 니시혼간지는 '죠도 신슈 혼간지파 혼간지 쓰무라베쓰인淨土真宗本願寺派 本願寺 津村別院'이라고 한다. 그러므로 우리나라 사행원들이 관소 이름을 '본원사'라고 쓴 것은 어찌 보면 당연한 것이었다. 오히려 1719년 사행에서 '서본원사'라고 쓴 것이 관소에 대해 자세히 관찰한 결과라고 할 수 있다.

관소에 대한 감상

니시혼간지에 대한 감상

1607년에서 1624년까지의 사행록에서는 관소에 대해 이름 정도만 기술하였는데, 1636년 이후 사행록에서는 관소의 규모에 대해 기술하였다. 관소에 대한 관심이 생겼다고 하겠다. 이는 다음과 같다.

> 몹시 크고 넓었다.(1636년)
>
> 넓어 쉴 만했다.(1643년)
>
> 넓고 크며 장막이 화려하고 사치스러웠다.(1655년)
>
> 크고 웅걸해 수천 칸이 넘었다.(1711년)

오사카의 여러 절 중에서 가장 크고 아름다운 곳으로 천여 칸이 되었다.(1719년)

삼사三使의 상하 수행원들 및 대마도에서 호행한 여러 왜인과 본주本州에서 명을 받들어 온 사람 등이 셀 수도 없을 만큼 많았는데, 모두 이 절 안에서 머물렀다. 각각 침실·부엌·목욕실·측간[寢房·庖廚·浴盥·溷廁]이 있으니, 넓고 큰 집[廣廈]임을 알 수 있었다.(1719년)

크고 큰 집들이 얽히고 두루 통해 동인지 서인지 헷갈려 들어갈 곳을 알 수 없었는데, 문에 표지를 써 놓아 갈 곳을 알 수 있었다.(1748년)

뜰은 넓고 통했으며, 전후좌우는 긴 행랑[長廊]과 빙 돌아 있는 복도[回廊]가 이루 셀 수 없이 많았다.(1748년)

집은 크고 방은 깊숙하였으니 낮에도 또한 불을 밝혀놓았다.(1764년)

그런데 니시혼간지는 1724년 화재로 소실되어 다시 정비하였으므로 1719년까지의 사행이 본 절과 1748년 이후의 사행이 본 절은 같은 니시혼간지이지만 다른 건축이다. 그러나 사행원들은 이에 대해 알지 못했다. 같은 자리에 건축된 것이기 때문에 같은 절로 인식했다.

1636년부터 1719년에 이르는 사행록에서 니시혼간지에 대한 인상은 크고 넓으며 화려하다는 점이었다. 특히 사행들은 수천 칸이 넘는다는 점을 강조했다. 1655년 남용익은 사행을 맞이하기 위해 펼쳐놓은 장막도 화려하고 사치스러웠다고 했으며, 1719년 신유한은 니시혼간지가 오사카에서 가장 클 뿐만 아니라 아름답고 사치스러웠다고 했다. 또한 절에 건물들이 많았다고 했다. 삼사의 수행들과 쓰시마에서 호행하여 온 사람들 그리고 오사카가 속한 셋츠국攝津国에서 사행을 접대하러 온 사람들을 모두 합치면 천 명도 넘는 많은 사람들이었는데, 이들이 모두 니시혼간지에서 머물렀다는 것이다. 또한 각 건물마다 침실로 사용하는 방과 부엌과 화장실과 목욕실이 있었다. 그 규모를 짐작하게 한다. 특히 건물 안에 화장실과 목욕실이 있는 점은 우리 전통 건축 양식과 다른 특징이었다. 우리 전통 가옥은 화장실을 따로 설치했는데 일본은 한 건물 안에 두었다. 목욕실이 따로 있었던 것은, 무덥고 습기가 많은 날씨로 인해 목욕을 자주하는 일본 문화에서 비롯한 것이다. 이는 우리 사행들의 눈에 새롭게 다가왔다.

다음으로 새로 건축한 니시혼간지에 대한 인상을 살펴보겠다. 1748년과 1764년 사행도 앞의 사행과 마찬가지로 규모가 큰 것을 강조했는데, 구조적인 측면에 대해 자세히 서술하였다. 크고 큰 집들이 얽히고 두루 통해 동쪽인지 서쪽인지 헷갈렸다고 했다. 그래서 각 사행원들은 처소를 찾아가기에 어려움이 있었는데 다행히 문마다 표지가 붙어 있어 찾아갈 수 있었다. 각 처소로 쓰는 건물은 크고 그에 딸린 방들은 깊숙하였다. 또한 뜰은 넓으며 사방으로 통했는데, 수많은 복도들이 빙 돌아가며 연결되어 있었다. 이는 사행록에서 회상回廂, 행각行閣, 낭하廊下, 복도複道, 각도閣道 등의 용어로 나타나는데 건물과 건물 사이의 통로이다. 건물 연결 통로에 지붕을 얹고 유지油紙를 바르고, 때로는 벽을 만들고 창문도 만들어 햇빛과 비를 피하게 했다. 건물들을 왕래하는 데 불편함이 없도록 한 것이니 이는 덥고 비가 많이 오는 일본 기후 때문이었다. 이 복도들이 건물과 건물 사이에 끊이지 않고 연결되어 있었다. 이러한 구조로 인해 건물과 건물을 오고갈 때 신발을 신었다 벗었다 하지 않아도 되었고, 땅을 밟지 않아도 되었으며, 햇빛과 비를 피할 수도 있었다. 이렇듯 처음 간 곳이 뜰은 넓고 수많은 건물들이 복도를 통해 연결되어 있었으니 여기가 거기 같고 거기가 여기 같아 방향을 가늠하기 어려웠던 것이다. 여행자의 마음으로 바라본다면 처음에는 당혹스럽기도 했겠으나 이국의 건축이 몹시 신기했을 것이다.

히가시혼간지에 대한 감상

앞서 살폈듯이 1682년 사행만이 오사카의 히가시혼간지에 묵었다. 다음은 히가시혼간지에 대한 감상이다.

> 나루터에서 10리쯤 떨어진 본원사에 들어가 묵었다. 관소 건물들도 또한 넓고 커서 지낼 만하였다. 예전의 사행도 모두 여기에서 묵었다고 한다.
>
> — 김지남, 『동사록』, 1682년 7월 26일

> 초저녁에 본원사에 이르니 집집마다 불을 밝혔는데 밝기가 대낮 같았다. 당하관은 문에 이르러 말에서 내렸다. 관소 건물들의 규모가 굉장하여 수천 칸은 되었다.
>
> — 홍우재, 『동사록』, 1682년 7월 26일

이는 1682년 7월 26일 히가시혼간지에 도착하여 기록한 내용이다. 김지남과 홍우재洪禹載, 1644~?의 기록은 크게 차이가 나지 않는다. 히가시혼간지는 나루에서 10리쯤 떨어져 있었다. 저녁 무렵 히가시혼간지에 이르렀다. 절의 각 건물들은 모두 촛불을 밝혀 놓아 마치 대낮처럼 밝았다. 나루를 내려 거리를 뚫고 지나간 뒤 눈앞에 밝은 건물이 나타난 광경을 상상할 수 있다. 당하관들은 모두 말에서 내려 걸어 들어갔다. 절의 문으로 걸어 들어가며 절의 내부를 바라보는 모습이 떠오른다. 그런데 눈앞에 펼쳐진 절의 규모는 상상 이상이었다. 굉장했다. 몹시 넓고 컸다. 건물들도 크고 많아서 합치면 수천 칸은 되는 것 같다고 했다. 초저녁 사방이 어슴푸레한 때에 눈앞에 펼쳐진 수천 칸의 불 밝힌 건물을 바라보는 느낌은 어떠하였을지 짐작해보면 좋을 것 같다.

본당에 대한 감상 및 평가

사행원들은 불상이 안치된 본당에 대해 자세히 기술하였다. 이는 앞서 살펴본 미도御堂였다. 이에 대해서는 1719년, 1748년 그리고 1764년 사행록에 나타난다. 그런데 이 역시 니시혼간지에 대해 기술하고 있지만 두 개의 다른 건축이다.

> 불전佛殿은 높고 컸다. 무늬 있는 회화나무[紋槐]로 기둥[柱]을 만들고, 돌을 깎아 계단을 만들었는데 높이가 한 길[丈] 남짓 되었다. 건물 내부 기둥[楹] 안쪽의 마룻대와 들보[棟樑]는 모두 황금으로 칠하였으며, 나무를 조각하여 철망처럼 만들어 붉고 검게 칠을 하여 영롱하게 빛났다. 다만 단청을 칠하거나 채색 그림을 그리지는 않았는데 이는 국속國俗이 그러하였다.
>
> ― 신유한, 『해유록』, 1719년 9월 4일

법당法堂 같은 제일각第一閣을 보았다. 가장 높은 석대石臺 위에 큰 누각이 하나 있는데 전부 1백 60여 칸은 되었다. 들보와 기둥樑柱과 난간欄檻을 다 무늬 있는 회화나무紋槐로 만들었다. 기둥의 크기는 거의 세 아름이었고, 두 층의 처마와 벽에는 모두 그물罘罳을 설치했다. 건물 가운데 가장 깊숙한 곳에는 따로 문을 설치하고 굳게 닫아 두었는데, 새와 짐승과 사람의 모습을 조각하고 진채眞彩의 단청을 하였다. 부처를 모시는 감실龕室인 듯하였으나 불상은 잠시 다른 곳으로 옮겼다고 한다.

— 조명채, 『봉사일본시문견록』, 1748년 4월 23일

나와서 정당正堂을 관찰했다. 기둥柱은 문목文木, 쓸모 있는 나무이었고 기둥 아래는 구리로 장식되어 있었다. 낙숫물을 나무통으로 받았고, 나무통에서 떨어지는 물은 돌 홈통이 받았다. 누각에는 단청을 입히지 않았으나 풀과 꽃과 날아가는 새를 나무로 새긴 것이 극히 정교하였다.

— 원중거, 『승사록』, 1764년 1월 22일

1719년의 옛 법당과 1748년의 새 법당은 모두 컸고 돌 위에 세워졌으며 기둥柱은 무늬 있는 회화나무紋槐로 만들었다는 점이 공통적이다. 그런데 1719년의 법당은 한 길 남짓의 돌계단 위에 세워졌다고 하였고 1748년의 법당은 최고로 높은 돌로 만든 대石臺에 있다고 하였다. 이는 표현만 다를 뿐 높은 돌 위에 세워져 있고, 그 돌 위에 있는 법당으로 가기 위해서는 계단을 올라야 한다는 점에서 동일하다. 한 길은 대략 3m 정도이므로 어느 정도 높았는지 가늠할 수 있다. 또한 '기둥柱'은 건물

외부에 세우는 것인데, 이 기둥이 몇 개 있느냐에 따라 건축물의 크기를 가늠할 수 있다. 주로 주춧돌 위에 세웠다.

신유한은 법당 내부의 기둥[楹]과 그 안쪽의 마룻대와 들보[棟樑]에 대해 묘사했다. '기둥[楹]'은 건물을 지탱하는 기둥으로 주로 건물 안쪽에 세웠다. 마룻대[棟]는 용마루 아래 서까래가 걸리게 되는 도리이다. 도리란 기둥과 기둥 사이를 건너지르는 나무이다. 들보[樑]는 지붕틀을 받치기 위하여 기둥이나 벽체 위에 수평으로 걸치는데, 마룻대와는 '十'자 모양을 이루는 나무이다.

교토 히가시혼간지 아미타도 내부
오사카의 히가시혼간지와 니시혼간지 두 사찰은 1945년 대공습으로 소실되고 1960년대에 현대식 건물로 재건되었다. 그러므로 교토에 있는 히가시혼간지 내부를 보는 것이 도움이 된다. | 김경숙 사진

법당 안의 기둥[楹]과 마룻대와 들보[棟樑]가 황금으로 칠하여졌다고 했으니 그 화려함을 알 수 있다. 또한 나무를 조각하여 철망처럼 만들어 붉고 검게 칠을 하여 영롱하게 빛났다고 했다. 이는 일본 사찰 내부 구조를 직접 봐야 이해하기가 쉽다. 기둥과 마룻대와 들보 사이가 빈 공간이 아니라 나무를 이어 조각하여 구멍을 내어 놓았다. 그러므로 신유한은 이를 철망 같다고 한 것이다. 또한 이 조각들은 붉고 검게 칠을 하였는데 이는 옻칠로 보인다. 황금 칠을 한 기둥과 마룻대와 들보 사이에 붉고 검게 옻칠을 한 조각들이 영롱하게 빛나는 모습은 몹시 기이한 구경거리였을 것이다. 그런데 다만 단청을 칠하거나 채색 그림을 그리지는 않았는데 이는 국속[國俗]이 그러하였다고 했다. 붉고 검은 칠은 하였으나 단청을 하거나 색칠을 한 그림을 그리지는 않았다고 한 것이다. 우리나라 사찰이 단청을 한 것과 비교한 것으로, 사찰 양식이 매우 달랐음을 알 수 있다.

그런데 새로 건축한 니시혼간지에 머물렀던 조명채는 법당의 크기는 160칸 정도이고 기둥은 거의 세 아름이라고 하여 구체적인 수치를 제시했다. 또한 '두 층의 처마와 벽'이라고 하여 새 법당이 2층으로 건축되었음을 알게 해준다. 이는 이전의 사행에서는 나타나지 않는 표현이니 새로 건축하면서 법당을 2층으로 지었음을 알 수 있다.

다음으로 조명채는 내부 기둥의 칠에 대해서는 언급하지 않았다. 새 법당의 기둥은 구법당처럼 황금 칠을 하지 않았고 나무 그대로였던 것이다. 이와 연결되어 중요한 점은, 법당 안의 깊숙한 곳에 부처를 모시는 감실이 있는데, 그 문에는 새와 짐승과 사람의 모습이 조각되어 있고 진채真彩의 단청이 칠해져 있다고 했다. 단청이란 청색, 적색, 황색, 백색, 흑색 등 다섯 가지 색을 기본으로 사용하여 건축물에 여러 가지 무늬와 그림을 그린 것을 말하고, 진채란 단청 중에서도 화려하고 불투명한 색으로 칠한 것을 말한다. 그러므로 1719년에 구법당의 실내에는 황금 기둥이 있었고, 장식에는 붉고 검은 칠을 하였으나, 1748년의 새 법당은 황금 칠을 하지 않고 단청을 써서 화려하게 장식했음을 알 수 있다.

신유한과 조명채가 법당 내부에 대해 기술한 것에 비해, 1764년 원중거는 법당의 안이 아니라 밖에서 본 것에 대해 묘사했다. 기둥이 쓸모 있는 나무로 만들어져 있는데 기둥 아래는 구리로 장식되어 있다고 했다. 기둥에는 낙숫물을 받는 나무 홈통이 있고 이를 통과한 낙숫물은 돌로 만든 홈통(홈통받잇돌 또는 낙수받잇돌. 일본어로는 텐스이우케天水受)으로 떨어졌으며, 또한 건물에는 단청을 입히지 않고 풀과 꽃과 날아가는 새를 나무로 새겼는데 몹시 정교하였다고 했다. 이로 볼 때 새 법당의 외부는 나무로 만들고 나무에 조각을 하여 장식하였음을 알 수 있다.

오사카 大阪

오사카의 역사와 문화

도요토미 부자父子에 대한 인식

조선과 일본의 사신 왕래가 재개된 1607년은 7년간 지속된 전란이 끝난 뒤 10년쯤 되는 시점이었다. 다음은 1607년 4월 9일의 기록이다. 사행은 7일에 오사카 하구에 도착했고 8일 오사카 육지에 내렸다.

대판은 곧 수길의 아들 수뢰가 사는 곳이다. 수뢰는 이때 나이 15세였는데 기개가 높고 씩씩하고 뛰어났다. 음식을 먹을 때에도 풍악을 폐하지 않았고, 오직 호화와 사치를 스스로 즐기었으며, 일의 처리가 많이 유약하므로 왜인들이 사리에 어둡고 어리석다고 한다. 왜경倭京의 동쪽 교외에 우리나라 사람들의 비총鼻塚이 있다. 대개 왜국이 서로 전쟁할 적에 반드시 사람의 코를 베어 마치 헌괵獻馘(예전에 적과 싸워 이긴 후 적장의 머리를 잘라 와서 임금에게 바치거나, 적의 왼쪽 귀를 잘라 공훈을 계산한 것)하듯이 하였다. 그러므로 임진왜란 때에 우리나라 사람의 코를 거둬 모아 한 곳에 묻고 흙을 쌓아서 무덤을 만들었다. 수뢰가 비를 세워, "너희들에게 죄가 있는 것이 아니라, 너희 나라의 운수가 그렇게 된 것이다……"라고 새겼다. 참호塹壕를 파고 담을 둘러싸 밟지 못하게 하였다 한다. 그의 어머니가 수뢰를 위해 불사佛事를 많이 행하여 뒷일을 빌었다 한다.

왜국에는 떠도는 말이 있다. 수뢰의 어머니가 간부間夫와 간음하여 수뢰를 낳았는데, 수길이 죽은 뒤에 간부의 일이 발각되었다. 가강家康이 그의 죄를 다스리고 싶었으나 처치處置하기가 몹시 불편함을 염려하여, 다만 그 간부를 절도絶島에 귀양 보냈다. 왜국 사람들이 노래를 지어 수뢰를 조롱하기에 이르렀다고 한다.

— 경섬, 『해사록』, 1607년 4월 9일

경섬은 오사카를 '히데요시의 아들 히데요리가 사는 곳'이라고 정의 내렸다. 아직 15세인 히데요리는 기개가 높고 씩씩하고 뛰어나다고 하였다. 그러나 음식을 먹을 때도 풍악을 울리고 호화와 사치를 즐겼으며, 어린 나이 때문인지 일의 처리를 제대로 하지 못했기에 일본 사람들이 사리에 어둡고 어리석다고 여긴다고 했다. 그다지 평판이 좋지 않았음을 알 수 있다. 또한 히데요리는 히데요시의 소생이 아니라, 히데요리의 어머니가 간음하여 낳았기에 일본인들의 조롱을 받는다고 했다. 나아가 교토에 있는 비총鼻塚 곧 코무덤은 히데요시 때 세운 것인데도 그에 대한 책임을 히데요리에게 돌렸으며 비총에 비석을 세운 것도 히데요리라고 했다. 이미 도요토미 히데요시는 죽고 없으니, 그의 아들 히데요리에게

적의敵意의 화살을 돌렸음을 알 수 있다. 이는 당시 우리나라 사람들의 인식을 잘 보여주는 것이다.(비총에 대해서는 제2장의 '다이부츠덴 연회 문제와 이총' 참조.)

다음 사행인 1617년에는 '오사카는 히데요시의 아들 히데요리가 살던 성'이라고 정의 내린다. 이는 1615년 도쿠가와 이에야스와의 여름전투에서 히데요리가 지고 자결한 지 얼마 안 되는 시점이었다. 사행은 히데요리가 전사했다는 것을 들었으나 일본의 상황에 대해서는 알지 못했다. 그래서 히데요리가 패망한 이유를 탐문했으나 자세한 것을 알 수가 없었다.

히데요리가 패망하게 된 경위에 대해 알게 된 것은 1624년 사행 때였다. 역관들이 일본인들에게 듣고 알게 되었다. 그렇다면 이때까지도 우리나라는 일본의 정세가 어떻게 진행되었는지에 대해 자세히 모르고 있었다는 뜻이 된다. 강홍중은 도쿠가와 이에야스가 후시미성伏見城에 있던 히데요리를 오사카성으로 옮기게 한 점, 히데요리의 재산을 뺏고 흩어놓은 점, 1614년 겨울전투의 진행, 1615년 여름전투의 진행, 히데요리의 아내가 도쿠가와 이에야스의 손녀이자 도쿠가와 히데타다德川秀忠, 1579~1632의 딸이었던 점 등에 대해 사실과 부합하게 기술하였다. 그러나 히데요리와 그 생모가 함께 자결한 것을, 각각 병화兵火로 타죽은 것처럼 기술한 점은 사실과 다르다. 여러모로 사행록 가운데 히데요리의 패망에 대한 기술은 강홍중의 기록이 가장 자세하다.

도요토미 히데요시에 대한 관심은 오히려 1636년과 1719년 기록에서 찾을 수 있다. 히데요리가 죽은 뒤 관심이 다시 히데요시에게 옮겨간 것으로 보인다. 1636년 김세렴은 히데요시가 후시미성과 오사카성을 소굴로 삼고, 오사카성을 건설하여 재물을 쌓아놓고는, 권력을 휘두르며 죄와 악을 가득하게 하였다고 했다. 그래서 결국 히데요리가 이곳에서 패망하게 된 것이라 설명하였다. 히데요리의 죽음이 그 아버지 히데요시의 악업의 결과라고 본 것이다. 그런데 1719년 신유한은 히데요리에 대한 관심보다는 히데요시에 주목하고 있다. 히데요시가 오사카에서 살면서 싸움을 즐기고 사치하고 백성의 고혈을 긁어다가 욕심을 채웠다고 했다. 18세기에 이르러 히데요시와 히데요리에 대한 관심의 방향이 바뀌었음을 알 수 있다.

사실 17세기 전반은 임진왜란의 원수인 히데요시는 죽고, 그의 아들 히데요리가 살아있었기에, 현재 진행형이며 얼마 지나지 않은 역사였다. 그러므로 도요토미 히데요시보다는 히데요리에 대한 관심이 많았다. 그러다가 히데요리가 1615년 사망한 뒤, 1617년과 1624년에는 그 진행과 결과에 대하여 궁금해 하였으나 사실을 알아낸 뒤는 관심이 급격히 줄어든다. 1643년 사행 이후로는 히데요리에 대한 기술이 사라졌다.

후대로 올수록 관심이 도쿠가와 쪽으로 옮겨가고 있다. 도쿠가와 이에야스와 그 뒤의 관백들이 오사카를 어떻게 관리했는가에 대한 기술이 증대한다. 특히 이는 오사카성 재건과 관련이 있다.

오사카성의 소실과 재건

오사카성의 번성과 소실

사행은 오사카 하구에 도착해 배를 갈아타고 요도가와淀川를 거슬러 올라가 나루에 도착해 육지에 내리고 관소로 가게 된다. 이때 오사카성을 처음으로 보게 된다. 또한 관소에서 머물다 다시 나루에 가서 배를 타고 교토의 요도淀까지 가게 되는데, 이때 다시 오사카성을 보게 된다. 사행은 오사카성에 가지는 않지만 오사카성 가까이 지나가면서 성에 대한 감상을 남겼다. 오사카성은 앞서 살핀대로 그냥 성이 아니라 도요토미 히데요시와 히데요리가 살던 곳이었다. 그러므로 사행이 이 성에 대해 관심을 가진 것은 당연했다.

더구나 오사카의 역사는 앞서 살폈듯이, 1496년에 렌뇨 상인이 오사카성 부근에 건물 한 채로 지은 절에서 출발했다. 이를 중심으로 사람들이 모여들고 도시가 형성되었다. 오다 노부나가와 10년 전쟁을 하며 토지를 지켜내려 노력했지만, 결국은 도요토미 히데요시가 1585년 이시야마혼간지 터에 오사카성을 건설하였다. 그러므로 일본 사람이나 우리나라 사람이나 오사카성 하면 히데요시를 떠올리게 되는 것이다.

다음은 1607년 사행의 기록이다.

대판성大坂城은 언덕을 이용하여 요새를 설치하였다. 북쪽에는 큰 강이 있고 동쪽으로는 평평한 육지에 이어졌으며 서쪽으로는 해안에 임하였다. 중첩의 누樓와 층층의 각閣이 몇 리里에 걸쳐 가득 차 있고, 여염이 번성하여

오사카성 | 김경숙 사진

수만여 호나 되었다. 강물을 끌어들여 통행하는 도랑을 만들었고 무지개다
리를 곳곳에 설치했으며 선박이 가득하였다.

— 경섬, 『해사록』, 1607년 4월 11일

이는 오사카성에 대해 정확히 설명하고 있다. 사실 오사카성은 우에
마치 대지上町台地(대판 평야의 남북으로 펼쳐진 구릉지대)의 북단에 위치하여
있는데, 우에마치 대지의 북쪽 아래로는 요도가와의 본류가 흐르는 천
연의 요새였다. 또한 우에마치 대지 북단을 입지로 하는 오사카성에서
는, 북·동·서의 세 방향이 대지 위에 있는 혼마루本丸(일본의 성곽에서 중
심에 있는 구역. 성주의 거처이며 대부분 가운데에 천수각天守閣을 지었고 주변에는
해자를 설치했다)보다 저지대였다. 오사카성의 약점은 대지의 높이가 같
은 남쪽이었다. 그래서 서쪽에서 남쪽으로 해자를 만들어 성을 감쌌고,
남쪽에 반월형의 외성을 축성했다. 오사카 겨울전투의 격전지 역시 이
남쪽이었다.

그런데 오사카성은 1614년 겨울전투 때 소실되고 해자와 혼마루만
남았다가 1615년 여름전투 때 이마저도 완전히 소실되었다. 그러므로
1617년 사행은 오사카성을 볼 수가 없었다. 이경직은 예전에는 층층으
로 된 멋진 누각들이 있었는데, 히데요리가 패전할 때 모두 불타 버리고
포루砲樓 및 관사 약간만이 설치되어 있다고 했다. 또한 외성外城 밖에는
인공산造山이 곳곳에 있는데 이는 도쿠가와 이에야스가 오사카성을 함
락할 때에 만든 것이라고 했다.

또한 이경직과 오윤겸 모두 오사카의 민가에 대해 관심을 두었다. 오

사카성이 함락될 때 민가도 모두 불탔는데, 이경직은 여염은 예전대로 건설되어 좌우에 가옥이 하류下流 지방과 꼭 같이 번성하였다고 했으나, 오윤겸은 백성들이 모두 새로 집을 지었으나 전성시에 비하면 반이나 줄었다고 했다. 오사카 민가의 재건과 번영에 대한 기록은 17세기 전반까지 사행록에 지속적으로 나타난다. 1624년 강홍중은 빈터가 없이 복구되었다고 하였고, 1636년 임광도 다 새로 지었는데 전보다 더 웅장하고 화려하다 하였다. 그러나 1643년 이후로는 오사카 민가의 재건에 대한 관심이 나타나지 않는다. 이미 오사카의 재건이 완성되었던 것으로 받아들였던 것이다.

새로 건설한 오사카성

그런데 오사카성은 1620년에 재건을 시작하여 1629년에 완성되었다. 이에 대해 사행원들은 신성新城 또는 대판 신성大阪新城이라 부르며 관심을 보였다. 1624년 사행 때는, 성을 재건하는 중이어서 공사를 한창 진행하는 것을 보았다. 그래서 '성城은 완성되었으나 목역木役은 아직 끝나지 않았는데, 역사役事의 거창한 것은 이루 형언할 수 없어 인력으로 이룬 것이 아닌 듯하다'고 했다. 1636년 기록에는 큰 돌에 관한 이야기가 나온다. 이 돌들은 강 언덕에 쌓여 있는데, 부피로 보면 1~2칸 정도였고(임광), 높이와 너비는 2길 정도, 길이는 4, 5길 정도 되는(김세렴) 석재石材였다. 이러한 돌들이 그 수를 셀 수 없을 정도로 많이 강가를 따라 몇 리에 걸쳐 쌓여 있었다. 사행원들은 이 돌들이 오사카성을 쌓기 위해 쓰고 남아서 버려진 것이라고 추측했다. 이렇듯 사행이 진행되는 시기에 따라 오사카성 신축의 진행 사항도 함께 기록되었다.

완성된 오사카성에 대한 기록은 1636년에서 1655년까지의 사행록에 나타난다. 아래 예문은 1643년 사행의 기록이다.

> 멀리 신성新城을 바라보니 성안에는 5층으로 된 다락집[譙樓]이 위로 하늘을 찌를 듯 서 있었고, 3층, 4층으로 된 누각도 여러 곳에 있었는데, 견고하면서 크고 화려하였다. 이른바 한 사람이 관문關門을 지킬 수 있다는 것이다.
>
> — 미상, 『계미동사일기』, 1643년 6월 7일

> 누선을 타고 강을 거슬러 올라갔다. 닻줄을 끄는 왜인이 그 수를 알 수 없을 만큼 많았다. 큰 다리 셋을 지나자 대판 신성大阪新城 아래였다. 가강家康이 처음 대판을 점령하고 성곽을 없애 버린 뒤, 옛터에 새로운 성을 쌓았다. 높이는 5~6길[丈]이나 되고, 해자의 넓이도 수십 보步나 되었다. 성 안에는 다만 장관將官들의 문루門樓만이 있는데, 모두 병기兵器를 저장해 둔다고 한다.
>
> — 미상, 『계미동사일기』, 1643년 6월 13일

앞의 예문은 오사카에 도착하여 관소로 갈 때, 뒤의 예문은 관소에서 나와 배를 타고 교토로 갈 때의 기록이다. 전명길에 사행은 이렇게 2번 오사카성을 보았다.

그런데 사행은 오사카성을 신축한 사람이 이에야스라고 하였다. 1636년의 임광, 김세렴, 1643년의 사행록 저자, 1655년의 남용익 모두 그렇게 기술하였다. 물론 오사카라는 도시를 재건하기 시작한 것은 이에

야스가 히데요리와의 전쟁에서 승리한 직후였겠으나, 오사카성을 신축하기 시작한 것은 1620년의 일이다. 그런데 도쿠가와 이에야스는 1616년에 사망하였다. 그러므로 오사카성 신축에 개입한 사람은 이미 1605년부터 쇼군의 지위를 물려받고 있었던 도쿠가와 히데타다였다. 이미 1607년 사행은 히데타다가 새로 쇼군이 되었음을 알게 되었고 히데타다와 이에야스를 만났다. 1617년부터는 이에야스가 사망한 것도 알고 있었다. 그럼에도 불구하고 사행록 저자들은 오사카성의 신축이 이에야스에 의한 것이라고 일관되게 기술하고 있다. 이는 임진왜란을 일으킨 도요토미 히데요시의 아들 히데요리와의 전쟁에서 이긴 인물이 이에야스였기 때문이다. 우리나라 사람들 그리고 사행원들에게 그만큼 이에야스의 위상이 크게 자리잡고 있었다. 히데요리와 전쟁을 치르고 오사카를 폐허가 되게 하였으나 다시 오사카 도시 전체의 재건에 착수한 인물이 이에야스였다고 인식했기에, 오사카성의 신축도 이에야스에 의한 것이라고 뭉뚱그려 기술한 것이다.

새로운 오사카성에 대해서는 일단 건물에 관심을 두었다. 5층 누로樓櫓, 7층 포루砲樓, 5층 초루譙樓, 5층 각閣이라고 표현한 건물이 나오는데 이는 성의 중앙에 높이 서 있는 천수각天守閣을 나타낸 것이다. 천수각은 예전의 것이나 새로 지은 것이나 모두 5층이었는데 다만 새로 지은 것이 높이가 더 높았다. 이에 대해서 사행은 넓고 화려하고 웅장하다, 하늘을 찌를 듯하다, 공중에 어렴풋하게 솟아 있다, 높이가 5~6길[丈]이 된다고 하였다. 또한 해자에 대해서도, 넓이가 수십 보步에 이르며 깊이는 10길에 이른다고 하였다. 또한 성 주위가 넓지 않아 성 안에는 장관의 누

오사카성 모형 | 김경숙 사진

각[門樓]만을 두고 여기에 병기[兵器]를 보관해 둔다고 했다.

　신축한 오사카성에 대해 사행원들은 본 그대로 솔직한 평가를 하였다. 1636년 임광은 성지城池와 누각이 넓고 화려해 일본에 와서 본 다른 지방의 성들보다 웅장하다고 했고, 김세렴은 화려하고 웅장한 것이 일본에서 제일이라고 들었다고 했다. 1655년 남용익도 삼도三都 곧, 오사카, 교토, 에도 중에서 경치 좋기로는 오사카성이 제일이라고 했다. 또한 사행은 성의 견고함에 주목했다. 이미 살핀 대로 언덕 위에 세워졌으며 주변에는 요도가와가 흘러 천연 해자 역할을 하고, 인공 해자도 깊고 넓기 때문에 견고한 요새였다. 그러므로 한 사람만으로도 관문을 지킬 수 있다는 말에 부합된다고 하였다.

오사카의 문화

조총鳥銃과 화포火砲에 대한 관심

1607년 사행록에는 조총 구입에 관한 기록이 나타난다. 사행이 교토에서 오사카로 돌아온 윤 6월 8일의 일이었다.

> 저녁 때 최의길崔義吉 등이 계빈촌堺濱村으로부터 조총鳥銃 5백 자루를 거래해서 왔다. 일본은 일찍이 다른 나라 사람이 병기兵器를 몰래 사는 것을 금하였다. 평조신平調信이 살아있을 때 가강에게 "조선이 조총과 환도環刀 등의 물품을 거래하고자 하는데 허락해도 되는지 모르겠습니다"라고 아뢰니, 가강이 "전쟁을 당하면 전쟁을 하는데, 어찌 병기가 없는 나라와 승부를 겨룰 수 있겠는가? 하물며 이웃 나라가 사고자 한다면 어찌 금하겠는가?"라고 하였다고 한다. 그러므로 이번에 거래한 병기는 거의 금지함이 없어 사람들이 앞을 다투어 매매하였다.
>
> 경직景直이 희롱삼아 말하기를, "예전 평화로웠던 시절 조선에서 크게 금하고 막음이 있었습니다. 꿩의 깃털이나 아교阿膠 등 관계없는 물건 같은 것도 모두 엄금하여 거래하여 가져가는 것을 허락하지 않았습니다……"라고 하였다.
>
> 내가 대답하기를, "선왕의 법 조문이 이와 같았던 것은 비단 당신네 대마도에게만 그렇게 한 것은 아니오. 이제 그대들이 만약 성신誠信을 다한다면 조정에서 어찌 성신으로 허락하지 않겠소?" 하였다. 차를 나누고 파하였다.
>
> — 경섬, 『해사록』, 1607년 윤 6월 8일

교토에서 오사카로 돌아온 날 저녁에 최의길崔義吉과 다른 사람들이 계빈촌으로 가서 조총을 무역해 가져왔다. 계빈촌은 앞서 살폈듯이 지금의 사카이시 지역이다. 조총을 구매하러 갔던 사람들이 몇 명인지는 명확하게 기술되어 있지 않다. 다만 최의길은 당시 사행에서 압물통사押物通事였기에, 일본인과 통역이 가능한 그의 동행은 필수적이었을 것이다.

우리나라는 임진왜란 초기에 일본 조총으로 인한 피해가 막심하였다. 그러므로 이에 대한 관심이 많았다. 물론 임진왜란을 치르며 일본 조총을 구하기도 했고 우리나라에서 총을 개발하기도 하였으나, 일본 현지에서 총을 구한 것은 이번이 처음 있는 일이었다.

그런데 일본은 다른 나라 사람이 조총을 잠매潛買 곧, 나라의 허락을 받지 않고 사는 것을 금하였다. 그러다 평조신平調信이 도쿠가와 이에야스에게 조선이 조총과 환도를 사려 하는 것을 금지해야 하느냐고 물어 도쿠가와 이에야스가 허락하라고 했다는 것이다. 평조신은 야나가와 시게노부柳川調信, ?~1605로 그는 쓰시마對馬 번주藩主 소우 씨宗氏 가문의 가신家臣이었으며 임진왜란 전후에 조선과 일본의 교섭을 위해 노력한 인물이다.

여기서 우리는 일본이 조선 사행이 조총을 거래하는 것을 금지하지 않았다는 점의 이면을 읽어낼 필요가 있다. 경직景直 곧, 평경직平景直이 경섬과 나눈 대화가 중요하다. 평경직은 야나가와 토모노부柳川智信, ?~1613(개명한 이름이 야나가와 카게나오柳川景直)로 야나가와 시게노부의 아들이다. 그는 아버지의 대를 이어 조선과 일본 사이의 중개를 하였고 결국은 1607년 사행을 성사시키며 두 나라의 국교를 회복시켰다. 경섬에 의하면 그는 쓰시마의 모든 일 및 손님 접대와 상대하는 일을 주장하여 처리하였으며, 도주島主(번주)는 다만 고개만 끄덕였을 뿐이라고 했다.

그러한 위치에 있던 야나가와 토모노부는 경섬에게, 예전 전쟁이 일어나기 전에 조선에서 일본인들의 무역에 금함이 심했다고 말했다. 꿩의 깃털이나 아교 등 문제 될 것이 없는 물건들도 금했다는 것이다. 이에 대해 경섬은 쓰시마에게만 그런 것은 아니라고 하며, 일본이 성신誠信을 다한다면 우리나라도 성신으로 허락할 것이라고 대답했다.

이로 볼 때 일본은 조선과 쓰시마, 나아가 조선과 일본의 무역 재개를 원했던 것이다. 그러므로 야나가와 시게노부와 야나가와 토모노부 부자가 조선과 일본의 국교 회복과 무역 재개에 공을 들였다. 실제로 1607

이성린李聖麟, 〈대마주 서산사對馬州 西山寺〉, 《사로승구도槎路勝區圖》
쓰시마 세이잔지를 그린 그림 | 국립중앙박물관 소장

년 사행 2년 뒤인 1609년에 양국은 기유약조己酉約條를 체결하는데, 주된 내용은 무역과 부산 왜관倭館의 재개에 관한 것이었다. 이로 인해 쓰시마는 경제적 이득을 보게 되었다.

이러한 점으로 볼 때, 우리 사행이 조총에 관심을 가지고 구매한 것이나, 몇 자루가 아닌 500자루라는 많은 양을 구매할 수 있었던 것은, 조선과의 무역 재개를 원하는 일본 측의 의도가 있었기에 가능했다.

무기에 관한 관심은 1748년 사행 때도 나타났다.

> 수역 박상순朴尙淳이 은자 5백 냥을 스스로 마련하여 아란타阿蘭陀, 네덜란드의 화시火矢 2자루를 샀는데, 귀국하여 조정에 바치려 한다고 하였다. 내가 가져오게 하여 살펴보았더니, 모습은 말린 족자卷簇子 같으면서 매우 단단하였다. 그러나 군관軍官 이일제李逸濟가 거래한, 철전鐵箭 화구火具가 쓸 만하고 본받을 만한 것에는 미치지 못하는 것 같았다.
>
> ― 조명채, 『봉사일본시문견록』, 1748년 7월 1일

회정길 오사카에서 역관인 박상순朴尙淳이 자신의 돈으로 네덜란드 화시火矢 2자루를 샀다. 그는 이를 귀국하여 조정에 바치려고 했다. 이 소식을 들은 조명채가 화시를 가져오게 하여 살펴보았다. 화시는 '불화살'로 번역되는데, 이는 그냥 불화살이 아니고 불화살을 쏠 수 있는 도구이다. 조명채는 이 화시의 모습이 마치 말린 족자 같이 생겼으면서 단단하다고 하였다. 원통형의 모습을 표현한 것이다.

또한 조명채는 이 화시가 부방 군관副房 軍官 이일제李逸濟가 구매한 철

전鐵箭 화구火具보다는 못한 것 같다고 했다. 곧, 이보다 앞서 에도에 있던 6월 12일에 조명채는 이일제를 시켜 네덜란드의 화포火砲와 일본의 진법 도陣法圖를 몰래 구해오게 하였다. 13일에 에도를 떠나 회정길에 올랐으 니 6월 12일은 회정길에 오르기 전날이었다. 조명채의 마음이 급했음을 알 수 있다. 에도에서의 전명식을 무사히 치르고 돌아가게 되자, 일본의 무기와 진법도를 구한 것이다. 이일제가 구해온 화포는 그 만듦새가 좋 아 보였다. 그래서 쓸 만하고 본받을 만하다고 하였다. 철전鐵箭이란 '쇠 화살'이고, 철전 화구는 쇠로 만든 화살을 쏘는 화포이다. 또한 진법이란 군사의 배치 등에 관한 것이다. 이일제가 구해온 것은 성지진법도城池陣法 之圖였다. 그런데 이는 인본印本은 아니라고 했다. 관에서 정식으로 찍은 것은 아니었던 것이다. 그러나 일본에 와서 관찰한 성과 해자의 제도와 비교해 보았더니 상세한 것 같다고 했다. 이로 볼 때 사행은 일본의 군사 적 측면에 대해 지속적으로 관심을 지니고 있었다.

그런데 이 화시 혹은 화포에 대한 내용을 이익李瀷, 1681~1763의 『성호 사설星湖僿說』에서 찾을 수 있다.

요즈음 듣자니 바다에 아란타阿蘭陀라는 나라가 있는데, 홍이紅夷라고도 한다. 그들이 만든 홍이포紅夷砲는 임진년 무렵에 이미 우리나라로 들어온 것이다. 또 화전火箭이 있는데, 그 모습은 말아놓은 서축書軸 같은데 윗머리에 구멍이 있다. 구멍에 심지心紙를 사용해서 불을 일으킨다. 방법은 한 자루에 염초焰硝 19냥, 유황硫黃 3냥, 마회麻灰 6냥, 납 1냥, 침鍼 2냥, 금은박金銀箔 각각 다섯 조각씩 하여, 이들을 조합하여 만든다. 화살 한 개가 땅에 떨어지면,

그 속에서 수십 개의 가지가 솟아 나와서, 흩어져서 천만 가지를 이루고 동서 가로세로 흩어진다. 촌락村落과 성곽城郭을 순식간에 불태워 버린다. 왜인倭人이 이를 두려워해서 기녀와 재물로 유혹해 바치고, 그 방법을 알아내 만들게 되었는데, 지금은 온 나라에 퍼졌다. 무진년 사행 때 수역 박상순이 은 5백 냥으로 두 자루를 사서 바쳤다고 한다. 나라에서 능히 대비해 쓰려는 뜻이 있었던 것인지 모르겠다. (…중략…)

또 듣자니, 관백이 무武를 좋아하여 해외 여러 나라에서 무기武技가 있는 자들을 두루 구해와서 학습하지 않음이 없다. 그러므로 그들의 쏘는 기술의 정묘함이 옛날에 비할 바가 아니라고 한다.

— 이익, 『성호사설(星湖僿說)』 권6 「만물문(萬物門)」 「화전(火箭)」

이익은 아란타를 홍이紅夷 곧 붉은 오랑캐라고도 하는데 그들이 만든 홍이포紅夷砲가 이미 임진왜란 때 우리나라에 들어왔다고 했다. 그런데 정확히는 임진란 때 전래된 유럽식 화포는 불랑기佛狼機라고 했고 홍이포라는 명칭은 17세기 이후에 사용된 것으로, 이익은 서양식 화포를 통칭하여 홍이포라 한 것이다. 지금으로 치자면 대포였다.

다음으로 이익은 아란타의 화전火箭에 대해 자세히 설명했는데 조명채가 말한 화시와 같은 종류로 보인다. 위 예문을 보면 박상순이 사왔다고 되어 있다. 곧, 같은 물건에 대해 화전과 화시라는 두 용어를 쓰고 있다. 사실 한자로는 틀리지만 번역하면 두 단어 모두 '불화살'이 된다. 조명채는 박상순이 사온 화시의 모양이 말아놓은 족자[卷簇子] 같다고 했는데 이익은 화전이 말아놓은 서축[卷軸] 같다고 했다. 족자나 서축이나 모두 글씨를 쓰거나 그림을 그린 종이나 비단을 말하며, 평소에는 둘둘 말아 보관할 수 있다. 말아놓은 모습은 원통형이다. 그러므로 화시의 모습이 원통형이었음을 알 수 있다. 또한 이 화전은 위쪽에 구멍이 있었다. 이 구멍에 염초, 유황, 마회, 납, 침, 금은박을 조합하여 심지를 이용해 불을 일으킨다. 이렇게 하여 발사하면 화살 한 개가 땅에 떨어지는데, 이 한 개의 화살이 수십 개의 가지가 되고, 다시 천만 개의 가지로 흩어진다는 것이다. 이로 볼 때 화시는 보통 화살과는 달랐다. 오히려 포탄砲彈에 가까웠다. 요즘으로 말하면 수류탄 혹은 투척탄 정도의 기능을 하는 도구였다.

이 화전이 순식간에 마을을 불태워 버리니 일본 사람들이 놀라, 네덜란드 사람들에게 기녀와 재물을 바쳐 만드는 방법을 알아내었다는 것이다. 또한 관백이 무武에 관심이 많아 무기武技가 있는 사람, 곧 무기武器를 잘 아는 이들을 해외 여러 나라에서 데려다가 기술을 배우고 익혀, 쏘는 기술이 옛날보다 더 발전했다고 하였다. 이익1681~1763과 조명채1700~1764는 동시대 사람이다. 임진왜란과 병자호란 이후에 태어난 세대로 무기에 지속적 관심을 보였다. 이는 전쟁의 참상, 일본과 중국의 재침략 가능성, 그리고 무기의 중요성에 대해 잘 알고 있었기 때문으로 보인다. 또한 이는 일본으로 갔던 조선통신사 대부분의 관심이기도 했을 것이다. 그러므로 일본에 가서 무기를 구해 와 연구하고자 했다.

오사카의 풍요로움과 사치의 원인

오사카는 예로부터 물화가 풍부하다고 했다. 지금도 오사카는 상업으로 번영을 누린다. 사행은 오사카의 풍요로움과 사치에 대해 관심을 가지고 그 원인을 분석했다. 다음은 1719년 기록이다.

대판大阪은 섭진주攝津州에 있는데 수길秀吉의 고도故都이다. 강工의 이름을 낭화浪華 혹은 난파難波라고 일컫기 때문에 그 땅을 낭화, 난파라고도 부른다고 한다. 섭진주는 가장 크면서도 풍요롭다. 북쪽으로는 산성주山城州에 접하고 서쪽으로는 파마주播摩州에 이르며 동남쪽으로는 큰 바다의 물가가 펼쳐 있다. 바다 가운데 여러 오랑캐 장사꾼과 온갖 물건이 사방으로부터 이르고 있다. 강호江湖와 숲과 못[林澤]과 밭이랑의 아름다움을 지니고 있기 때문에, 오곡五穀·뽕나무·삼[麻]·생선·소금이 잘 되고, 수많은 귤나무와 몹시 넓은 두둑의 대나무와 드넓은 밭의 토란 등이 생산되며, 소라와 대합과 수달의 이익은 장사꾼을 기다리지 아니하여도 풍족하고, 금·은·구리·주석·좋은 나무[梓杙]·문송文松 등이 산처럼 나오고 바둑돌처럼 쌓였다.

수길이 대판에 살면서 병력을 동원하여 옳지 못하게 재물을 모으면서 사람의 골수를 벗겨내고 기름을 짜내어 저의 사치스러운 욕심을 질리도록 가득 채웠다. 정원의 초목에는 금으로 만들고 금을 펼쳐놓은 볼거리가 있었고, 각 주의 추장들이 모이는 곳에는, 동산·가옥·배·수레 등을 만들어 방탕하게 노닐며, 사치하고 화려한 것을 서로 높이는 것으로 경쟁하였다. 강물을 끌어 연못을 만들어 굽이굽이 돌아 감싸듯 하였고, 돌을 깎아 둑을 만들었는데 술병·병풍·경대鏡臺 같은 여러 모양으로 만들었다. 그 위에는 다리를 설치하여 왕래하였고, 금선金船과 그림배가 빽빽하게 다리 밑을 지나가는데 물을 따라 꽃 사이를 뚫고 동쪽 서쪽의 경치 좋은 곳을 오르락 내

리락 하였다. 그러므로 당塘이네 소沼네 옥屋이네 정町이네 하여, 특별히 좋은
구역을 이름하는 것이 이루 다 기록할 수 없었다.

다리는 2백 남짓 되고, 사찰은 3백 남짓 되며, 공후公侯의 좋은 집들은
또 배나 되었다. 서민庶民으로 농업·공업·상업 등 부호富豪의 집들이 또 천
만이나 되었다.

— 신유한, 『해유록』, 1719년 9월 4일~8일

오사카는 앞서 살폈듯이, 1496년에 렌뇨상인이 건물 한 채를 지어
'오사카혼간지'를 연 것에서부터 발전하게 되었고, 도요토미 히데요시
가 오사카성을 건설한 뒤 더욱 발전하였다. 우리 사행들은 오사카는 섭
진주에 속한다고 했는데, 일본에서는 '주州'보다는 '국国'이라고 했다. 정
확한 이름은 셋츠국摂津国이다. 이곳은 지금의 오사카부大阪府 북중부北中部
의 대부분과 효고현兵庫県의 동남부東南部였다. 신유한은 이곳이 가장 크
면서도 풍요롭다고 했는데, 면적이 큰 것은 사실이나 가장 크다고 할 수
는 없었다. 다만 이곳이 크고 풍요롭다는 점을 강조하려 했던 것이다.

신유한은 이곳이 북쪽으로는 산성주山城州에 접하고 서쪽으로는 파마
주播摩州에 이르며 동남쪽으로는 큰 바다의 물가가 펼쳐 있다고 했는데,
정확히는 북쪽은 탄바국丹波国, 서쪽으로는 하리마국播磨国, 남쪽은 이즈미
국和泉国, 동쪽은 카와치국河内国·야마시로국山城国과 접하고 있고, 남동쪽
에 바다가 펼쳐져 있다.

오사카가 그리고 셋츠국이 풍요로운 이유를 신유한은 2가지로 들었
다. 첫 번째는 외국과의 무역이다. 바다 건너 사방의 여러 나라로부터 장

이성린李聖麟, 〈대판성 관소남망大坂城 館所南望〉, 《사로승구도槎路勝區圖》
오사카 관소에서 남쪽으로 바라본 모습. 오사카의 화려한 모습을 나타냈다. | 국립중앙박물관 소장

사군과 온갖 물건이 들어온다는 것이다. 그러므로 물자가 풍부해지는 것
이다. 두 번째는 지리적 특성이다. 이곳에는 강과 호수와 숲과 못과 논밭
의 아름다움이 있다고 했다. 수자원, 숲, 논밭이 잘 갖추어져 있고 풍부한
것이다. 그래서 오곡이 잘되고 뽕나무와 삼도 잘 자라고 생선과 소금도
잘되며, 귤나무는 많고 대나무는 많이 자라고 토란도 대량으로 생산되
며, 바다에서는 소라나 대합이나 수달을 매매하지 않고도 얻을 수 있다
고 했다. 오곡, 생선, 소금, 과일, 대, 토란, 해산물 등이 풍부하니, 식食이
안정된다. 뽕나무와 삼이 잘 자라니 의衣도 안정된다. 또한 금, 은, 구리,
주석과 좋은 나무들이 많으니, 화폐와 주住도 안정될 수 있다. 이로 볼 때
오사카의 풍요로움은 그 지리적 특징을 바탕으로 한다. 실제로 예로부터
일본 측에서도 셋츠국은 남쪽은 따뜻하고 북쪽은 추워서 오곡이 먼저
익고 물고기와 소금이 많다고 평가하였다.

다음으로 신유한은 오사카가 번성하게 된 것을 도요토미 히데요시 때문이라고 보았다. 곧, 도요토미 히데요시가 오사카에 살면서 병권을 휘두를 때 나쁜 방법으로 재물을 모으면서 사람의 골수와 고혈을 짜내 사치함이 극에 달했다는 것이다. 그래서 정원에는 금으로 만든 장식을 세웠고, 각 지방의 다이묘大名들을 불러 모았는데, 그들이 오사카에 모여 살게 되면서 동산이며 가옥이며 배와 수레 등이 따라서 만들어지게 되었고, 이들이 방탕하게 놀면서 화려함을 경쟁하였다. 그래서 강물을 끌어들여 연못을 만들고 운하를 팠으며 돌로 제방을 만들면서 모양을 한껏 냈고, 다리를 만들어 사람이 다니고 수많은 아름다운 배들이 다리 밑으로 다니게 되었다는 것이다. 더불어 경치 좋은 곳에 이런저런 이름을 붙여놓은 곳이 기록할 수 없을 만큼 많다고 하였다. 물질적 풍요를 바탕으로 도시를 사치하게 건설했음을 알게 한다.

문화와 풍속에 대한 관심

신유한이 방문했던 1719년의 경우, 다리의 수효는 2백여 개가 되고, 사찰도 3백여 개이며, 높은 관리들과 귀족들의 집들은 배나 되고, 농업·공업·상업 등에 종사하는 서민 부자들의 집들이 또 천만이나 된다고 했다. 신유한은 오사카의 저택 혹은 건물 중에서, 궁원宮苑, 서점[書林·書屋], 술집[酒樓], 꽃밭[花圃], 약방[醫房], 창옥娼屋과 기원妓院 등에 대해 관심을 가지고 묘사하였다.

궁원이란 우리나라 말로 풀이하자면 궁궐 혹은 궁궐의 정원이란 뜻이 된다. 여기서는 일본 천황天皇의 아들로 출가하여 스님이 된 친왕親王들이 사는 사찰을 말하는데 불전들이 잘 갖추어져 있었다. 특히 신유한은 오사카를 떠나기 전날인 9월 9일에 통역을 데리고 산보하다가 화려한 건물을 직접 보았는데, 지붕은 무지개처럼 높고 길며 벽과 처마는 모두 금은으로 장식되어 있었다.

다음으로 서점에 대해 관심을 보였다. 서점의 이름은 류시켄柳枝軒, 교쿠쥬도玉樹堂 등이었는데 고금 백가의 서적을 쌓아두고 인쇄하며 판매하였다. 또한 우리나라 여러 선현의 책과 중국의 책들이 없는 것이 없었다고 했다.

그런데 1719년 사행 때의 창화집唱和集인 『상한성사여향桑韓星槎餘香』에는 흥미로운 내용이 있다. 창화란 시와 글을 주고받는다는 뜻이다. 9월 9일 오사카에서 신유한을 비롯한 우리 문사文士들은 일본의 승려, 유자들과 시문을 창화했다. 이때의 시문을 책으로 편찬한 것이 『상한성사여향』이다. 그런데 이 책의 표지에는 '평안서림 유지헌 간행平安書林 柳枝軒 刊行'이라고 되어 있다. 헤이안平安은 교토를 말한다. 그러므로 류시켄이 교토에 있던 서점임을 알 수 있다. 또한 본문의 마지막 페이지에는 '平安 六角通 御幸町 西江入町書舖 茨城多左衛門 繡梓'라고 되어 있다. 롯카쿠도리 고코마치 니시에이마치六角通御幸町 西江入町는 교토 나카교구中京區에 있는 지명이고, 쇼호書舖는 서점이란 뜻이고, 슈시繡梓는 판각했다는 뜻이다. 이바라키 타자에몬茨城多左衛門은 일본에서 현재는 오가와 타자에몬小川多左衛門이라고 알려져 있는데 에도시대 일본 교토 서점의 2대 주인이었다. 원래 성이 이바라키이고 이름은 노부키요信清이다. 타자에몬多左衛門은 그의 통칭인데 대대로 이 칭호를 사용했다. 곧, 서점 주인들의 통칭이 된 것이다. 그러므로 전체를 합쳐 해석하면 교토 六角通御幸町 西江入町에 있는

『상한성사여향』 표지 | 국립중앙도서관 소장　　　　　『상한성사여향』 본문 마지막 면과 간행 설명
　　　　　　　　　　　　　　　　　　　　　　　　　　　　　| 국립중앙도서관 소장

서점에서 茨城多左衛門이 발행했다는 뜻이 된다. 또한 일본 측 자료에는
'柳枝軒 茨城多左衛門'이라는 기록도 보인다.

　또한 교쿠쥬도玉樹堂의 경우 '京兆 玉樹堂'이라고 되어 있다. 케이쵸京
兆는 서울이라는 뜻이므로 교토를 의미한다.

　여기서 한 가지 짚고 넘어가야 할 점은 그렇다면 신유한이 교토에 있
는 서점과 오사카에 있는 서점을 혼동했을까 하는 점이다. 이는 전혀 그
럴 가능성이 없다. 그 근거가 『상한성사답향桑韓星槎答響』에 있다. 『상한성
사답향桑韓星槎答響』은 8월 19일 아카마가세키赤間關에서 나눈 창화집인데,
담장로湛長老(겟신 쇼탄月心性湛)가 이를 출판하여 11월 4일 오사카에서 신유
한에게 보여주었다. 이 책의 표지에도 '平安書林柳枝軒刊行'이라고 되어
있다. 그러므로 신유한이 류시켄이 교토의 출판사라는 점을 혼동했을 가

능성은 없다.

　이러한 점으로 볼 때 신유한이 오사카에 있다고 기록한 류시켄柳枝軒
과 교쿠쥬도玉樹堂는 교토가 본점인 서점이었고, 오사카에는 분점이 있었
던 것으로 보인다.

　다음으로 신유한은 술집에 대해 묘사했는데 정확히는 술집이 아니
라 술의 종류였다. 사행의 신분으로 술집에 직접 가지는 않았다. 술집에
서는 상매桑梅, 인동忍冬, 복분覆盆, 제백諸白 등의 술이 가장 저명한데 빛은
붉은색과 녹색[紅綠]이었고, 미조레자케霙酒는 눈[雪] 같고, 네리자케練酒는
비단 같고, 마양麻釀은 옥 같았는데, 모두 뛰어난 제품이었다고 했다. 술
의 종류뿐 아니라 빛깔에 대해서도 알았던 것으로 보아, 식사나 연회 때

『상한성사답향』 표지 | 국립중앙도서관 소장

『상한성사답향』 간행 설명 | 국립중앙도서관 소장

일본 술을 직접 마셨던 것으로 보인다.

다음으로 꽃밭에 핀 꽃에 대해 관심을 가졌다. 꽃밭에는 수사앵垂絲櫻, 수사해당垂絲海棠, 정동頳桐, 목필木筆, 옥잠玉簪, 자연紫燕, 자등紫藤, 수선화水仙, 사시매四時梅, 백모란白牧丹, 안래홍雁來紅 등의 이름을 가진 꽃이 있었다. 이는 우리나라에서 쉽게 보기 어려운 꽃들이었던 것으로 보인다. 익숙한 꽃으로는 국화가 있었는데 종류가 몹시 많았고, 그중에서도 어애황御愛黃과 불두백佛頭白 두 종류가 더욱 아름다웠다고 했다.

약국[醫房]에는 지보단至寶丹, 화중산和中散, 통성산通聖散 등 여러 가지 약이 있었다. 문에는 방榜을 써 두고, 또 금패金牌를 만들어 길에 세워 두고, 사람들에게 알려 매매를 하였다.

창옥娼屋과 기원妓院이 있는 거리가 있었는데 노화정蘆花町이라고 했다. 여기서 신유한이 창娼과 기妓를 구분하였음을 알 수 있다. 노화정은 10리 정도 펼쳐져 있었고, 비단, 사향[香麝], 붉은 주렴, 그림 장막으로 장식되어 있었다. 여자는 국색國色이 많았는데 명품名品을 설치하고 봄처럼 화사한 모습을 자랑했다. 금으로 계산하여 아름다움을 사는 데 하루아침에 백금百金이 나가기도 하였다.

그런데 신유한은 이곳에 직접 가지 않았다. 관소에 있을 때 일본인 통역에게 들어서 알게 되었다. 오사카는 기이한 구경거리가 많고 큰 도회지였으나 풍요風謠와 습속은 더러워 얻을 만할 것이 없었다. 특히 창루의 화장한 여인들의 외설스런 여러 모습들은 너무 더러워서 입에 올릴 수도 없었다고 평했다. 그러나 『시경詩經』에도 음란한 〈정풍鄭風〉과 〈위풍衛風〉이 있고, 육조六朝와 삼당三唐의 시인들도 여인네를 생각하는 노래를 지었으나, 이 모두 후세의 경계로 삼고 세상을 교화할 근거가 되는 것처럼, 이곳의 풍속과 노래 역시 기록할 가치가 있다고 했다. 곧, 다른 나라 풍속을 그 자체로 이해하고자 한 것이다. 그래서 일본 통역을 통해 들은 바를 신악부新樂府 30수로 지어 〈낭화 여아곡浪華女兒曲〉이라고 하였다.

신유한은 〈낭화 여아곡〉에 등장하는 여인들을 대부분 창기娼라 표현하였다. 창기娼家는 귤을 많이 심어 술안주로 하고, 창녀들이 머리에 동백기름을 바르기 때문에 집에 동백을 심었다. 또한 오사카의 창녀는 상상上上 상중上中이라는 명호名號가 있는데, 오사카의 모로하쿠자케諸白酒('모로하쿠슈'라고도 함. 청주의 원형이 된 술. 나라奈良의 스님들이 처음 빚은 뒤, 15·6세기부터 유명해졌고 에도시대 때 최고의 맛을 지녔다는 평가를 받았다. 오사카, 효고 등 여러 지역에서 빚었다) 또한 상상주上上酒라고 했다. 창녀에게는 정가定價가 있는데 상상에게는 백금白金 10냥을 지불해야 했다. 이들은 모두 귀가貴家에서 기르는데 날짜를 계산하여 주인집[主家]에 돈을 지불해야 했다. 이처럼 주인집에 세금을 내야 하기 때문에 잠자리를 가질 때 미남 추남 가리지 않았다. 또한 풍속에 밤에도 반드시 불을 밝히고 잠자리를 하며, 매일 대낮에 잠자리를 가지며, 반드시 욕실을 설치하고 남녀가 함께 목욕했다. 결혼한 여자는 반드시 이를 검게 물들이지만 창녀의 이는 희었다. 이 시를 통해 당시 오사카 창루와 관련된 생활 풍속을 잘 알 수 있다. 그런데 신유한은 일본의 풍속이 음하다고 표현하며 교화를 삼을 수 있다고 하였으나, 악부를 통해 알게 되는 것은 여인들이 어쩔 수 없이 몸을 팔아야 했던 불편한 현실이다.

또한 신유한은 오사카에서 일본의 남창男娼 풍습에 대해 알게 되었다.

이 역시 일본인 통역을 통해 알게 된 것이었다. 남창들의 요망하고 아름다움은 여자보다 더했고, 그 습속이 황당하며 미혹스러운 것을 탐하고 그것에 빠지는 것이 배는 더했다. 곧, 13, 4세부터 16세까지의 남자들이 화장을 곱게 하고 예쁜 옷을 입고 부채를 들고 서 있는 모습은 아름다운 꽃 같기도 했는데, 17세가 되면 성인이 되어 머리를 깎고 더 이상 남창 노릇을 하지 않았다. 왕군 귀인王君貴人으로부터 부상 대호富商大豪까지 이들을 기르지 않음이 없었는데, 천금千金도 아끼지 않았으며, 아내를 질투하지는 않으나 남창은 질투하여 살인을 저지르기도 하였다. 또한 우리나라 사행에게 이들을 보내어 부채에 시를 받게 하여 자랑거리로 삼기도 하였다. 이에 대해 신유한은 풍습이 괴이하고 놀랍다고 하면서 이는 정욕 중에서도 이상한 경지[異境]인데 〈정풍〉과 〈위풍〉의 세상에서도 들어 보지 못한 것이라고 했다. 그러나 청루에서는 여인이 남자를 사모한 것[女慕夫]이고 남창은 어른이 소년을 사모한 것[長慕少]으로 이 역시 그들의 본정이라고 했다. 남창 역시 일본의 고유한 풍속으로 이해한 것이다.

생생한 시장 구경

오사카 시장에 대한 자세한 관찰은 1764년 사행 때 나타난다. 부사 서기였던 원중거가 오사카 시장을 관찰하고 기록하였다. 당시 사행은 회정길에 오사카에 한 달 정도 머물게 되었다. 이는 1764년 4월 7일 새벽에 일어난 최천종崔天宗 살해사건 때문이었다. 정사 조엄趙曮, 1719~1777의 도훈도都訓導인 최천종이 쓰시마 통사 스즈끼 덴죠鈴木傳藏의 칼에 찔려 죽는 전대미문의 사건이 벌어진 것이었다. 이는 매우 고통스럽고 분노가 치미는 사건이었다. 쓰시마 사람들은 조선 사행을 자신들 마음대로 하고자 하였으나 쉽지가 않았다. 우리 사신들이 이를 알아챘고 여러모로 불만을 토로하며 방비책을 강구했기 때문이다. 그러자 조선 사람들을 자신들의 뜻대로 하고자 최천종을 죽였다. 조선인들이 두려움에 떨며 자신들의 말을 따르리라고 생각했던 것이다. 그러나 사건의 진행은 쓰시마의 뜻대로 되지 않았다. 우리 사행은 이 사건이 해결될 때까지 오사카를 떠나지 않았다. 범인을 잡아 처형하기 전에는 10년이 걸리더라도 한 발자국도 움직일 수 없다는 의지를 굳게 하였다. 물론 겁에 질린 사람들도 있었다. 에도 막부의 지휘 아래 범인이 잡히고 처형되는 것을 확인하고 나서야 사행은 오사카를 떠났다. 이로 인해 오사카에는 4월 5일에서부터 5월 6일까지 있게 되었다.

4월 16일에 원중거는 군관 서유대徐有大와 함께 관소를 나와 우리 사행선이 있는 곳으로 갔다. 배의 상태와 배 안의 짐을 점검하기 위해서였다. 관소 문밖에서 말을 타고 가서 나루에서 작은 배로 갈아타고 하구로 갔다. 물론 이 모든 여정에 일본 측 관리가 동행하며 인도하였다. 그런데 이는 사행이 공식적으로 행렬하면서, 일본 관광객들과 서로가 서로를 바라보면서,

부사서기 원중거 모습. 미야세 류몬宮瀬龍門의 『동사여담 東槎餘談』에 있는 그림 | 일본 도호쿠(東北)대학 부속 도서관 소장

어깨 너머로 하는 관찰과는 다른 것이었다. 일본 사람들의 일상적 모습을 볼 수 있었다.

이는 관소에서 우리나라 사행선이 있는 곳으로 가는 길에 관찰한 시장의 모습이었다. 오사카를 흐르는 하천은, 요도우라淀浦(교토시 요도淀의 요도성淀城 근처에 있던 옛 포구)로부터 나뉘어 여덟 개의 큰 갈래로 흐르고 수로들이 종횡하니 그 형태는 마치 직물을 짜놓은 것 같다고 했다. 원중거가 이날 배를 타고 간 수로는 15리 정도였는데 양쪽 언덕에 모두 인가의 누각이 있었고 집집마다 모두 장사를 했다. 곧, 15리 정도 펼쳐진 시장을 직접 본 것인데, 배 만드는 모습, 돌 다스리는 곳, 기름 짜는 곳, 시체 버리는 곳 등이 있었다.

언덕에서는 배[舟]를 만들고 있었는데, 톱질하는 사람, 자귀로 깎는 사람, 배의 판목을 얽어 만드는 사람, 배의 누각[船閣]을 닦고 꾸미는 사람, 목물木物(나무로 만든 온갖 물건)을 끌어올리는 사람, 떼를 타고 올라가거나 내려가는 사람, 땔나무[燒木]를 사들이는 사람, 나무를 버티게 하고 볕에 쬐이는 사람 등이 있었다. 이렇게 많은 사람들이 바쁘게 움직이고 있어 바라보자니 눈이 어지러웠다고 했다.

그런데 배는 새로 만드는 것은 매우 드물고 옛 재목을 고쳐 만드는 것이 많다고 했다. 판목을 얽어서 배를 만들고, 또 얇은 판목 조각을 나누어 못을 박아 전체를 쌌다. 못은 모두 흔적을 숨겨서 못질하여 기름처럼 반드르르하였다. 마지막으로 배 아래를 따라 불을 살라 구워, 벌레를 없애는 동시에 기름이 응고하여 습기가 배지 않게 했다. 재목은 모두 건조한 것이었고 질이 아주 좋은 소나무인 황장목黃腸木이었다. 떼는 모두 쇠못으로 연결했는데 쇠못은 크기가 엄지발가락만 했다. 톱은 식칼[食刀]처럼 생겼으며 비록 큰 나무라도 한 사람이 사용했는데 간혹 두 사람이 사용하기도 했다. 자귀는 여자가 사용하기도 했는데 우리나라 팽이처럼 생겼다.

하천을 오르고 내리는 배들은 모두 작은 거룻배였는데, 곧고 길어서 짐바리를 싣기에 편해 보였다. 앞서 살폈듯이 큰 배는 강을 거슬러 올라올 수 없으므로, 하구에 정박하여 짐을 풀고 작은 거룻배를 이용해 옮겨오기 때문이었다. 거룻배가 실은 짐들은 대부분 소금, 물고기, 땔나무, 석탄 따위였다. 또한 쌀을 실은 배가 많았는데 대부분 상류로부터 하구로 내려왔고, 두엄도 많았는데 배에 싣고 지나가면 냄새를 견디기 힘들었다고 했다.

돌을 다스리는 곳[治石]도 세 곳이 있었다. 석공이 돌을 단련하는 모습을 보았는데 그 방법은 우리나라와 다름이 없었으나, 다만 쪼는 것이 정밀하고 세밀하다고 했다. 신궁神宮·神社의 허문虛門(신사의 심볼인 도리이)에 쓰는 돌을 만드는 것을 보았는데 기둥을 둥그렇게 하고 신궁의 호칭을 새겼다고 했다.

기름을 짜는 집도 보았는데, 높고 넓은 집이 10여 칸 되었다. 안에는 빻는 사람, 볶는 사람, 짜는 사람, 깨를 볕에 쬐는 사람이 있었는데 대략 백여 명이 되었고 모두 힘을 합쳐 일하고 있었다. 또한 크기가 사방 한 말斗이 되고 가운데가 오목한 곳에 마 껍질을 넣고 절굿공이로 눌러 기름을 짠다고 했다. 기름을 짜고 남은 마 껍질은 배에 가득 실어서 바다로 내어갔는데 그 용도를 알 수 없었다고 했다.

배를 타고 가다 보니, 우리 사행선이 정박한 곳에서 몇 리 미치지 않는 북쪽 언덕에 갈대가 빽빽한 곳이 있었다. 까마귀와 솔개가 모였다 흩어졌다 하고 썩는 냄새가 바람을 따라 와서 사람으로 하여금 참을 수 없게 하였다. 일본 관리에게 물어보니, 대개 주인 없는 시체를 놓아두거나, 형벌을 받아 죽은 사람을 버려두는 곳이라고 했다. 일본 법에 형벌로 죽은 사람은 가족이나 친척들이 감히 시체를 거두지 못하고 까마귀나 솔개가 쪼아 먹어 없어지도록 둔다고 했다.

원중거의 기록을 읽고 있으면 수로를 따라 형성된 시장이 살아 움직이는 모습이 생생하게 그려진다. 이는 누군가에게 보여주기 위한 것이 아니라, 일본 사람들의 실생활이었기 때문이다. 또한 원중거는 수로들이 몇 갈래이고 몇 리나 되는지 알지 못하는데 곳곳마다 유사하다고 했다. 그래서 오사카를 번화하다고 일컫는 것은 진실로 이러한 수로와 이를 따라 형성된 시장이 있기 때문인 것 같다고 평가했다.

제2장

왜황倭皇과 불교의 공간
교토

교토 京都

교토의 위상과 지리적 특징

교토의 위상

교토 명칭

교토는 한자로 '京都'라고 쓴다. 그런데 조선통신사는 '京都'라는 명칭을 거의 사용하지 않았다. 이는 다른 도시들의 명칭을 그대로 사용했던 것과 비교가 된다. 그렇다면 사행은 교토를 어떻게 표현했는가. 경도京都, 왜경倭京, 경성京城, 평안성平安城, 낙중洛中, 왜황경倭皇京, 서경西京, 화경和京 등의 용어를 사용했다.

교토의 원래 명칭인 경도京都란 표현은 1607년과 1617년에만 사용되었고, 1607년부터 1764년 사행에 이르기까지 대부분의 사행록에는 교토를 '왜경倭京'이라고 표현했다. 이는 '왜의 서울'이란 뜻인데, 우리나라 사람들이 교토를 부르는 공식 명칭이었다. 사실 '京都'란 글자 그대로 해석하면 '서울, 수도, 으뜸 도시'라는 의미가 된다. 그러므로 사행은 이를 사용하기보다는 '왜경倭京'이라고 하였다.

이밖에도 각 사행마다 교토를 나타낸 다른 단어를 추가하여 사용하였다. 경성京城이라는 표현은 1607년에 사용되었는데 이는 고유명사가 아니라 '서울'이라는 일반명사의 역할을 했다. 평안성平安城이라는 명칭은 1643년과 1764년 사행에 나오는데, 교토의 옛 이름이라고 하였다. 일본에서는 헤이안죠平安城 또는 헤이안쿄平安京라고도 불렸다. 낙중洛中이라는 표현은 1643년에 나오는데, 이는 일본인들이 교토를 그렇게 부른다고 하였다. 일본어로는 라쿠츄라고 발음한다. 그런데 낙중은 옛 중국의 수도인 '낙양洛阳(뤄양) 시내'란 뜻으로, '서울'이란 의미로 보통명사화된

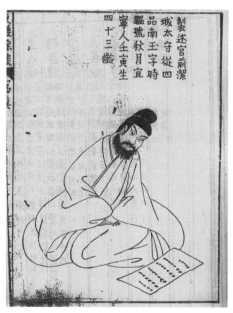

제술관 남옥 모습. 미야세 류몬宮瀬龍門의 『동사여담東槎餘談』에 있는 그림 | 일본 도호쿠(東北)대학 부속 도서관 소장

단어이다. 왜황경倭皇京이라는 용어는 1719년에 나오는데 '왜 황제의 서울'이란 뜻이고, 이는 우리나라 역관이 사용하였다. 삼사와 문사들은 이 용어를 사용하지 않았다. 서경西京이라는 용어는 1748년과 1764년 『승사록乘槎錄』에 나타나는데 서쪽 서울이란 뜻이다. 화경和京이라는 용어는 1764년 『일관기日觀記』에 나타나며, 나라 이름 태화太和와 연결지어 설명하였다. 그런데 일본은 옛 명칭을 '대화大和'라고 하여 야마토라고 읽었는데, 남옥南玉, 1722~1770은 '太和'라

고 하였다. 일본은 '太和'란 단어를 사용하지 않았다. 이는 서지상의 오류인지 확인해야 하지만 현재로서는 정확한 답을 찾을 수 없다. 또한 다른 사행록 저자들은 '太和'란 단어를 사용하지 않았다. 1719·1748·1764년 원중거 등이 일본이 건국할 때 국호를 '大和'라고 했다고 기록했다.

조선통신사가 교토에 머문 시기

조선통신사가 교토에 머문 시기는 다음과 같다.

〈표 2〉 조선통신사가 교토에 머문 날짜

사행	전명길 날짜	숙박 일수	회정길 날짜	숙박 일수
1607년	4월 12일~5월 6일	24	6월 29일~윤 6월 8일	9
1617년	8월 21일~9월 10일	19	에도에 가지 않아 회정길 없음	
1624년	11월 19~26일	7	1625년 1월 10~17일	7
1636년	11월 16~21일	5	1637년 1월 16~20일	4
1643년	6월 14~20일	6	8월 21~26일	5
1655년	9월 12~16일	4	11월 16~22일	6
1682년	8월 3~7일	4	9월 26일~10월 1일	4
1711년	9월 28일~10월 2일	3	12월 4~9일	5
1719년	9월 11~12일	1	11월 1~3일	2
1748년	5월 2~3일	1	6월 27~28일	1
1764년	1764년 1월 28~29일	1	4월 3~4일	1

〈표 2〉는 교토에 머문 날짜를 정리한 것이다. 알기 쉽게 숙박宿泊을 며칠 했는지 숫자로 살펴보았다. 이를 통해 보면 교토에 머문 날짜가 1차부터 11차에 이르기까지 점점 줄어드는 것을 알 수 있다. 특히 1719년 이후로는 그야말로 지나가는 길에 들르는 정도라고 볼 수 있다. 일본 측에서 사행을 교토에 머물게 할 필요성이 없어진 것으로 보인다.

여기에는 세 가지 원인이 있다. 첫째는 임진왜란 때 포로로 끌려간 사람들을 쇄환刷還하는 문제이다. 1607년에는 1,420명, 1617년에는 321명, 1624년에는 146명을 쇄환하였다. 그런데 세월이 흘러 1636년에는 산발적, 1643년에는 14명, 1655년에는 없었다. 실질적으로 1643년에 쇄환이 끝났다고 할 수 있다. 1655년의 경우는 오사카에 머물던 9월 9일 74세 노인이 찾아와 만난 기록과 에도에 머물던 10월 어느 날 포로의 2세가 찾아와 만나고 편지를 바친 정도의 기록만 있다. 이미 50년의 세월이 흘러 더 이상 고국으로 돌아갈 희망이 없었던 것이다. 더구나 2세의 경우는 일본에서 태어나고 자라 생활의 터전이 그곳이기에 돌아갈 수 없었다. 1682년 기록을 보면 아예 그 후손도 만나지 않았다. 사실 3차까지의 정식 명칭은 회답겸쇄환사回答兼刷還使이고 4차인 1636년 이후로 통신사라고 하였다.

두 번째 원인은 다이부츠덴大佛殿의 연회 문제였다. 이와 관련하여 1719년부터는 1박 2일을 머물렀다. 곧 오늘 도착하여 내일 출발하는 형세였다.(이에 대해서는 다음 절에서 설명할 것이다.)

세 번째는 교토의 위상이 에도에 비해 떨어지게 된 것이다. 권력이 관백에게로 완전히 정착되었기에 사행은 관백을 만나러 에도로 가게 되었다. 그러므로 교토는 통과하는 도시가 된 것이다.

지리적 특징

지리地利에 힘입은 천년 고도古都

사행은 교토의 지리地利, 곧 지리적地理的 이점에 대해 주목했다. 다음은 1748년 사행의 기록이다.

왜경倭京이란 서경西京을 말하는 것으로, 곧 기내畿內 산성주山城州다. 북쪽에 애탕산愛宕山이 있어 웅장하게 빼어난 산맥이 남쪽 들 가운데로 뻗어나서 언덕이 우뚝 솟았는데, 그 위에 성을 쌓았기 때문에 산성주라 한다. 강호江戸와 동서로 마주 선 것이 중국의 관중關中과 낙양洛陽과도 같은데, 사방의 거리가 고르므로 또 낙양이라 칭하는 곳이다.

동쪽에는 비예산比叡山, 서쪽에는 영귀산靈龜山, 남쪽에는 혜일산惠日山이 있고, 또 우치宇治, 대정大井, 하무賀茂 세 내川가 있는데, 근원이 멀리서 나와 여기 와서 합쳐져 큰 하수가 되어 정포淀浦로 들어가서 바다에 이른다. 그 가운데 산성주 하나가 펼쳐졌는데, 둘레가 2백여 리이고 토지가 기름지어 백곡이 모두 잘 된다. 산은 우거져 물이 늘 생겨나서 비록 가뭄이 들어도 쉽게 한재를 만나지 않고, 백성이 농사와 길쌈에 힘써 의식이 풍요하다.

사방으로 통한 거리四通街路는 정井자처럼 나뉘어졌는데, 직선을 정井이라 하고 횡선을 통通이라 한다. 그런데 도성 30리 이내에 몇 정, 몇 통인지 모를 정도다. 왜황倭皇이 처음에는 대화주大和州에 도읍하고 국호國號를 대화라 하였다가, 뒤에 장문주長門州의 풍포豐浦로 옮겼고, 세 번째에 이곳으로 옮겼다.

지리로 말하자면, 산하의 험고險固한 요새는 없으나 장려壯麗하고 널찍함
은 실로 제왕의 도읍 기상이 있다.

— 조명채, 『봉사일본시문견록』 「문견총록」 「왜경」

교토의 지리적 특징에 대한 기술은 1617년 사행록부터 나타난다. 특
히 산과 하천에 대해 관심을 보였다. 위 1748년 조명채의 예문은 기록을
자세히 하였다. 교토를 동서남북으로 둘러싼 산에 대해 설명하고, 교토
를 흐르는 하천에 대해 언급했다.

그 이전까지의 사행록에서는 교토의 산에 대해 아타고산愛宕山과 히

히에이산比叡山 기슭의 슈가쿠인리큐修學院離宮에서 바라본 교토 시내
산으로 둘러싸인 분지의 모습 | 김경숙 사진

에이산比叡山 정도만 언급했는데 조명채는 동서남북 네 곳의 산을 언급하고 하천도 세 곳을 언급하였다. 조명채가 북쪽에 있다고 한 아타고산은 정확히는 교토의 서북쪽에 있는 산으로, 사행은 이곳을 교토의 진신鎭山이라고 했다. 히에이산의 경우 동쪽에 있다고 했으나 실제로는 동북쪽에 있으며, 아타고산과 함께 교토를 둘러싼 대표적인 산이다. 남쪽에 있다고 한 에니치산惠日山은 교토의 동남부에 있다. 또한 히에이산과 에니치산은, 교토 분지의 동쪽 부분을 나누어서 남북 12km에 뻗어있는 36개의 산들인, 히가시야마 36봉東山三十六峰의 일부이다. 그런데 조명채가 교토의 서쪽에 있다고 한 영귀산靈龜山은 현재 그 존재를 찾을 수 없다. 교토의 서쪽에 있는 큰 산은 아라시야마嵐山이다. 이곳에 텐류지天龍寺라는 절이 있는데 이곳의 산호山號가 靈龜山이다. 일본식 한자로는 靈亀山이라고 쓰고 레이기잔이라고 읽는다. 산호는 절 이름 앞에 붙이는 장소 명칭으로 원래 절이 산에 있었기 때문에 붙여지게 되었다. 예를 들자면 텐류지의 정식 명칭은 레이기잔 텐류시 세이센지靈亀山 天龍資 聖禅寺이고, 토호쿠지東福寺의 정식 명칭은 에니치산 토호쿠젠지慧日山 東福禅寺이다. 그러므로 레이기잔은 아라시야마의 산줄기 가운데 하나로 볼 수 있다.

하천에 대해서는 우치宇治, 대정大井, 하무賀茂 세 곳을 언급하며 교토에서 합쳐진다고 했다. 우치宇治는 교토부府 우지시宇治市를 흐르는 우지가와宇治川이다. 이 하천은 비와호琵琶湖로부터 흘러 세타가와瀬田川, 우지가와, 요도가와淀川(현재의 요도가와) 등으로 이름을 바꾸면서 오사카만으로 흘러든다. 곧, 사가현滋賀県 오쓰시大津市에서는 세타가와, 우지시에서는 우지가와, 교토와 오사카에서는 요도가와라는 이름으로 불린다. 오오이가

우지가와宇治川 | 김경숙 사진

와大井川는 시즈오카현静岡県을 흐르는 하천으로 교토시와는 거리가 너무 멀다. 그러므로 조명채가 명칭을 혼동했을 가능성이 있다. 그런데 예전에는 오사카에 있는 구 요도가와旧淀川를 오오가와大川라고도 했다. 그러나 교토를 흐르는 하천의 명칭은 아니기 때문에 조명채가 말하고자 했던 하천이 이곳은 아니다. 그런데 현재 교토의 아라시야마 근처의 가쓰라가와桂川를 오오이가와大堰川라고도 한다. 그러므로 조명채가 말하고자 한 오오이가와는 '大井川'이 아닌 '大堰川'이었을 가능성이 크다. 다음으로 하무賀茂는 현재 카모가와鴨川라고 하는데 賀茂川·加茂川·鴨川 등으로 쓰고 발음은 똑같이 카모가와라고 했다. 이곳은 정지용鄭芝溶, 1902~1950

아라시야마嵐山와 가쓰라가와桂川 | 김경숙 사진

의 시에도 등장하는 유명한 하천이다. 실제로 서쪽의 가쓰라가와 곧, 오오이가와와 북동쪽의 카모가와가 합쳐서 남쪽의 우지가와로 합류해서 요도가와가 되어 오사카를 지나 오사카만으로 흘러간다. 그러므로 조명채가 합쳐진다고 했던 세 하천은 우지가와, 오오이가와(가쓰라가와), 카모가와라고 할 수 있다. 이러한 점들로 볼 때 1748년 사행에 이르면 교토의 산과 하천에 대해 잘 파악했다고 할 수 있다.

　교토가 있는 곳은 산성주山城州 곧, 야마시로국山城国인데 산들이 중첩되어 둘러싸고 있고 시내가 흐른다. 넓이가 200여 리나 된다고 했다. 또한 야마시로국 안의 교토 시내는 30리 정도가 된다. 넓은 땅을 이용해 큰 도시를 정#자 모양으로 반듯하게 건설하였다. 1643년 사행은 이 모습을 산으로 둘려 있고 물에 안겨 있다고 했다. 1764년 남옥은 마치 쟁반같이 둥글고 바리때 가운데처럼 우묵하다고 했다. 실제로 교토는 산으로 둘러싸인 분지인데, 사행은 이를 잘 표현했다.

또한 분지이기 때문에 넓으면서도 안온하다고 했다. 산이 우거지고 물이 넉넉하니 따뜻하며 가뭄이 들어도 피해가 크지 않다. 이로 인해 땅이 넉넉하고 기름져 농사가 잘 된다는 것이다. 곧, 교토는 농사와 길쌈이 잘 되어 풍요롭다고 했다.

사행은 이곳이 왜황들이 마침내 찾아낸 도읍지라는 점을 강조했다. 넓고 안온하여 으뜸의 터전이라고 했다. 이곳은 한 나라의 중앙으로 물과 땅이 바뀌고 모여드는 곳이었으니 대개 에도를 오고 가는 천여 리에 이름난 도회지와 큰 고을이 없지는 않았으나 그 겉과 속, 산천이 꼬불꼬불 요충지를 이룬 형상, 높고 중요함, 맑고 아름다움의 형세가 처음부터 백에 하나도 비슷한 곳이 없었다고 했다. 에도 역시 험하고 바다에 의지하였으나 교토에 버금갈 수는 없고, 중국에서도 이처럼 뛰어난 곳을 찾을 수 없다고 평가했다. 곧, 한 나라를 다하는 좋은 풍수風水라는 것이다, 이러한 이유로 이곳은 지리적으로 제왕의 도읍의 기상이 있다고 했다.

그로 인해 일본이 오랜 세월 동안 바다 멀리 있으면서 망하지 않고 나라를 보존할 수 있었던 것과, 스스로 게와 자라의 우두머리가 되어 중국에 신하라고 일컫지 않을 수 있었던 것은, 뜻하지 않게 바다에 생겨서 그 땅을 가졌기 때문이며, 또한 제일가는 지경인 교토를 점유하고 왜황이 살게 되었기 때문이라고 했다. 곧, 바다에 떨어져 있다는 이점과, 그

국토에서 가장 뛰어난 풍수 지역에 수도를 건설했다는 이점을 말한 것이다. 이러한 이점은 일본뿐만 아니라 왜황에게도 도움이 되었다고 했다. 곧, 왜황이 권력을 막부에게 뺏기고 허깨비 같은 명목뿐인 지위를 지니고도 오랜 세월 존재할 수 있었던 것과, 교토가 수도라는 명칭을 보존한 것 등도 모두 지리地利 때문이라고 하였다.

사행의 이러한 평가는 일견 풍수지리적 성격을 보인다. 사실 풍수를 잘 알거나, 풍수를 언급하지 않아도, 높은 산으로 둘러싸이고 하천이 흐르는 넓은 지세가 땅을 품고 있는 형상은 굳이 사행이 아니라 누구였어도 교토에 가면 알 수 있었다. 그런데 1617년부터 1764년에 이르기까지, 사행은 굳이 풍수지리적 이점을 강조했다. 문명적으로 교화해야 할 대상이며 임진왜란의 원수인 일본이, 우리나라 사람들의 바람과는 다르게, 발전하고 건재한 것에 대한 이유 가운데 하나를 교토의 지리적 특성에서 찾아, 이해되지 않고 이해하기도 싫은 상황에 대한 납득을 시도했던 것은 아닐까.

이에 대한 사행의 심정은 남용익의 다음 구절을 통해서도 알 수 있다.

> 이상하구나, 조물주가 넉넉히 돌보아 길러내어
> 지세의 뛰어남과 백성이 모두 여유롭구나
> 怪來造化饒亭毒 形勝生民摠有餘

곧, 교토의 지세가 뛰어나고 백성이 많으며 농사가 잘되는 것은, 조물주가 어린아이를 기르듯 넉넉히 돌보았기 때문이라는 것이다. 이렇게 된

데에는 조물주에게는 무엇인가 의도가 있겠지만, 오랑캐이며 임진왜란의 원수인 이들이 조물주의 돌봄을 받는 것은 이해할 수 없는 일이었다. 그래서 그 심정을 '괴怪'로 표현했다. 의심스럽고 기이하다는 것이다.

요도淀에서 교토 가는 길

오사카 관소를 출발한 사행은 요도가와의 나루에서 다시 금루선을 타고 강을 거슬러 교토로 향해 갔다. 요도淀에 이르러 배에서 내려 육지로 가게 되었다. 요도는 요도조淀城라고도 하는데, 사행록에는 정포淀浦 혹은 정

성淀城이라고 기록되어 있다. 현재 요도역驛과 요도조아토공원淀城跡公園 근방이다.

그런데 사행은 대체로 요도에서 왜경까지는 30여 리 혹은 40여 리라고 하였다. 이를 자세히 나누어 요도에서 도지東寺까지 20리, 도지에서 교토의 관소까지는 10리 혹은 20리라고 하였다. 이 차이는 관소가 달랐기 때문이기도 하다. 곧, 교토에서 11차의 사행이 머문 관소는 모두 세 곳이었다. 다이토쿠지大德寺, 혼코쿠지本國寺 그리고 혼노지本能寺이다(이에 대해서는 뒷부분 '관소' 참조). 또한 같은 관소라도 시기에 따라 거리에 대한 기록

이성린李聖麟, 〈정포淀浦〉, 《사로승구도槎路勝區圖》 요도우라를 그린 그림 | 국립중앙박물관 소장

이 차이가 나기도 한다. 예로 1607년과 1617년은 같은 관소에 머물렀으나 각각 30리, 40리라고 하였고, 혼코쿠지가 관소인 경우 대부분 30리라고 하였으나 1711년 사행은 40리라고 하였다.

통신사는 요도에서 도지를 거쳐 교토의 중심부를 지나갔다. 요도에서 도지까지의 거리는 현재 교토 지도로 측정하면, 도보로 약 10km이다. 도지에서 관소까지는 다이토쿠지는 약 7km, 혼코쿠지는 약 2km, 혼노지는 약 5km이다. 도지에서 세 관소는 모두 북쪽에 위치한다. 또한 교토 다음 관소인 오쓰大津의 혼초지本長寺까지는 다이토쿠지에서는 15km, 혼코쿠지에서는 약 13km, 혼노지에서는 11km이다. 그런데 교토의 관소에서 오쓰의 관소까지 가려면 교토 시내 중심부를 통과해서 가야 했다. 그러므로 통신사는 교토에 들어가서 관소에 가기까지, 관소에서 출발해 오쓰로 가기까지 파노라마처럼 펼쳐진 교토 시내 거리를 관찰하게 되었다.

요도에서 도지까지 가는 길에 대해서 사행은 번화함, 길거리의 모습, 농사와 과수 등에 대해 기술하였다. 사행은 요도에서 도지에 이르는 행로에 있는 여염 곧 마을의 번성함에 주목하였다. 마을이 이어져 끊이지 않는다고 했다. 그런데 1607년에서 1655년까지의 사행은 길옆에는 대숲이 우거져 있었고 민가는 대숲 속에 있다고 했다. 이처럼 곳곳에 대나무가 많기 때문에 민가의 상, 탁자, 울타리 등을 모두 대나무로 만들었다. 대숲에 대한 기술은 그 뒤 자세히 나타나지 않는다. 다만 1711년 사행록에 촌가村家에서는 대부분 대나무를 심어 울타리를 만들었다고 했고, 1764년 남옥은 대숲이 길 오른쪽으로 이어져 있었다고 했다.

1682년에 이르면 마을과 들판 길에 대한 자세한 설명이 나온다. 곧,

김지남은, 민가가 빽빽하게 이어졌고, 마을이 끊어졌다 다시 이어지는 곳에는 좌우에 담을 쌓았는데, 담 높이가 한 자쯤 되고 백토白土를 발랐으며, 그 위에는 풀로 이고 댓조각으로 활을 만들어 꽂아서 화살받이[城垛]의 형상을 해 놓았다고 하였다. 또한 들판의 길에 삼나무와 소나무를 죽 심어놓아, 길에 그늘이 지고 시원했다고 했는데, 대나무가 아닌 삼나무 소나무에 대한 기록은 이때 처음 등장한다. 또한 5리마다 좌우에 조그만 언덕, 10리마다 큰 언덕을 만들고 그 위에 느티나무와 느릅나무 등을 심어 앞길의 상태를 점검하는 정후亭候의 표를 만들어 놓았다고 했다. 1748년에는 30리 길을 닦아서 평탄하고 깨끗한데 마치 숫돌 같기도 하고 사금파리 같아서 티끌 하나도 없었다고 하였다. 1711년과 1748년 그리고 1764년 남옥은 들판의 도랑[溝洫]에 관심을 보여, 도랑들이 연결되고 배가 다닐 정도로 깊기도 한 것을 기술했다.

농사와 과수에 대한 설명은 1711년 이후 나타난다. 1711년에는 토란밭이 한없이 무성하고, 귤과 유자가 무더기로 있다고 하였다. 1719년에는 나무는 귤과 밀감이 많고 들판에는 오곡이 갖추어 심겨 있었다면서, 특히 벼에 대해 자세히 묘사했다. 또한 목화가 가장 아름다워 구름처럼 화사했다며 목화를 따는 광경을 묘사했다. 1748년에는 막 자라기 시작한 벼에 대해 관심을 보였다.

요도에서 교토로 가는 길에서 마주한 일본 마을과 들판과 논밭에 대한 묘사는 객관적이면서도 평화롭다. 흔히 목가적이라고 떠올리는 전원마을의 평화로움을 보여준다. 흠을 잡을 데가 그다지 없어 보였던 것 같고, 나아가 흠 잡으려는 시도도 하지 않았던 것으로 보인다. 이에 대한 사행의 인식은 1719년 신유한을 통해 잘 드러난다. 곧, "가마에 앉아, 농사짓는 광경을 바라보고 있노라니, 감개感慨하여 마소유馬少遊의 말이 생각났다"고 했다. 마소유의 말은 『후한서後漢書』 권24, 「마원 열전 제14馬援列傳 第十四」에 나온다. 마원이 말하기를, 자신의 종제인 마소유가 자신이 강개하고 큰 뜻을 지닌 것을 애석하게 여기며, '선비가 세상을 살아가며 다만 의식을 겨우 족하게 하고 하택거下澤車(밭 사이를 다니기에 편리한 바퀴통이 짧은 수레)를 타고 관단마款段馬를 몰면서 고을의 낮은 관리가 되어 조상의 묘를 지키면서 향리에서 선한 사람이라고 일컬어진다면 가하니, 남음을 구한다면 절로 괴로울 뿐입니다'라고 했다고 한다[吾從弟少游常哀吾慷慨多大志 曰 '士生一世 但取衣食裁足 乘下澤車 御款段馬 爲郡掾史 守墳墓 鄉里稱善人 斯可矣 致求盈餘 但自苦耳']. 곧, 사행은 일본 농촌의 모습을 소박하고 평화롭게 보았던 것이다. 이는 우리가 여행을 떠나 차창 밖으로 보이는 이국의 전원 풍경을 대하며 느끼는 '예쁘다, 신기하다, 평화롭다'라는 감상과 일맥상통한다.

도지東寺와 5층탑

사행이 교토에 도착해서 가장 먼저 본 건물은 도지東寺였다. 요도를 지나 20리 거리와 인파를 뚫고 행진해 가면 저 멀리 높은 탑이 눈에 들어왔다. 이 탑을 보는 순간 마침내 일본의 수도였던 교토에 왔음을 실감하게 되었다.

도지에 대한 기록은 1607년 사행부터 지속적으로 나오는데, 1607년 이경직은 길옆에 새로 지은 큰 사찰이 있다고 하였다. 여기서 '새로 지었다'는 정보에 대해 알아볼 필요가 있다.

도지는 현재 교토시 미나미구 쿠죠초南区 九条町에 있는데 이는 처음 창건될 당시부터 있던 장소이다. 도지의 설립은 일본의 수도 이전과 관련이 깊다. 8세기 말인 794년 교토로 수도 이전을 하였는데, 이때 수도를 수호하고 나라를 수호하는 관사官寺를 짓기로 했다. 교토의 중앙 남쪽 정문正門인 라죠우몬羅城門의 동서에 절을 세워, 이를 도지와 사이지西寺라고 했다. 도지는 796년에 창건되었는데, 다른 이름은 교왕호국시教王護国寺(쿄오우고코쿠지)로, 이 절의 설립 목적을 잘 드러낸다. 도지는 1486년 화재로 절의 중요한 건물과 탑들이 소실되고 그 후 도요토미 가문과 도쿠가와 가문의 원조로 재건되었다. 현재 라죠우몬과 사이지는 사라지고 도지만 남아있다.

그러므로 이경직이 새로 지었다고 한 것은 16세기 이후 재건한 것을 의미한 발언이라고 할 수 있다. 그에게 도지의 역사라든가 도지가 소실되었다가 재건된 것에 대한 정보가 있었는지는 알 수 없으나, 16세기 이후 재건되었으니, 일반적 사찰의 오랜 역사에 견주어, 새로 지은 사찰이라고 한 것으로 보인다.

도지에 대해서 사행은 주로 크기와 화려함에 주목했다. 곧, '크다, 웅장하다, 화려하다, 날아갈 듯한 누각이 있다, 궁궐인가 의심스러웠다, 문에 기이하고 장엄한 사천왕을 새겼다' 등의 표현을 하였다. 특히 1764년 원중거에 의하면, 5리에 걸쳐 집을 짓고 회벽을 둘러 마치 도지 전체가 궁궐 같고 성城 같다고 하였으니, 그 규모가 컸음을 알 수 있다.

그런데 사행의 도지에 대한 인상은 절 전반에 대한 인식보다는 5층탑에 대한 감상으로 대표된다. 5층탑에 대해 사행은 층으로 된 감실이

다섯 층인 부도[浮屠 層龕五重], 5층 탑각五層塔閣, 5층 누탑五層樓塔, 5층루五層樓 등의 용어를 사용했다. 탑신의 각 층이 누각으로 이루어진 것을 표현한 것이다. 또한 탑신 위의 상륜부(혹은 탑상부)에 대해서는 10층으로 쌓은 벽돌[疊磚十層], 9번 회전한 구리 기둥[九折銅柱], 아홉 마디 구리탑[九節銅塔]이 라고 하였다. 5층 누각의 지붕 위에 길고 곧은 기둥이 솟아 있는 것이다.

일본에서는 이를 오중탑五重塔(고쥬노토)이라고 하는데, 이는 실제로는 9세기 말엽에 창건되었다. 그 후 벼락을 맞거나 불이 나거나 하여 4차례 소실되었다. 상륜부의 기둥이 길고 높아 벼락을 맞기 쉬웠던 것이다. 현재 있는 탑은 1644년 5번째로 세운 것이다. 새로 세울 때 일본인들은 탑의 초기 모습을 보존하려고 노력했다. 그러므로 1607년부터 1643년까지 사행이 본 탑은 4차까지의 탑이며, 1655년부터 1764년에 이르기까지

도지[東寺 | 교토 프리 사진소재집(京都フリー写真素材集)

그리고 현대의 우리가 볼 수 있는 5층탑은 5차의 탑이다. 다른 탑이지만 거의 같다고 하겠다. 이 탑의 높이는 54.8m이며 목조탑으로는 일본에서 가장 높다.

그러므로 통신사행이 교토에 들어갈 때 이 도지의 오중탑이 가장 먼저 눈에 들어왔던 것이다. 이에 대해 사행은, '구름 위까지 솟아 있어 아물아물하게 보였다, 웅장하고 화려하기가 비길 데 없었다, 우뚝하게 구름 위로 솟아 있었다, 구름 사이에 버티고 있었다' 등의 표현을 하였다.

도지에서 관소 가는 길

교토 남쪽 정문을 통과하고 도지를 지나면, 이제 본격적으로 교토 시내가 펼쳐졌다. 사행은 눈앞에 펼쳐진 교토 거리에 대해 관심을 두었다.

> 동사의 문 앞에서 본국사本國寺까지 거의 10여 리가 되는데, 인가가 가득하였으며 반 정도는 시전市廛이었다. 물화物貨가 쌓이고 사람이 많은 것이 대판의 풍성함보다 배나 되었다. 길거리[衢路]는 모두 '우물 정井'자 모양으로 되어 있었다. 직선거리는 정町 횡선거리는 통通이라 하였으며, 정은 동남東南으로부터 서북으로 이어져 있고 통은 동북으로부터 서남으로 이어져 있었다. 정과 통이 교착交錯하는 지점이 얼마나 되는지 알 수가 없을 정도였다.
>
> — 임광, 『병자동사일기』, 1636년 11월 16일

도지에서 관소까지 가는 길에, 거리를 지나면서 본 교토의 시가지는 '우물 정井'자 모양이었다. 이에 대해 사행은 거리가 사방으로 통한다, 반

듯하다, 환하다고 평가를 하였다. 또한 1624·1636·1748년 사행록에서는 거리 명칭에 대해 기록하였다. 곧, 세로 거리[直衢]는 정町 (앞의 조명채의 예문에는 井으로 되어 있으나 町의 오기), 가로 거리[橫衢]는 통通이라고 하였다. 町은 '마치' 혹은 '쵸'라고 읽고, 通은 '도오리'라고 한다. 임광은 마치는 동남에서 서북으로 이어지고, 도오리는 동북에서 서남으로 이어졌다고 했다. 또한 사행은 마치와 도오리의 교차점에 대해서도 기술하여, 거리의 사이가 어느 정도인지 가늠하게 하였다. 1617년 이경직은 10여 집을 지나면 이문里門 하나씩 설치되어 교차점이 있고, 1711년 임수간은 60간間을 1마치로 하여 1마치마다 십자가十字街를 이루고 이문里門을 설치했다고 하였다. 또한 사행은 마치와 도오리가 교차하는 지점이 얼마나 많은지 수를 알 수 없다고 했다.

그런데 일본 측은 사행을 곧은길을 따라 곧바로 관소로 인도하지 않았다. 1764년 원중거에 의하면 길을 빙 둘러서 갔다. 곧, 남쪽으로 가다가 동쪽으로 가고 다시 북쪽으로 가다가 또 남쪽으로 가서 관소인 혼코쿠지에 이르렀다. 그런데 가는 길에 다시 층층 누각과 구리 기둥이 있었고 길을 또 빙빙 돌아서 들어갔다. 그러므로 이 절이 처음 본 도지였는가 의아했는데, 실은 두 절이 1리里쯤에서 서로 바라보고 있었다고 했다. 실제로 도지와 혼코쿠지는 약 2km 정도 거리에 있다. 일본 측은 교토 시내 여기저기를 빙빙 돌아서 관소로 안내했던 것이다. 이는 사행의 행차를 일본인들에게 관광하게 하려는 목적이 컸다. 이에 따라 사행도 교토의 거리를 자세히 관찰할 수 있었다.

그러므로 사행은 거리의 형상에 대해서도 기술을 하였다. 곧, 거리에는 집들이 많았다고 하였다. '인가가 가득하다, 잇닿아 있다, 이어져 끊이지 않는다, 겹겹이 이어졌다, 물고기 비늘처럼 이어졌다, 찬란한 층루層樓와 보각寶閣을 이루 다 기록할 수 없었다'고 하였다. 특히 사행이 지나간 거리는 대부분 시장이었다. 그래서 '시전市廛을 지났다, 좌우에 있는 집들이 모두 시전이었다, 시전이 즐비했다, 시전 가운데로 지났다, 가득한 인가 가운데 반이 시전이었다'라고 하였다. 그런데 1643년 사행록만은 이와는 다른 시선을 보인다. 곧, 반듯한 도로의 중간마다 사찰이 있고 유람할 곳이 많다고 했다.

시전의 물건에 대해서 17세기 사행들은 대부분 물건이 풍성하여 산더미처럼 쌓여있다고 했다. 그러나 구체적인 물품에 대해서는 자세히 언급하지 않았다. 물품에 대해서는 1719년과 1764년에 기록되었다. 도지에서 관소로 가는 길, 그리고 관소에서 나와 교토를 떠나가는 길에서 본 물건들이 나타난다. 1719년에는 차와 차를 다리는 신선로神仙爐, 술, 떡, 구운 토란[燒芋] 등을, 1764년에는 주먹밥, 떡, 떡꼬치, 구운 토란, 구운 고구마, 차 등에 대해 기술했다. 여기서 알 수 있는 점은, 산더미처럼 쌓였다는 온갖 기이한 물건에 대한 구체적인 기록은 없고, 음식에 대해서만 기록했다는 점이다.

거리에 대해서는 1719년의 기록에서 가장 호의적으로 나타난다.

정신이 피로하고 눈이 뜨거워 몇 시가를 지나왔는지 스스로 알 수 없었다. 달빛과 등불 빛이 위아래로 끝이 없었는데, 밤에 수십 리를 지나가면서 천만 가지 기이한 구경을 하였으니, 모두 세상에서 일찍이 보던 것이 아니

요, 황홀하기가 기화요초琪花瑤草 속에서 백금으로 된 봉래산 신선의 궁궐을
보는 듯하였다.

— 신유한, 『해유록』, 1719년 9월 11일

이는 도지를 지나 관소로 가면서 느낀 점을 기술한 것이다. 밤이 깊
어지자 교토 거리에는 등불이 켜지고 하늘에는 달이 비추자, 불빛 속에
서 건물과 물건들은 더욱 반짝거렸다. 기이한 구경에 황홀하여 마치 이
세상의 것이 아닌 것처럼 느껴지고 자신이 신선의 궁궐에 든 듯한 느낌
을 받았다는 것이다. 이러한 표현은 다른 사행록에서는 찾아보기 쉽지
않은 몹시 호의적인 기술이다.

또한 사행은 교토 시가를 오사카와 비교하였다. 곧, 물화가 풍성하고
사람이 많은 것이 오사카보다 10배(1617·1624년) 혹은 배(1636년)가 된다
고 하거나, 가호家戶의 수는 오사카에 미치지 못하나 관광의 번성함은 훨
씬 지나치고(1655년), 더없이 사치한 여염집들은 오사카보다 화려하지는
못했으나 의용은 더 나았고, 풍성하고 빼어났다(1764년)고 평가를 하였다.

'관광'하는 사람들과 피로인被擄人

'관광'하는 사람들

요도에 도착해 금루선에서 내린 뒤 사행은 교토의 관소로 행진해 나갔
다. 우리나라 사행과 일본의 수행 인원까지 합쳐 이 행렬의 길이는 10리

정도 이어졌다. 또한 음악을 연주하며 나아갔다. 사람과 가마와 말과 깃발이 어우러지고 음악이 울리는 행렬은 가히 장관이었다. 그러므로 길에는 오사카에서처럼 관광하는 사람들이 많았다. 또한 1711년 기록에 의하면, 교토의 관소에 머물고 에도로 떠나는 날, 일본인들이 출발을 자꾸 지연시켰는데, 이는 교토 사람들이 사행을 관광하기 위해 그런 것이라고 하였다. 조선통신사의 행렬은 일본 사람들에게도 큰 구경거리였다.

도로에는 구경하는 사람들[觀者]이 담처럼 있었다. 그런데 남자와 여자 그리고 승니[僧尼]가 난잡하게 섞여 있었다. 사람들은 길거리를 메우고 막았으며 시내와 도랑에 가득하였다. 겹겹으로 줄을 이루고 층층으로 대열을 지은 사람들이 몇백만인지 알 수 없었다.

그중에는 남녀를 막론하고 더러는 손을 모아 축원하거나, 몸을 숙여 공경을 표하거나, 자주 눈물을 닦으며 번거로이 절을 하는 사람들이 있었다. 그들은 다 우리나라에서 잡혀 온 사람들이었다. 정포로부터 왜경에 있는 본국사까지 이르는 30리의 사이에, 본 것이 반드시 두루 미치지는 못했으나, 그 수는 1백70명이 되었고, 그중에 남자는 다만 23명뿐이었다. 어찌 남자는 적고 여자는 많은 것일까? 임진왜란과 정유재란 때 잡혀 온 인원이 남자는 원래 많지 않아서 그런 것일까? 아니면 남녀의 다과多寡는 서로 비슷하지만, 남자는 혹은 일터에 나갔거나 병정兵丁으로 충원되었기에, 나오기에 어려운 형세였기 때문인가? 어찌 고국과 고향을 그리는 정이 남녀가 더하고 덜한 것이 있겠는가? 진실로 그 이유를 알지 못하겠다.

— 임광, 『병자일본일기』, 1636년 11월 16일

위 예문은 1607년부터 1764년에 이르는 사행록 가운데, 관광하는 교토 사람들에 대한 보편적 감상을 대표적으로 나타낸 글이다. 관광하는 교토 사람들에 대한 감상은 크게 네 분야로 나뉜다. '많다, 금수 같다, 피로인被擄人이 보였다, 화려하다' 등이다.

교토의 관광 인원이 많다는 점은, '구름 같다, 몇 천인지 몇 억인지 모르겠다, 좌우에 빈틈이 없이 있었다, 담처럼 늘어서 있었다' 등의 표현으로 나타난다. 관광하는 사람들이 어떻게 많았다는 표현은 오히려 오사카보다는 간략해 보인다. 이는 이미 오사카에서 한 차례 서술했기 때문에 간략하게 서술한 것으로 보인다.

교토의 관광하는 사람들에 대한 묘사 가운데 특이한 점은, 남자와 여자 그리고 승니僧尼가 난잡하게 섞여 있었다는 표현이다. 오사카에서는 승려에 대한 언급이 거의 없었다. 그런데 교토에 이르자 관광하는 사람들 속에 승려가 많이 있었다. 이는 교토에 워낙 사찰이 많았기 때문이다. 억불숭유 정책을 펼치며 팔천八賤이라 하여 승려의 도성 출입을 금하던 조선 사람의 시각으로는, 한 나라의 수도에 승려들이 마음대로 돌아다니고 관광까지 하는 것이 낯설었을 것이다. 또한 남녀가 섞여 관광하는 것도 책잡았으며, 거기에 더하여 비구와 비구니까지 섞여 있었다며 비난하였다. 나아가 조명채의 경우, 1748년 6월 28일 회정길에 도지 앞을 지나는데, 승려들이 문밖 평상 위에 앉아서 사행을 구경하고 있었다고 했다. 그런데 여인과 어린아이들이 승려들과 섞여 앉아 있었다며 반드시 그들의 아내와 아이들일 것이라고 했다. 이러한 점에 대한 사행의 인상은 1617년 이경직이 말한 대로 금수禽獸 곧, 짐승들이 우글거린다는 표현으로 대표된다.

멀리서 바라본 피로인

피로인被擄人 곧, 임진왜란과 정유재란 때 일본으로 끌려간 우리나라 사람들에 대한 기록은 사행록에서 중요한 부분을 차지했다. 특히 초기 조선통신사의 목적은 이들을 우리나라로 다시 데려오기 위해서였고, 그 뒤로도 많은 노력을 기울였다. 그런데 사행이 본국으로 데려가려고 찾았던 사람들 그리고 본국으로 돌아가기 위해 사행을 찾아왔던 사람들에 대한 기록과, 교토에서 관광하는 사람들 사이에 섞여 있는 피로인들에 대한 기록은 층위가 다르다. 관광하는 일본인 사이에 섞여 있는 사람들이라는 데에 초점이 있다. 만나거나 대화를 나눈 것도 그들의 사정을 알게 된 것도 아니다.

1607년의 기록을 보면, 교토의 수많은 사람들 중에 눈물을 흘리는 여인들이 있었으니, 고국 사람을 보고 슬퍼하며 울먹이는 것이라고 했다. 위 1636년의 기록도 이와 유사하다. 남녀를 막론하고 더러는 손을 모아 축원하거나, 몸을 굽혀 공경을 표하거나, 자주 눈물을 닦으며 번거로이 절을 하는 사람들이 있었는데, 그들은 모두 피로인들이었다는 것이다.

그런데 임광은 자신이 요도에서부터 관소인 혼코쿠지에 이르는 길에 다 살펴보지는 못했으나 대략 170명 정도의 피로인이 있었는데 대부분 여자였고 남자는 23명뿐이라고 했다. 가마를 타고 행진하면서, 일본인 사이에 섞여 있는 우리나라 사람의 수를 세었다는 점도 주목할 만하지만 거기에 남자가 23명뿐이라고 말한 점은 더욱 특이하다. 관광하는 사람들 가운데 우리나라 사람이 몇 명이나 있는지 처음부터 작심하고 살피지 않았다면 이처럼 자신 있게 그 숫자를 밝히기는 어려웠을 것이다.

여기서 나아가 임광은 여자가 많고 남자가 적은 것을 의아하게 생각했다. 피로인의 수가 원래 여자가 많고 남자가 적었기 때문인지, 아니면 잡혀 온 수는 비슷하지만 남자들은 일을 하러 갔거나 군사로 징병되었기에, 형편상 올 수가 없었던 때문인지 추측하였다. 그러면서 고국과 고향을 그리는 정이 여자는 많고 남자는 적을 수 있겠느냐고 반문한다. 그래서 그 이유를 알지 못하겠다고 하였다. 마음은 있었지만 어쩔 수 없이 못 온 것이라 본 것이다.

그런데 사행록에는 피로인들의 행색이라든가 복식服飾에 대해서는 언급이 없다. 상식적으로 생각해보면 일본으로 끌려간 지 최소한 10년(1607년), 20년(1617년), 40년(1636년) 이상이 된 사람들이 우리나라의 복식을 하고 있기는 힘들었다. 대부분 일본인의 복식을 하고 있었을 것이다. 그러므로 사행이 관광하는 사람들 가운데 피로인이라고 추론하는 사람들은, 위와 같은 행동을 보인 사람들이거나, 일본인과는 확실히 구분되는 조선인의 모습을 한 사람들일 것이다. 그러므로 임광이 사람들의 행동만을 보고 여자가 남자보다 많았다고 하는 것은 정확한 근거가 아닐 수도 있다.

이와 관련하여, 다른 기록도 살펴볼 필요가 있다.

> 관광하는 사람들이 길가에 줄을 지어 좌우를 메웠는데, 심지어 입이 마르도록 찬탄讚歎하고 손을 모아 축복하는 자도 있었으니, 대개 존귀尊貴하게 여기는 것이었다.
>
> —강홍중, 『동사록』, 1624년 11월 19일

관광하는 사람들이 모두 길 옆에 꿇어앉았는데, 사신이 지나갈 때에 나이 많은 여인들로 손을 모으고 축원하는 사람들이 많았다.

— 남용익, 『부상록』, 1655년 9월 12일

길을 끼고 관광하는 사람들이 몇만 명인지 알 수 없는데 숙연히 떠들지 않았으며, 혹은 손을 모아 축원하는 사람들도 있었다.

— 임수간, 『동사일기』, 1711년 9월 28일

1607년과 1636년의 기록에서는 눈물을 흘린다, 손을 모아 축원을 한다, 몸을 숙여 공경을 표한다, 눈물을 닦으며 절을 한다면서 피로인들에 대해 설명했다. 그러나 그 외의 사행에는 눈물을 흘린다는 표현이 나타나지 않는다. 주로 찬탄하고 손을 모아 축원을 한다고 했다. 이들은 그저 축복하는 사람들이거나, 나이 많은 여인들이라고 했다. 그런데 1655년 남용익이 그저 여인들이라고 하지 않고 '나이 많은 여인들'이라고 한 점도 살펴볼 만하다. 1655년이면 피로인들이 일본에 끌려와 산 세월이 60년 전후였다. 그러니 아주 어렸을 때 끌려온 사람들은 노인이 되었을 것이고, 중장년의 나이가 된 사람들은 피로인의 2세였을 것이다.

이러한 사람들에 대한 묘사가 특히 교토 부분에서 보이는 것은 사행원들이 일본에 가기 전, 앞선 회차의 사행록을 읽어 피로인들의 행동에 대해 알고 있었기 때문이다. 그래서 사행록 저자들은 교토에 이르면 관광하는 사람들 사이에 피로인이 있는가를 찾아보게 되었다. 말하자면 전례를 따른 것이다. 그러나 세월이 흐르고 복식도 변한 상황에서, 확신이 없었다. 그저 관광하는 일본인들일 수도 있었다. 이들이 피로인이거나 피로인의 후손이라는 증거는 없다. 다만 사행에 호의적이라는 점에서 그러리라 추측하는 것뿐이다. 두리뭉실하게 표현한 것으로 보인다. 그래서 1655년 남용익은 '나이 많은'이라고 하여 피로인이거나 피로인의 후손임을 은연중에 나타낸 것이다. 1682년 사행록에는 이에 대한 관심이 아예 없다. 1711년 사행록에서 마지막으로 '손을 모아 축원하는 사람들'에 대한 기록이 보인다. 100년도 더 지난 시점에서 피로인의 후손은 더이상 의미가 없었다. 세월이 너무 흘렀던 것이다. 그러므로 1719년 사행록 이후로는 이에 대한 기록이 아예 나타나지 않는다.

여인의 미색美色

1719년 이후로는 사람들의 행색 및 복식에 대한 묘사를 자세히 하였는데, 특히 여인들에게 관심을 두었다. 1719년 신유한은 '관광하는 남녀들이 입고 있는 비단옷이 눈부시게 빛났는데, 오사카에 비하여 다섯 배는 되는 것 같았다'거나 '거리에 가득한 남녀들이 화려하고 아름다웠다'고 하였다. 1764년 원중거는 교토를 떠나는 날 길옆 건물에 여자들이 모여 사행을 관광했는데 여인들의 모습이 오사카보다 배는 나았으며 한가로운 도회의 자태를 더하고 분칠을 낭자하게 하여 길 양쪽에서 햇빛에 빛나 눈을 현란하게 하였다고 했다.

이러한 일반적 묘사뿐 아니라 특정 계층에 대한 묘사도 하였는데 신유한은 특히 음식을 파는 여인들에게 많은 관심을 두었다. 가게들에서 차를 파는 여인[茶姬]은 옥 같은 얼굴에 검은 귀밑머리를 한 어여쁜 젊은 여인들이었는데 신선로를 가지고 차를 끓이며 사람을 기다리는 모습이 마치 그림 속 인물 같았다. 또한 교토 외곽의 주점酒店들에서 술을 파는 여인들은 분을 바르고 고운 옷을 입었으며, 예쁜 여인[姣姬]들이 많았다. 더불어 소반이며 그릇들도 깨끗하며 새것이었다. 이는 일본인들이 그릇이 깨끗하지 않거나 주인의 얼굴이 추하면 먹지 않기 때문이라고 했다.

원중거는 교토의 귀한 집 여인들에 대한 묘사를 자세히 하였다. 귀한 집 여인들이란 황자皇子, 황손皇孫 그리고 공경대부公卿大夫 집안의 부녀자를 의미했다. 그렇기에 관광하는 사람들을 단속하는 졸왜卒倭들도 무릎을 꿇고 고개를 숙이며 몹시 공경하고 두려워하였으며, 평소 사행에게 방자하게 굴었던 쓰시마 사람들도 모두 머리를 수그리고 감히 곁눈질하여 보지 못하였다고 관찰했다.

귀한 집 부녀자들은 나이가 많은 사람들이 가운데에 앉고, 그 양쪽 옆으로 50살이 안 되어 보이는 젊은 여인들이 앉았고, 그들의 앞에는 어린 남녀 아이들이 죽 늘어서 앉아 있었다. 또한 시비侍婢들은 뒤쪽에 한 일一 자처럼 늘어서 있었다.

이들의 복식에 대해서도 자세히 관찰하였다. 귀한 집 부녀자의 경우, 나이든 여인들은 머리에 자줏빛 보자기를, 젊은 사람들은 푸른 빛 보자기를 썼다. 보자기 자락은 허리나 무릎까지 늘어져 있었고 앞을 들어 올려 얼굴을 내어놓았다. 또한 모두 비단옷을 입고 있었는데 나이 든 사람들은 연한 푸른빛이었으며 젊은이들은 붉은색 푸른색 누런색으로 한결같지 않았으나 조금 담박했고 소매에는 진홍색 천을 대었다. 여자 아이들의 옷에는 오색으로 풀과 꽃이 그려져 있었다. 또한 여인들은 머리에 모두 12가지의 금으로 된 꽃을 꽂고 바깥쪽에는 금실로 만든 벌과 나비를 꽂았는데, 바람에 따라 흔들흔들거렸다. 이들은 모두 편안하게 무릎을 꿇고 앉아서 대략 몸을 움직이지도 않고 눈동자를 굴리지도 않았다. 때때로 조그맣게 말을 하거나 상긋 미소 지으니 요염하고 어리석으며 예쁘고 연약함이 마치 부처 같고 신 같았다.

이들의 뒤에 서 있는 시비들은 모두 검은 바탕에 무늬 있는 비단옷을 입었고 머리에는 흰 비단을 썼다. 아리땁기는 앞에 앉은 사람보다 더하기도 했지만 다만 즐거워 웃으며 손을 가리키니 의용이 앞사람에 미치지는 못하였다.

이에 대해 원중거는 '왜경倭京이 수천 년 동안 풍속을 교화한 것은, 여자가 분을 바르는 낯빛일 뿐'이라고 평가했다. 또한 교토에서는 얼굴이 기울거나 코나 눈이 비뚤어진 사람은 절대로 보이지 않았고 오직 외눈인 여자 한 명만 보았을 뿐이라면서, 혹시 모습이 추한 사람은 부끄러워 얼굴을 내놓지 못한 것인가 의아해했다. 이는 바꾸어 말하면 교토의 여인들이 모두 아름답다는 뜻이 된다. 일본인들이 헤이안平安의 여색이 천하에서 제일이라고 했는데, 원중거가 생각하기에 일본인들이 말하는 천하는 일본이지만, 자신이 생각하기에 만약 온 세상에 옮겨 놓더라도 여색은 헤이안성平安城보다 나을 것이 없어 보인다고 했다. 이로 볼 때 18세기 후반에 이르자 미색에 대한 감상을 자유롭게 서술하게 되었던 것으로 보인다.

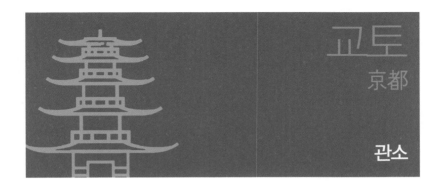

교토
京都

관소

관소의 종류 및 특징

교토에서 11차례의 사행이 머문 관소는 모두 세 곳이었다. 곧, 다이토쿠
지大德寺, 혼코쿠지本國寺, 혼노지本能寺이다. 다음은 사행 회차와 머문 관소
이름이다.

> 1607년 다이토쿠지大德寺
> 1617년 다이토쿠지大德寺
> 1624년 다이토쿠지大德寺
> 1636년 혼코쿠지本國寺
> 1643년 혼코쿠지本國寺
> 1655년 혼코쿠지本國寺
> 1682년 혼코쿠지本國寺

1711년 혼코쿠지本國寺

1719년 혼노지本能寺

1748년 혼코쿠지本國寺

1764년 혼코쿠지本國寺

　　다이토쿠지에는 1607년 1차, 1617년 2차, 1624년 3차 총 3회에 걸쳐서 머물렀다. 이곳은 교토시 키타구 무라사키노다이토쿠지쵸北区 紫野大徳寺町에 위치한다. 곧 현재 교토의 북쪽이다. 다음으로 혼코쿠지에는 1636년 4차부터 1764년 11차에 이르기까지, 1719년을 제외하고 7회에 걸쳐 머물렀다. 곧, 혼코쿠지는 통신사가 가장 많이 머물렀던 관소였다. 이곳은 교토시 시모교구 카키모토쵸下京区 柿本町에 곧, 현재 교토의 남동쪽인 로쿠죠도리六条通에 위치했다.(일본 측 현재 지도 자료로는 五条通으로 보이기도 하지만, 옛 그림에는 六条通이라고 되어있다.) 그러나 1971년에 야마나시구山科区로 이전했다. 혼노지에는 1719년에 머물렀는데 이곳은 교토시 나가교구 데라마치도리오이케사가루 시모혼노지마에쵸中京区 寺町通御池下る 下本能寺前町 522에 위치한다. 곧, 중앙의 동쪽이다.

다이토쿠지大徳寺

다이토쿠지에는 1607 · 1617 · 1624년 총 3회에 걸쳐서 머물렀으나, 1617년 사행록에는 다이토쿠지에 대한 묘사가 없다. 이경직과 오윤겸 모두 관소에 대해 묘사하지 않았다. 그러므로 다이토쿠지에 대한 단상은 1607년과 1624년 사행록을 통해 살펴볼 수 있다.

도심都心을 다 지나, 북쪽으로 용보산龍寶山 밑에 이르니, 담장 둘레가 몇 리 되고, 솔과 대나무가 우거져 은은하였다. 그 가운데 큰 절이 있는데, 이름은 대덕大德이다. 담장 안에 부속 절이 많이 있으니, 천서사天瑞寺·총견원摠見院·감당원甘棠院·대광원大光院·금룡원金龍院 등 수십여 개의 원院이 있는데, 총괄하여 대덕사大德寺라 이름하였다. 천서사天瑞寺에 유숙하였다. 마루 기둥[軒楹]이 널찍하고 드높으며 꽃과 나무가 뜰에 가득하다. 뜰 앞에 나무가 있는데, 이름이 소철蘇鐵이다. 줄기는 곁가지 없이 바로 올라가고, 뿌리가 얽히지 않고 곧게 뻗어가며, 잎이 꼭대기에서 나와 일산[傘]처럼 사방으로 퍼진다. 만일 말라 죽게 되면 뽑아서 사나흘 동안 볕살에 쬔 다음 온 몸뚱이에 쇠못질을 하여 건조하고 단단한[燥强] 땅에 심어 두면 곧 살아나기 때문에 그렇게 이름지어졌다고 한다.

— 경섬, 『해사록』, 1607년 4월 12일

경섬에 의하면, 다이토쿠지는 교토의 북쪽 용보산 밑에 있는데 상당히 큰 사찰이었다. 수십 개의 부속 사찰이 있었다. 여기서 부속 사찰이란 닷츄塔頭를 말한다. 닷츄란 사찰 경내에 있는 또 다른 사찰이다. 당시에는 수십 개였으나 현재에는 축소되어 22개의 닷츄가 있다. 다이도쿠지 담 안에 대표 사찰 외에 각각 담과 문을 거느린 부속 사찰이 있는 것이다. 이에 대해 강홍중은 '절의 경내境內가 광활하여 그 안에 있는 크고 작은 사찰이 무려 수십 채가 되었다'고 했다.

삼사는 그 중에서도 텐즈이지天瑞寺에 머물렀는데 이는 오다 노부나가織田信長가 창건한 절이라고 했다. 또한 '대문에서 천서사天瑞寺까지도 몇 마장이 되었'다고 하여 텐즈이지가 다이도쿠지 담 안 깊숙이 자리잡고 있었음을 알 수 있다. 또한 강홍중은 1625년 1월 15일에 정사 정립鄭岦, 1574~1629, 종사관 신계영辛啟榮, 1577~1669 등과 함께 다른 닷츄인 료코인龍光院과 호슌인芳春院을 방문했는데 소교小轎를 타고 갔다고 했다. 그 넓이를 짐작할 수 있다. 사실 현재 다이도쿠지의 불전을 바라보고 섰을 때 료코인은 왼쪽 뒤에 위치하고 호슌인은 오른쪽 끝에 위치하니 걸어가기는 무리였을 것이다. 텐즈이지는 폐사되고 료겐인龍源院에 합사되었는데 현재 료겐인은 왼쪽 앞에 있다. 비록 17세기 전반의 크기가 축소되고 닷츄가 폐사되고 합사되기는 했으나, 현재의 위치를 통해 예전의 위치를 가늠하는 데는 무리가 없다.

텐즈이지는 건물은 넓고 기둥이 높았으며 꽃과 나무가 가득한 정원을 지니고 있었다. 경섬과 강홍중 모두 텐즈이지의 정원에 주목하였다. 경섬은 소철의 모습과 소철을 키우는 방법에 대해 자세히 서술하였다. 소생할 소蘇에 쇠 철鐵을 써서 소철 곧, '되살아나는 쇠'라고 한 이유는, 나무가 말라 죽으면 뿌리 채 뽑아 햇볕을 쐬인 다음에 나무 전체에 쇠못을 박아 건조하고 단단한 땅에 심으면 소생하기 때문이라고 했다. 상상만 해도 기묘한 방법이다. 또한 강홍중은 소나무, 삼나무, 종려나무, 대숲, 등자, 감귤, 동청冬靑 등의 나무가 가득한 이국적인 모습에 대해 묘사했다. 료코인과 호슌인에 대해서도 기이한 나무와 꽃과 풀이 가득하고 겨울에도 시들지 않는다고 놀라워했다. 그러한 정원 속에 자리한 닷츄들은 한 점 티끌도 없이 깨끗하며 창문은 영롱하고 누각에 달린 구슬과 경쇠에서는 맑은 소리가 난다고 했다. 곧, 소쇄하고 기이한 운치를 지니는 곳

다이토쿠지 코우린인大德寺 興臨院 | 김경숙 사진

이었다. 이로 볼 때 조선통신사가 경험한 다이토쿠지는 산 밑에 조용하게 자리한 커다란 사찰로, 닷츄들을 수십 개 거느리고 있었으며, 정원은 기이한 풀과 나무와 꽃으로 가득한 운치 있는 공간이라고 할 수 있다.

혼코쿠지本國寺

혼코쿠지에 대한 통신사행의 첫인상은 '크다'는 점이었다. 1711년 임수간은 혼코쿠지의 원찰院刹들이 기록할 수 없을 만큼 좌우로 뻗어있다고 하였으니, 닷츄가 많았음을 알 수 있다. 1748년 조명채 역시 관소 건물[館宇]의 크기가 그동안 본 것 중에서 으뜸이라고 하였다. 경내는 사방이 행각行閣으로 연결되어 있는데 칸수가 몇천 칸인지 모를 정도로 규모가 크다고 하였다. 또한 관소에 구비된 여러 물품들이 화려하고 아름답지 않음이 없었다고 하였다. 1764년 남옥은 절 밖에도 웅걸한 절들이 대여섯 곳이 있었고, 절 안은 사방이 누대와 가옥인데 어디로 들어가는지 알 수가 없었다며, 이곳이 오사카의 혼간지보다 갑절이나 크다고 하였다. 원중거 역시 교토의 삼백 개 사찰 가운데 혼코쿠지가 가장 최고라고 하며 그 크기에 대해 언급했다.

> 용마루는 겹겹이었으며 복도는 서로 통하였고 장대 같은 대나무 수만 그루와 큰 나무 수천 그루가 둘려 있었다. 사관使館은 용마루 하나로 이루어진 커다란 집[大廈]이었다. 칸막이를 하여 세 사상使相의 처소를 만들었고, 삼방三房의 연막蓮幕은 모두 벌집처럼 늘어놓고, 또 그 가운데를 비워두어 연향宴享을 하는 장소로 삼았는데, 그러고도 오히려 남은 공간이 있었다. 한 처소마다 번번이 네 면에 각각 한 칸씩 비워 두었고, 이로 인해 말하는 소리가 서로 섞이지 않았다.
>
> — 원중거, 『승사록』, 1764년 1월 28일

건물의 용마루들이 겹겹이 겹쳐 있었고 복도는 서로 통하였다고 했으니 부속 건물이 많았으며, 장대같이 큰 대나무와 커다란 나무들이 수만 수천 그루 절을 둘러 있었다고 하였으니 사찰의 규모를 가늠하게 한다. 또한 사관使館으로 사용한 건물은 용마루가 하나인 커다란 집이었는데, 칸막이를 하여 삼사의 처소를 만들었고, 연막蓮幕(고위직 무관)의 처소들을 벌집처럼 늘어놓고, 그 건물의 가운데를 비워두어 연향宴享을 하는 장소로 삼았는데도 오히려 남은 공간이 있었다고 했다. 또한 한 처소마다 번번이 네 면에 각각 한 칸씩 비워 많은 인원이 묵었어도 말하는 소리가 서로 섞이지 않았다고 했다. 일반적으로 삼사에게는 처소가 각각 배

혼코쿠지 | 교토 프리 사진소재집(京都フリー写真素材集)

정되었고, 연막은 홀로 혹은 몇 명씩 한 곳에 배정되기도 했다. 그런데
1764년 사행에 연막이랄 수 있는 자제군관子弟軍官은 5명, 군관軍官은 12명
이었다. 그러므로 연막의 처소를 벌집처럼 만들었다는 표현을 이해할 수
있다. 관소 가운데를 비우고 그 주위로 칸막이로 만든 처소가 최소 10개
이상 있었으며 각 처소는 붙어 있지 않고 네 면이 한 칸씩 떨어져 있었던
것이다. 관소 건물이 몹시 컸음을 알 수 있다. 곧, 혼코쿠지는 공간적으로
컸고, 수많은 닷츄와 전각들이 자리하고 있었으며, 전각들도 컸다.

다음으로 통신사의 이목을 끈 곳은 정원이었다.

식사를 한 뒤에 정사·부사와 함께 관소 안의 여러 곳을 두루두루 돌아
다녔다. 모두 행각行閣으로 다니면서 유람하였는데 칸수가 몇천인지 모르겠
다. 한 곳의 각자閣子에 이르렀는데 북원北園이라 하였다. 맑은 시냇물 한 줄

기가 졸졸 정원 가운데를 통과하며 흐르는데, 기암괴석奇巖怪石들이 시냇가에 흩어져 섞여 솟아 있었고, 물고기와 자라가 그 사이에서 헤엄쳤다. 아름다운 감나무[芳樴]가 울타리처럼 빙 둘러섰으며 진기한 나무들[珍木]이 이어져 그늘을 이루고 있었다. 경계가 맑고도 그윽하니, 결코 저잣거리 가운데에는 있을 수 있는 것이 아니었다.

— 조명채, 『봉사일본시문견록』, 1748년 5월 3일

해가 높이 솟은 뒤 떠날 때에 북원北園 안을 보니 큰 소나무 위에 겨우살

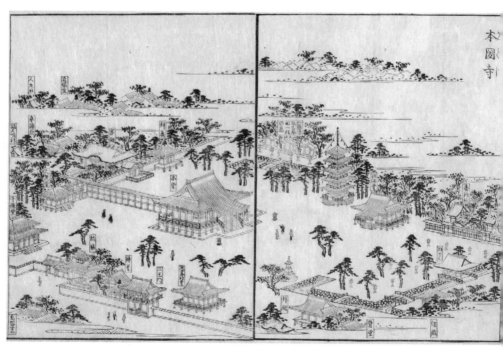

아키사토 리토우秋里籬島 · 타케하라 슌쵸사이竹原春朝斎, 〈혼코쿠지本圀寺〉, 《미야코 명소도회都名所圖會》2권 | 일본 국립국회도서관 소장

이 같은 풀이 있었다. 가지와 잎이 넓게 퍼졌고 꽃도 활짝 피었는데 석류꽃 빛깔 같았다. 비록 그 이름은 모르지만 무척 감상할 만했다.

— 조명채, 『봉사일본시문견록』, 1748년 6월 28일

종사관이었던 조명채는 혼코쿠지에 도착한 다음 날 아침을 먹고 정사 홍계희洪啓禧, 1703~1771 부사 남태기南泰耆, 1699~1763와 함께 관소 이곳저곳을 구경하였다. 땅을 밟고 다닌 것이 아니라 행각行閣을 통해 이어진 건물들을 거닐다가 한 곳에 이르렀더니 그 앞에 펼쳐진 정원을 북원北園이라고 하였다. 정원 가운데를 지나며 맑은 시냇물이 흐르고 있었는데 기이하고 괴상한 바위와 돌들이 섞이어 흩어져 솟아 있었고, 물고기와 자라가 그 사이에서 헤엄을 치고 있었다. 또한 정원에는 아름다운 감나무가 빙 둘러서서 울타리를 이루었고, 정원 안쪽으로는 진기한 나무들이 이어져 그늘을 이루고 있었다. 이에 대해 조명채는 북원의 경계가 맑고도 그윽하여 결코 저잣거리 가운데에는 있을 수 있는 것이 아니라고 하며, 일본 정원에 대한 감탄을 나타내었다. 또한 그는 회정길에 혼코쿠지를 떠날 때도 북원을 바라다보았다. 마지막으로 한번 더 보고 싶었던 것으로 보인다. 큰 소나무 한 그루 위에 겨우살이 같은 풀이 있었는데 가지와 잎이 늘어져 있었고 꽃도 활짝 피어 있었는데 그 빛은 석류꽃 색과 같다고 했다. 그러면서 이름은 알 수 없으나 무척이나 감상할 만하다고 하였다.

1764년 원중거 역시 자신의 처소는 동북쪽 모퉁이에 있었다고 했으니, 북원 근처였던 것으로 보인다. 이곳은 맑고 깨끗하고 상쾌하며 좋았

는데, 동쪽 창문을 여니 나무와 대나무가 우거져 있고 시내를 끌어다가 작은 계곡을 만들어 괴석怪石들로 빙 둘렀다고 하였다. 북원의 시내에 이어진 작은 계곡도 있었던 것이다. 또한 대숲에는 멀리 전각이 보이기도 하였으니, 정원이 상당히 컸음을 가늠할 수 있다.

1748년 사행의 화원이었던 이성린李聖麟, 1718~1777도《사로승구도槎路勝區圖》〈서경 본장사 북원西京 本長寺 北園〉을 남겼다(本國寺를 本長寺라고 한 이유에 대해서는 뒤의 '다이부쓰덴 연회 문제와 이총' 참조). 이 그림을 보면, 전각들은 왼쪽 모퉁이 쪽에 배열하고 화면의 대부분을 정원으로 채웠다. 화면 가운데를 흐르는 인공 시내와 그 위의 다리들, 다리 위쪽으로 우거진 대나무 숲, 소나무 위의 붉은 꽃, 시내 위 아래로 늘어서 있는 잘 다듬어진 나무들, 시내 속의 기암괴석 등이 조명채와 원중거의 서술과 잘 부합된다.

이성린李聖麟,〈서경 본장사 북원西京 本長寺 北園〉,《사로승구도槎路勝區圖》ㅣ국립중앙박물관 소장

혼노지本能寺

1719년 관소였던 혼노지에 대한 기록은 자세하지 않다. 오히려 간략하다. 아래 기록이 전부이다.

> 가마를 메고 온 사람들이 건물[堂] 아래서 멈추었는데, 바라보니 '학사관學士館'이라 적혀 있었다. 처소는 크고 널찍했으며 공급 물품과 휘장도 또한 갖추어져 있었다. 동자 김세만金世萬도 도착하였는데, 행장이 뒤에 떨어진 것을 걱정하였다. 조금 있으려니 사신의 행차가 관소에 이르렀다. 관소의 이름은 본능사本能寺였는데 크고 화려함[壯麗]이 비할 데가 없을 정도였다.
>
> ― 신유한, 『해유록』, 1719년 9월 11일

이는 9월 11일 밤에 교토의 관소인 혼노지에 도착한 정경이다. 11일 새벽 금루선을 타고 요도조淀城에 도착한 사행은 요도조의 관소에 들러 식사를 한 뒤, 일본 측의 준비 소홀로 인해 행장을 운반할 말과 하인이 없어서 출발이 지연되었다. 신유한에 의하면 이는 쓰시마 사람들이 속여 그들의 물건을 먼저 운반하여 문제가 생긴 때문이었다. 이 때문에 사행은 해가 진 뒤에 출발하였다. 제술관인 신유한은 견여肩輿를 타고 달빛과 등불이 빛나는 교토의 거리를 지나 관소로 갔다.

견여가 건물 앞에서 멈추어서 바라보니 학사관 곧 학사의 처소라고 적혀 있었다. 이곳은 관소 가운데 학사(제술관. 또는 제술관과 서기)가 머물 처소로 사용하는 건물이었다. 그래서 들어가 보니 건물은 크고 널찍했으며 방 안에는 공급 물품들과 장막이 갖추어져 있었다.

그런데 사행이 머무는 관소의 이름은 혼노지였는데 이전의 사행들이 머문 관소처럼 크고 화려했다. 신유한은 그 크고 화려함에 대적할 바가 없다고 평가를 하였다.

교토의 혼노지가 조선통신사 관소로 사용된 것은 1719년뿐이었고, 1719년 사행록은 신유한의 『해유록』이 대표적인데 신유한은 혼노지에 대해 자세한 설명을 하지 않았다. 그러므로 우리가 혼노지에 대해 알 수 있는 사행 기록은 위의 예문이 유일하다.

혼노지는 1415년에 교토 아부라노코우지타카츠지油小路高辻와 고죠보우몬五条坊門의 사이에 '本応寺혼노지'라는 이름으로 창건되었으며, 1432년까지 이 이름을 사용했다. 그 후 1433년에 토지를 기증받아 위치도 옮기고 이름도 '本能寺혼노지'로 고쳤고, 16세기 전반까지 번영이 극에 달하였다. 부지는 동서 약 120m, 남북 약 120m에 달하였다. 1580년에 본당本堂과 주변을 개축하였는데, 해자의 폭은 2~4m, 깊이는 약 1m였고, 석단을 0.8m로 쌓은 뒤 그 위에 흙담을 쌓아서 절 주위를 둘러, 성채 같이 만들었다. 이는 2007년에 실시한 혼노지 유적의 발굴에서도 확인되었다.

이렇듯 번영했던 혼노지도 전환을 맞게 되었다. 이는 일본 역사에서 유명한 혼노지의 변本能寺の変(혼노지노 헨) 때문이다. 1582년 6월 2일(양력 21일)에 혼노지에 머물고 있던 오다 노부나가를 그의 가신家臣이었던 아케치 미츠히데明智光秀, ?~1582가 습격했다. 미츠히데를 믿고 적은 수의 수행원만 데리고 혼노지로 와서 머물던 노부나가는 절이 포위된 뒤 맞서 싸우다 절에 불을 지르고 자살하였다. 절은 불타고 절이 워낙 방대했는지라 노부나가의 시신을 찾지도 못했다. 정확히는 찾기를 포기했다고 한다. 이로 인해 일본의 권력 방향이 바뀌어 도요토미 히데요시가 권력을 잡게 되었고 결국 임진왜란이 일어났던 것이다.

혼노지는 1592년(혹은 1589년) 도요토미 히데요시에 의해 현재의 위치로 옮기게 되었는데 이 역시 광대한 부지를 지녔다. 바로 이곳이 1719년 사행의 관소였다. 그런데 이곳도 1788년 대화재로 소실되고 1840년 재건되었다가 다시 1864년 소실되고 1928년에 재건되었다.

이러한 점으로 볼 때 현재 혼노지는 1719년 사행이 머물렀던 위치는 맞지만 건물은 그 뒤 두 번이나 소실되었다가 다시 지은 것이다. 옛모습은 그림 속에서나 찾을 수 있다. 혼노지는 현재 교토시 나카교구 데라

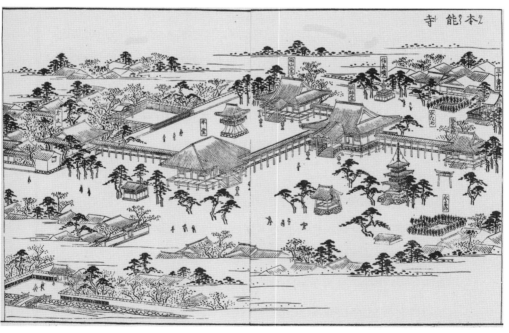

아키사토 리토우秋里籬島 · 타케하라 슌초사이竹原春朝斎, 〈혼노지本能寺〉, 《미야코 명소도회都名所圖會》 1권
책이 1780년 간행되었고 그림 오른쪽 위에 '노부나가 무덤信長 墳'이 있는 것으로 미루어 1719년 사행의 관소였던 혼노지이다. | 일본 국립국회도서관 소장

마치도오리오이케사가루 시모혼노지마에초^{中京区 寺町通御池下る 下本能寺前町} 522에 위치하고 있다.

혼노지의 난이 일어난 지 1달 뒤에 노부나가의 셋째 아들인 오다 노부타카^{織田信孝, 1558~1583}는 혼노지 터에 노부나가의 묘소를 만들었고, 다시 3개월 뒤 도요토미 히데요시는 노부나가의 장례를 다이토쿠지에서 성대하게 치뤘다. 1780년 아키사토 리토우^{秋里籬島}와 타케하라 슌쵸사이^{竹原春朝斎}가 출간한《미야코 명소도회^{都名所圖會}》1권에는 혼노지 그림이 있는데, 그림의 윗부분 오른쪽에 '노부나가 무덤^[信長墳]'이 있다. 1592년 혼노지를 옮기면서 무덤도 이전했음을 알 수 있다. 또한 현재 혼노지에는 '신장공묘^{信長公廟}'라고 하여 노부나가의 사당이 있다. 이래저래 사행의 관소들은 노부나가 및 히데요시를 위시한 일본 역사와 관련이 있는 것이다.

다이부츠덴^{大佛殿} 연회 문제와 이총^{耳塚}

다이부츠덴 연회의 실상

일본 측은 교토의 관소를 1636년 이후 다이토쿠지에서 혼코쿠지로 옮겼다. 북쪽에서 남동쪽으로 옮긴 것이다. 이에 대해서는 여러 이유가 있을 수 있지만, 혼코쿠지가 다이토쿠지보다 호코지 다이부츠덴^{方広寺 大佛殿}에 가깝다는 것도 중요한 이유였다. 다이토쿠지가 관소일 때 2번, 혼코쿠지가 관소일 때 5번 다이부츠덴에서 연회가 열렸다.

곧, 1617년 2차 사행부터 1719년 9차 사행 때까지, 총 8회 중 7회에 걸쳐 교토 호코지 다이부츠덴 앞에서 회정길에 연회가 열렸다. 1617년은 사행이 교토에 머물렀고 후시미성에서 전명식을 했는데, 전명식이 끝난 뒤 바로 다이부츠덴에 가서 연회에 참석했다. 1624년부터는 에도로 갔는데, 1624년의 경우 회정하여 교토에 머물다가 교토를 떠나는 날 참석했고, 1636년 사행은 비 때문에 취소되었으나 원래 일본 측이 연회를 열려고 하였다는 점에서 연회가 열린 것이나 마찬가지이다. 1643·1655·1682·1711년은 모두 회정길에 교토에 도착하여 관소로 가기 전에 다이부츠덴에 먼저 들렀다. 1719년은 교토에 머물다가 참석했다.

호코지 다이부츠덴은 도요토미 히데요시가 자신의 권세를 과시하기 위해 나라奈良의 대불大佛을 모방하여 만든 대불을 안치하기 위해 지은 건물로 1595년 완공되었다. 대불은 목제木製에 금칠을 한 좌상坐像으로 높이가 19m정도였고, 다이부츠덴은 높이 약 49m, 세로 약 88m, 가로 약 54m였다고 한다. 그러나 대불의 개안공양開眼供養을 하기 전에, 1596년 대지진으로 대불과 땅이 무너져 파괴되었다. 도요토미 히데요시 사후에 도요토미 히데요리가 재건에 착수하였으나 화재 등 우여곡절 끝에 1608년 다시 재건을 시작하여 1612년에 대불을 완성하였다.

그러므로 1607년 1차 사행 때는 완성이 되지 않았으니 연회를 베풀 수 없었던 것이고, 1612년 완공 이후 통신사행이 교토에 갈 때마다 이곳에서 연회를 베풀었다. 참으로 저의가 의심되는 행동이었다.

그런데 일본 측이 사행을 이곳으로 인도한 계기 혹은 핑계는 다음과 같다.

조흥이 말하기를 "장군이 일행 하인―行下人들을 위해서 대불사大佛寺에다 음식을 마련했으니, 청컨대 잠시 이 절에 들러 하인들을 공궤供饋하고 가는 것이 마땅합니다"고 하였다. 대불사에 들어가니 수충秀忠이 이단목조伊丹木助 와 송평우문松平右門 두 왜인을 보내어 알현하게 하였다. 삼사에게는 병절餠折을 바치고 군관 이하에게는 모두 절折을 대접하고 하인下人 등에게는 술과 음식을 베풀었다.

— 이경직, 『부상록』, 1617년 8월 26일

위 예문은 호코지 다이부츠덴에 처음 들른 1617년 사행의 기록이다. 8월 26일 사행은 후시미성에 가서 당시 쇼군이었던 도쿠가와 히데타다 德川秀忠를 만나 전명식을 거행하였다. 전명식을 마치고 관소로 돌아갈 때 조흥調興(야나가와 시게오키柳川調興. 쓰시마번의 가로家老로 통신사행을 안내하는 역할을 함)은 쇼군이 하인下人을 위해 다이부츠덴에 음식을 마련했다면서 들러가자고 하였고 사행은 별다른 의심 없이 다이부츠덴에 갔다. 히데타 다는 관리 2명을 보내 사신에게 알현하게 하였고, 삼사, 군관 이하, 하인 들에게 모두 음식을 대접했다. 여기서 군관은 상관上官이므로 군관 이하 란 상관上官, 차상관次上官, 중관中官을, 하인이란 우리가 흔히 말하는 하인 이 아니라 하관下官을 의미한다.

그런데 음식에 대해서는 사행록 전체에 자세히 기록되어 있지 않다. 찾을 수 있는 기록은 위의 예문과 몇몇 기록뿐이다. 이경직은 삼사에게 는 병절餠折을 바쳤다고 하였고, 같은 사행의 오윤겸은 병과餠果를 베풀 었다고 했다. 1655년 남용익은 세 겹 통 및 술과 과일[三重榼及酒果], 1682년

이와사 마타베岩佐又兵衛, 〈낙중낙외도병풍洛中洛外図屛〉 제1, 2폭, 후나키본舟木本
그림 위쪽이 도요토미 히데요시의 무덤인 호우코쿠뵤(豊國廟), 중간이 호코지 다이부츠덴, 아래 오른쪽이 산주산겐도이다. Ⅰ 도쿄 국립박물관 소장

김지남은 세 사신과 일행에게 삼중杉重, 1719년 신유한은 그릇[杯盤]을 바쳤다고 하였다. 곧, 이들은 절折과 삼중杉重을 내왔다.

절은 조그만 상자인데 작은 흰 상자는 백절白折, 백절에 채색 그림을 그린 것은 화절花折이라고 했다. 나무로 얇게 만든 도시락을 떠올리면 된다. 삼중杉重과 회중檜重은 요즘 우리가 말하는 3층 찬합이다. 여기에 과일과 떡, 마른 과자, 흰 쌀밥과 생선, 채소 등을 담았다.(1764년 『일관기』 『승사록』 참고) 그러므로 1617년 이경직이 말한 병절이란 떡이 담긴 상자라고 할 수 있는데, 오윤겸은 병과餠果를 베풀었다고 했으니 이 상자에는 떡뿐만 아니라 과일도 담겼음을 알 수 있다. 또한 군관 이하에게도 상자를 대접했고, 하관에게는 술과 음식을 내왔다는 것이다. 나아가 1617년부터 1719년에 이르기까지 절折과 삼중杉重을 사용했음을 알 수 있다.

이에 대해서 사행은 별다른 의구심이 없이 그대로 받아들였다. 1624년 사행의 경우, 교토를 떠나는 날 다이토쿠지를 나와서 시가를 지나 다이부츠덴에 들어갔다고 하였고, 1643년 사행은, 교토로 회정하는 길에 상사와 종사관은 다이부츠덴에 가서 유람한 뒤에 관소로 오고 부사는 가지 않고 바로 관소로 왔다고 하였다. 두 사행에서는 어떤 경유로 다이부츠덴에 갔는지는 밝히고 있지 않다. 또한 연회를 베풀었다는 기록은 없으나 '유람'이라고 한 표현을 보면, 다이부츠덴에 대해 별다른 생각을 한 것으로 보이지 않는다.

1655년 사행 기록에 의하면, 일본 측이 '다이부츠덴에 들러 구경하기를 청하면서[請歷賞大佛寺]', '전부터 사신이 다 들러서 구경하였다[自前使臣皆歷覽]'며 '잠깐 머물러 달라[請少住]'고 하였다. 1682년에도 김지남에 따르면 '일찍이 전부터 사행은 모두 들러 보았다[曾前使行 皆有歷見之事]'고 하였다. 더구나 홍우재에 의하면, 다이부츠덴에 가서 일본 측에서 마련한 음식을 사행원들이 모두 배불리 먹은 뒤에 일본 병졸들에게도 나누어 주었다. 관광하고 음식을 먹는 모습을 상상할 수 있다. 1711년 사행의 경우 임수간의 『동사일기東槎日記』는 에도를 향해가던 10월 13일로 일단락을 짓고, 10월 15일 이후는 종사관 이방언의 기록에서 요점만 뽑아 「일기보日記補」라 하였다. 회정길 12월 6일 교토의 기록은 국서를 고치는 일에 대해서 간단하게 서술되어 있다. 사실 1711년 사행은 일본 측에서 제시한 '빙례聘禮 개혁'의 문제로 일본 측과 갈등이 있었다. (빙례는 사신을 맞이하는 예절. 일본은 이를 간단하게 바꾼다고 일방적으로 통보했는데, 실은 평등과 막부 권위 과시가 목적이었다. 예를 들면 쇼군의 명칭을 大君에서 國王으로 변경했고, 연회 횟수를 줄였고, 막부에서 보낸 위문사를 맞이할 때 조선 사신이 계단 아래로 내려가도록 했다.) 그러므로 부사였던 임수간은 10월 15일 이후는 일기를 기록할 여유가 없었던 것으로 보인다. 다만, 압물통사押物通事였던 김현문金顯門, 1675~?에 의하면 12월 4일 교토에 들어가는 길에 다이부츠덴에 들어갔는데 먼저 가 있던 쓰시마 도주와 장로가 맞이하여 음식을 대접했다고(김현문, 『동사록東槎錄』, 1711년 12월 4일) 기록되어 있다.

이러한 점으로 볼 때 일본 측은 예전부터 사신이 모두 들렀다는 점을 강조해 이를 관례로 삼았고, 통신사 역시 관람한다는 개념으로 받아들였다. 또한 1617년부터 1682년에 이르기까지 사행원들은 다이부츠덴의 의미를 제대로 파악하지 못하고 있었고, 1711년의 경우도 마찬가지였다.

다만 통신사행은 이 절을 도요토미 히데요리가 지은 것 정도로 인식하고 있었다. 1617년 오윤겸은 이 절은 도요토미 히데요리가 지은 것인데 높고 웅장하다 하였고 1655년 남용익은 속설에 도쿠가와 이에야스가 도요토미 히데요리의 재산을 소모해 없애기 위해 보시하도록 권유하여 창건하게 하였다고 했다. 도요토미 히데요시의 아들인 히데요리의 재산을 소모시키기 위해 도쿠가와 이에야스가 절을 창건하게 하였다고 들었으니, 이곳에 들르고 관람하고 연회에 참석해 음식을 배불리 먹는 것이 전혀 이상할 것이 없었다.

이총耳塚

그런데 다이부츠덴에 가게 되면 그 근처에 있는 이총耳塚이 눈에 띄지 않을 수가 없었다. 당시의 정확한 거리를 알 수는 없지만 현재는 호코지로부터 서쪽으로 대략 200m 정도 떨어져 있다.

　　이총 곧 귀무덤에 대한 기록은 1607년 사행록부터 나타난다. 앞서 오사카 장의 '도요토미 부자에 대한 인식' 부분에서도 간단하게 살핀 것처럼, 경섬이 오사카에 있을 때 이곳에 대해 기록했다. 그런데 경섬은 이총이 아니라 '비총鼻塚' 곧 코무덤이라고 했다. 경섬은 일본이 자기들끼리 전쟁을 할 때 반드시 사람의 코를 베어 헌괵獻馘하듯이 하였다고 했다. 그래서 임진왜란 때 우리나라 사람의 코를 베어 한 곳에 묻고 흙을 쌓아서 무덤을 만들었다고 했다. 헌괵이란, 예전에 적과 싸워 이긴 후 적장의 머리를 잘라 와서 임금에게 바치거나, 적의 왼쪽 귀를 잘라 공훈을 계산한 것을 뜻한다. 이는 고대 중국에서부터 있던 풍습이다. 그런데 일본인들은 우리나라 백성들의 코를 베어 갔던 것이다. 귀는 2개이니 1개인 코를 베어 저들이 살해한 숫자를 세어 전공으로 삼으려 했다. 이 코무덤은 1597년에 만들었다.

앞서 살핀 것처럼 1607년은 호코지 다이부츠덴의 대불이 재건되기 이전이라, 교토에 있을 때 일본 측은 사행을 이곳에 들르게 하지 않았다. 그런데 흥미로운 사실은 전명길 교토에 있을 때인 1607년 4월 24일에 일본 측은 삼사에게 교토 시내 관광을 시켰다. 이는 주로 사찰을 유람하는 것이었다. 삼사가 갔던 사찰은 도후쿠지東福寺, 산주산겐도三十三間堂(경섬은 三十三間寺라고 함), 기요미즈데라清水寺, 치온인智恩院이다. 아침식사 후 떠나 네 곳을 유람하면서 점심도 먹고 낮잠도 잠깐 자고 해가 서산에 기운 뒤에 관소로 돌아갔다. 그날 유람을 하면서 경치, 절의 규모 등에 대해 호의적으로 서술했다. 말 그대로 유람이었다.

그런데 산주산겐도는 다이부츠덴 바로 옆에 있었는데 이에 대해서는 언급이 없고 그 근처에 코무덤이 있다는 사실도 알지 못했다.

1617년에 이르면 다이부츠덴 연회에 가면서 코무덤을 보게 되었다.

절 앞에 높은 구릉이 있어 무덤 모양 같았고, 석탑石塔을 설치했는데 수길이 우리나라 사람의 귀와 코를 모아다가 여기에 묻은 것이다. 수길이 죽은 후에 수뢰가 봉분을 만들고 비碑를 세웠다 하는데, 이 말을 들으니 뼈에 사무치는 괴로움을 참을 수 없었다.

— 이경직, 『부상록』, 1617년 8월 26일

이경직은 절 앞에 있는 무덤 같은 구릉에 우리나라 사람들의 '귀와

도후쿠지東福寺 ｜ 교토 프리 사진소재집(京都フリー写真素材集)

기요미즈테라淸水寺 ｜ 김경숙 사진

이총耳塚 | 김경숙 사진

코'가 묻혔다고 했다. 1607년에는 '코'라고 했는데 1617년에는 '귀와 코'
라고 하게 된 것이다. 그러므로 코무덤에서 귀무덤이라고 이름이 바뀌게
되었음을 알 수 있다. 실제로 17세기 전반 일본 측에서도 코무덤이 잔인
하니 귀무덤이라고 부르자고 하여 귀무덤이 되었다고 한다. 이경직은 무
덤을 직접 보고 그것에 대하여 들은 뒤 '뼈에 사무치는 괴로움을 참을 수
없었다[不勝痛骨]'고 하여 이에 대한 심정을 나타냈다.

　　절 앞에 봉분封墳과 같은 높은 언덕이 하나 있는데, 그 위에 석탑石塔이 세
　워졌다. 왜인들이 말하기를, 수길秀吉이 우리나라 사람의 귀와 코를 모아 이
　곳에 묻었는데 수길이 죽은 후에 수뢰秀賴가 봉분을 만들고 비석을 세웠다

고 하며, 어떤 사람은 말하기를, 진주성晉州城이 함락된 후에 그 수급首級을 이곳에 묻었다고 한다. 들으니 괴로운 마음을 참을 수 없었다.

— 강홍중, 『동사록』, 1625년 1월 17일

이는 1625년 기록이다. 이경직이 무덤이 우리나라 사람들의 귀와 코가 묻힌 곳이라 기술했던 것에 비해, 강홍중은 진주성이 함락된 뒤 우리나라 사람의 수급이 묻혔다는 점을 추가했다. 이에 대해 '괴로운 마음을 참을 수 없었다不勝痛心'라고 심정을 나타냈다.

이로 볼 때 근처에 있던 이총을 다이부츠덴과 연결하지 못하였고, 다만 이총에 대해서 '뼈에 사무친다痛骨', '마음이 괴롭다痛心' 등의 심정을 표현했다. 무덤의 이름을 정확하게 '비총'이라 한 것은 1607년이고 1617년과 1625년에 이르면 그저 무덤, 봉분 등으로 표현했다.

다이부츠덴 연회에 대한 문제 인식과 거부

다이부츠덴 연회에 심각한 문제가 있다는 점을 제대로 인지하고 문제를 삼은 것은 1719년 사행 때였다. 이때도 전례라며 쓰시마 도주가 다이부츠덴의 연회에 참석해달라고 했다. 사행은 회정길 10월 30에 오쓰大津에 머물렀는데 '예전부터 사신의 행차가 돌아오는 길에는 반드시 대불사大佛寺에 들렀다'면서 다음 날 교토에 가게 되면 왕림해 달라고 하였다. 이에 대해 삼사는,

태수가 관백의 명으로 우리를 성대한 연회에 초대하는데 어찌 사양할

이유가 있겠습니까. 다만 우리가 본국에 있을 때 평소에 들으니 대불사大佛
寺는 수길秀吉의 원당願堂이라 하더이다. 이 적賊은 우리나라 백 년의 원수로서
의리상 하늘을 함께 할 수 없는데 어찌 그 절에서 술을 마실 수 있겠습니
까. 후의厚意를 사양하겠습니다.

— 신유한, 『해유록』, 1719년 11월 1일

라며 거절했다. 곧, 다이부츠덴이 도요토미 히데요시의 명복을 빌기 위
해 세운 법당이라는 것을, 우리나라 사람들이 알게 된 것이다. 1711년까
지는 사행록에서 이점에 대해 언급하지 않은 것으로 보아, 1711년 사행
이후 1719년 사이에 사실을 제대로 파악하게 된 것으로 보인다. 그러나
일본 측은 계속 연회에 참석해달라고 사정을 했다. 이에 대해 삼사는 의
리상 원수를 잊지 못하는 것이라며, 우리는 죽고사는 것을 추호와 같이
보니, 비록 10년이 걸리더라도 교토에 머물 수 있다고 강력하게 거절의
뜻을 밝혔다. 가자, 가지 않겠다는 실랑이는 계속되었다.

그러자 일본 측은 11월 2일에 『일본연대기日本年代記』라는 책을 보여주
며 이 절은 도쿠가와 이에미츠德川家光, 1604~1651, 재위 1623~1651가 관백이 된
해에 세운 것이라며 도요토미 히데요시와는 상관이 없다고 하였다. 이에
더 이상 거절할 명분이 없어 참여하기로 하였다. 그러나 일본 측이 근거
로 제시한 책은 위서였고 사행은 다시 한번 일본의 술수에 당했던 것이
다. 마침내 정사 홍치중洪致中, 1667~1732과 부사 황선黃璿, 1682~1728은 11월 3
일에 연회에 참여하였으나 종사관 이명언李明彦, ?~?은 병을 평계로 참여
하지 않았다. 종사관이 참여하지 않는 것에 대해 일본 측은 화를 내다가

포기했다. 연회에 참여한 사행은 바로 다음 날인 4일에 교토를 떠났다. 이와 같은 과정을 자세히 기술하여, 신유한은 어쩔 수 없이 연회에 참석하게 된 점을 확실히 하였다.

이후 1748년과 1764년 사행은 다이부츠덴에 들르지 않게 되었다. 그러나 오히려 다이부츠덴에 대해서 자세히 묘사했다. 또한 1748년 사행은 다이부츠덴과 이총을 연결하였다. 조명채는 『봉사일본시문견록奉使日本時聞見錄』의 「문견총록聞見總錄」 「왜경倭京」에서 도요토미 히데요시가 이총을 먼저 만들고 이어서 원당 불사願堂佛寺를 지었다고 했다. 곧, 다이부츠덴 앞에 이총이 있는 것이 아니라, '대불사에 조선인 이총이 있다大佛寺有朝鮮人耳塚'라고 하여 이총이 다이부츠덴에 속해 있음을 밝혔다. 조명채는 그 근거로 《화한삼재도회和漢三才圖會》를 들었다. 자신이 이 책을 보니 도요토미 히데요시가 우리나라를 침략할 때의 일을 밝혀 써놓았는데 '이총은 원당 대불사에 있다耳塚在於願堂大佛寺'고 되어 있다고 하였다. 그러므로 1719년 사행 때의 일을 언급하면서 마음이 찢어지며, 당시 일본 측이 가짜 책을 근거로 든 행동은 아주 교활하고 악하다고 하였다. 또한 더 이상 다이부츠덴에서의 연회를 하지 않게 된 것은 참으로 다행이라고 하였다.

혼코쿠지本國寺 혼초지本長寺

여기에 더하여 매우 흥미로운 사실은, 1748년 사행록에서 조명채가 관소의 이름을 '本長寺'로 표기했다는 점이다. 또한 당시 화원으로 갔던 이성린도 '本長寺'라고 표기했다. 이성린이 그린 《사로승구도使路勝區圖》에

〈서경 본장사 북원西京 本長寺 北園〉이라는 그림이 있다(앞서 '관소', '혼코쿠지'
에서 살핀 그림 참조). 그런데 일본의 교토시정보관京都市情報館에는 조선통신
사가 교토의 '本長寺'에 머물렀다는 기록은 없다. 또한 일본 혼코쿠지 기
록에도 "1748년 조선통신사가 머물렀다[1748年, 朝鮮通信使が定宿した]"라고 되
어 있다.

　일견 조명채와 이성린이 관소 이름을 혼동한 것으로 보이지만, 사행
의 종사관과 수행화원이 모두 혼동했다는 것은 이해가 되지 않는다. 사
실 혼코쿠지는 1636년 4차 사행 이래 1719년을 제외하고 1764년 11차
사행까지 7차례 통신사의 사관으로 쓰였다. 1748년 10차 사행 이전에 이
미 5차례 사관으로 사용되었다. 그러므로 조명채가 이곳의 이름을 혼동
했을 가능성은 희박하다. 대부분의 통신사들이 선배 통신사들의 기록들
을 읽고 참고했으며 일본에 대한 지식을 미리 쌓고 갔기 때문이다. 더구
나 교토는 일본의 중요 도시였다. 이로 볼 때 의도가 있던 행동이었다.
'本國'이라는 단어를 쓰기 싫어서 '本長'이라 한 것이라고 추측된다.

　그런데 혼초지本長寺는 오쓰大津의 관소였다. 1624·1682·1711·1719
·1764년 사행록에 관소 이름이 혼초지라고 기록되어 있다. 1748년도
전명길 5월 3일과 회정길 6월 27일에 오쓰에서 1박을 하였다. 그런데 조
명채는 이곳의 관소 이름을 기록하지 않고 '관소館所'라고만 하였다. 교토
의 관소를 '本長寺'라고 했으니 교토에서 떠난 날 밤에 머문 오쓰의 실제
관소인 '本長寺'라는 명칭을 또 기록할 수는 없었을 것이다.

　1748년 사행은, 다이부츠덴뿐만 아니라 '本國寺'에 대해 호의적일 수
없었으며, 조명채와 이성린은 의도적으로 '本國寺' 대신 '本長寺'라고 하

였던 것으로 보인다. '우리나라, 이 나라'라는 뜻의 '본국本國'이란 단어를 쓰기 싫었던 것이다. 더구나 1719년 사행은 혼노지에 머물렀기 때문에, 다이부츠덴 연회 문제를 인지한 뒤 혼코쿠지에 머문 사행은 1748년부터이다. 그러므로 '本長'이라고 했다.

1764년 원중거 역시 다이부츠덴에 대하여 자세히 서술하였다. 특히

> 대불사大佛寺를 지은 것은 더욱 극히 흉악하고도 참혹한 해독이다. 대개 단지 나라 가운데 과시하여 자랑함만이 아니요, 그 나라는 귀신을 두려워하였으므로 이것으로써 원혼의 기운을 눌러 이기려 하였다. 그 후에 우리 사신이 저 나라에 들어갔을 때 이총耳塚 옆에서 잔치를 열고 음악을 베푸는 이유는, 또한 재앙을 물리치는 법을 남몰래 쓰기 위한 것이다.
>
> ― 원중거, 『화국지』, 「수적(秀賊)의 본말」

라고 하여 일본인들이 다이부츠덴에서 연회를 열었던 이유가 그 나라의 풍습과 관련이 있다고 하였다. 이로 볼 때 다이부츠덴은 왜황의 공간인 교토에서 도요토미 히데요시의 공간이며 나아가 불교의 공간이자 저들 민간신앙의 공간이라고 파악했던 것이다.

다이부츠덴大佛殿 자체에 대한 인식

다음으로는 이처럼 논란의 중심에 있던 다이부츠덴 자체에 대한 통신사의 인식을 살펴보겠다. 다이부츠덴에 대한 묘사는 이 절에 처음 갔던 1617년 사행록에 가장 자세하게 묘사되어 있고 그 뒤로는 간략하다. 그

런데 이에 대한 묘사는 대체로, 절이 몹시 크다, 불상이 장대하다는 것으로 나타난다. 이경직에 의하면 불상은 높이가 10여 길이고 넓이가 4~5 길이었으며 손바닥 하나의 크기가 한 칸이나 되었다. 이 불상을 모신 절 자체의 크기도 수백 칸이며 바닥은 돌인데 판판하고 교묘하며 창호도 영롱했다고 한다. 이에 대해 이경직은 '기이한 볼거리[奇觀]', 오윤겸은 '높고 장대[高壯]', '매우 큼[宏大]', 강홍중은 '웅장하고 화려[壯麗]', 신유申濡, 1610~1665는 몹시 큼[魁梧], 남용익은 '세상에 없는 크기[厥大世間無]' 등으로 표현했다. 곧, 세상에서 가장 큰 절에 가장 큰 부처를 모셔놓았다는 것이다. 일본 사찰이라는 문화공간에 대해 감탄했음을 알 수 있다.

또한 사행은 다이부츠덴 옆에 위치한 산주산겐도三十三間堂도 아울러 관람하였는데 이에 대한 기록은 1655년 남용익, 1682년 김지남과 홍우재 그리고 1719년 신유한의 사행록에 나타난다. 남용익과 김지남 그리고 홍우재는 이에 대해 간단하게 2~3줄 정도로 기술을 하였으나, 신유한의 경우는 다이부츠덴보다는 산주산겐도에 대해 자세히 기술하였다. 다이부츠덴 연회에 대해 갈등이 있었던 1719년에 다이부츠덴보다 산주산겐도에 대해 자세히 기술하였다는 점은 시사하는 바가 크다.

1719년 사행은 다이부츠덴에 갔다가 산주산겐도에도 가서 2차례 음식 대접을 받았다. 신유한은 다이부츠덴에 대해서는 간단하게 묘사를 하였으나, 그곳에서 만난 승려들에 대해서는 호의적이었고, 산주산겐도에 대해서는 자세히 묘사를 하였다. 사실 산주산겐도는 일본의 국보로 기둥과 기둥 사이가 33개로 나누어져 있기에 그렇게 부른다. 이는 고시라카와 상황後白河上皇이 1164년 준공한 절로, 관세음보살이 33가지로 변해 중생을 구제한다고 하여 33칸으로 지었다. 그런데 이 절은 80년 후 화재로 소실되었다가 1266년 복원되었다. 통신사가 본 것은 복원된 절인 것이다. 실제로 산주산겐도에는 등신等身의 금빛 부처가 1,001구 모셔져 있는데 신유한은 이를 33,333구라 하였다. 또한 신유한은 자신이 약관일 때 꾼 꿈에서 금불이 수없이 많은 삼천세계를 보았다며, 산주산겐도에 온 것은 정해져있던 일이었다고 하였다. 1,001구나 되는 등신대의 금빛 부처가 놓여 있는 장면은 장엄하기까지 하였으리니 부처가 33,333구이며 그곳이 삼천세계라 생각하게 되는 것도 무리는 아니라고 보인다. 비록 다이부츠덴에 대해서는 적의를 품고 있었으나, 그 크기에 대해 놀랐고, 산주산겐도로 인해 일본 불교와 불교 문화에 대해 높은 평가를 하게 되는 계기가 되었다.

교토의 역사와 왜황

후시미성伏見城에 대한 인식

복견성伏見城 곧, 후시미성은 교토부 교토시 후시미구 모모야마쵸 오오쿠라伏見区 桃山町 大蔵에 있던 성이다. 이 성의 역사는 도요토미 히데요시 및 도쿠가와 이에야스와 관계가 깊다. 후시미성에 대한 사행 기록은 17세기 전반에 주로 나타나고 17세기 중반 이후로는 거의 나타나지 않는다. 특히 1617년 사행은 쇼군인 도쿠가와 히데타다가 후시미성에 머물렀고 국서 전달식도 이곳에서 행했기에 후시미성에 대한 관심이 깊었다. 그 뒤 사행이 진행될수록 교토보다는 에도가 중요한 위상을 차지했던 것처럼 교토 교외에 있던 후시미성에 대한 관심도 사라져갔다.

이는 후시미성의 역사와도 관련이 깊다. 1592년 도요토미 히데요시가 시즈키산指月山에 성을 지어 자신이 은거한 뒤의 거처로 삼으려고 했다. 그런데 1596년 지진 때문에 성이 무너졌고, 히데요시는 근처 고하타

산木幡山에 새로 성을 지었다. 나중에 지은 성을 일반적으로 후시미성이라고 한다. 도요토미 히데요시는 1598년 여기에서 사망하였고, 그의 아들인 도요토미 히데요리는 1599년 오사카성으로 옮겨갔다. 고하타산 후시미성은 후시미성 전투伏見城の戰い 때 소실되었는데, 이는 1600년 8월 26일부터 1600년 9월 8일까지 진행된 전투로 세키가하라 전투関ヶ原の戰い의 전초전이었다. 그 후 도쿠가와 이에야스에 의해 재건되었으며, 도쿠가와 히데타다와 이에미츠에 의해 개수되었으나, 1623년 폐성廢城되었다. 이는 히데타다가 이에미츠에게 쇼군직을 물려준 해이다. 그 뒤 성의 건축물들은 분해되어 전국 각지의 성과 사찰들로 옮겨졌다.

1607년 사행은 후시미성에 대해 다음과 같이 기술했다.

> 왜경의 동남 사이에 위치하고 있었다. 산에 의지하여 요새를 설치한 것인데, 층대層臺와 포각砲閣, 겹성[重城]과 분첩粉堞이 우뚝 솟아 별처럼 널려 있으니, 이것은 가강家康이 일찍이 유진留鎭하던 성이다.
>
> — 경섬, 『해사록』, 1607년 4월 12일

교토의 동남쪽에 있는 후시미성은 산에 의지해 설치한 요새로, 2층 건물, 포각, 겹겹 성과 분첩이 높이 솟아 있어서 바라보면 별처럼 널려 있다고 묘사했다. 이는 직접 성을 보고 묘사한 것이다. 또한 사행은 이 성이 도요토미 히데요시와 관련이 있다는 정보는 알지 못하고 도쿠가와 이에야스가 머물렀던 성이라고 알았다. 실제로 이에야스는 이곳을 재건하고 성에 들었으며 1603년 이곳에서 천황으로부터 세이이타이쇼군征

후시미성 20세기 들어와 복원된 모습 | 교토 프리 사진소재집(京都フリー写真素材集)

夷大将軍 곧, 쇼군에 임명되는 의식을 행했다. 그 후 이에야스는 1605년에 쇼군직을 히데타다에 물려주고 1606년경에 슨푸성駿府城으로 옮겨갔다.

후시미성에 대한 기록은 1617년 사행에 가장 자세하게 나타난다. 이는 앞서 언급한 대로 국서 전명식을 이곳에서 행했기 때문이다. 멀리서 바라본 후시미성의 모습은 '층루層樓와 분첩粉堞이 우뚝우뚝 맞대 있다'고 하여 1607년의 기록과 차이가 나지 않는다. 그러나 후시미성 주변 마을이 수십 리나 된다고 하였다. 또한 도요토미 히데요리가 있을 때는 이 마을에 장관들의 처자가 있었으나 이들은 히데요리 패망 이후 에도로 옮겨 가서, 큰 집들이 반 넘게 훼손되었다고 했다. 이는 이에야스가 정권을 잡은 뒤, 볼모로 잡아둔 고관대작의 가족들이 후시미성에서 에도로 옮겨 간 것을 의미하는 것이다.

전명식을 하기 위해 들어간 후시미성에 대해서는, '세 번째 문 밖에서 가마를 내렸다, 서협문西俠門 밖에서 들어갔다, 긴 낭하廊下를 7~8칸 돌아가 방에 들어갔다, 대청에는 반 자쯤 높은 층계가 있었는데 높은 데는 쇼군이, 낮은 곳에는 사신이 앉았다, 협문 밖 낭하가 길었다, 뜰에는 왜장倭將이 가득했다, 별청別廳이 있었다' 등의 표현을 통해 그 모습을 그려볼 수 있다. 물론 이는 후시미성의 내부나 구조를 설명하기 위한 것이 아니라 전명식을 하는 과정에서 어느 곳에서 했다는 설명을 참고한 내용이다. 이로 볼 때 성에는 최소한 문이 셋 있었고 서협문을 지나면 긴 낭하가 있고 이를 지나면 대청이 있으며 대청은 층이 지어 있었으며 뜰이 매우 넓었음을 알 수 있다.

그 후 사행은 후시미성에 대한 관심도 정보도 그다지 없었던 것으로 보인다.

> 복견은 예전에 평수길平秀吉이 살던 곳인데, 병신년丙申年, 1596년 지진으로 함몰陷沒된 뒤 여염이 태반이나 공허空虛해져 다시 옛날의 번성함은 없다고 한다.
>
> — 강홍중, 『동사록』, 1624년 11월 18일

> 남으로 복견성伏見城을 바라보니 수길이 죽은 뒤 수십 년 이래로 나날이 조잔凋殘하여져 다만 성터만 있고, 여러 높은 왜인의 집들도 황폐하고 쇠퇴해 무너져버렸다.
>
> — 강홍중, 『동사록』, 1625년 1월 17일

이는 1617년 바로 다음 회차인 1624년 사행의 기록인데, 후시미성을 도요토미 히데요시와 연결하였다. 11월 18일의 기록은 시즈키산에 있던 후시미성에 대한 설명이고 1월 17일의 기록은 고하타산에 있던 후시미성에 대한 설명으로 보인다. 1617년 사행의 전명식이 후시미성에서 진행되었는데도 불구하고 이에 대한 언급은 없다. 후시미성을 처음 건축한 인물이 히데요시였음을 알게 되고, 에도 막부보다는 도요토미 히데요시와의 연관에 관심을 두게 된 것이다. 이는 1655년 사행에서도 맥을 같이 하는데, 후시미성은 '수길의 굴혈窟穴로 성곽은 멸망해 없어지고 옛터만 남아 있다'고 간단하게 설명했다.

그런데 나머지 17세기 사행에서는 관심이 현저히 줄어든다. 1643년 사행록에서는 '정포(요도우라淀浦·요도淀)를 떠나 30리를 와서 후시미성을 지났다'고 했으니 그저 지났다는 표현이다. 또한 1636년과 1682년 사행록에는 후시미성에 대한 언급이 없다. 오히려 18세기에 이르면 다른 정보가 나타났다. 1711년 사행록에서는 '동쪽을 바라보니 후시미성이 산 아래 수풀 사이로 은은히 비치고 있었다. 이는 곧 히데요시의 성채였다'라고 하였다. 이는 후시미성의 잔재를 본 듯이 서술되어 있다. 또한 1719년 사행록에는 '바라보니 분칠한 담이 어른어른하였는데 이것이 후시미성이었다. 성은 곧 히데요시가 도읍하던 곳이어서 별궁과 별장과 시가지의 번성함이 도적놈[賊奴]이 있을 때보다 덜하지 않다고 하는데, 멀어서 눈으로 볼 수 없었다'고 하였다. 히데요시가 있던 곳이라 번성했었고, 1719년 당시도 그렇다고 들었다는 것이다. 다만 멀리서 바라보았을 뿐 실제로 볼 수가 없다고 했다. 이러한 예로 볼 때, 18세기 전반 사행은, 후시미성이 폐성되고 건물들도 대부분 분해되어 각지로 옮겨진 사실에 대한 정보를 전혀 알지 못했다. 1748년 사행록에는 아예 후시미성에 대한 관심이 나타나지 않기 때문에, 정보를 알았는지 확인하기 어렵다.

후시미성이 무너진 것에 대해서는 1764년 사행록에 다시 나타난다. 곧, 1764년 4월 4일 회정길에 교토의 관소를 떠나가는 날의 기록을 보면, 남쪽으로 5리 되는 곳에 후시미성이 있는데 성은 무너졌고 다만 다이부츠덴만이 남아 있다고 했다. 사실 후시미성과 다이부츠덴은 대략 6km 정도 떨어져 있다. 그러므로 사행이 후시미성을 직접 본 것은 아니고, 후시미성과 다이부츠덴의 위치도 정확하게 파악하지 못했다. 저곳에 후시미성이 있었으나 현재는 무너져 없어졌고 다이부츠덴만이 남아 있다는 이야기를 전해 들은 것이다.

앞서 1748년과 1764년의 사행은 다이부츠덴에 들르지 않게 되었다고 했는데, 원중거는 이에 대해 후시미성을 경유하지 않고 길을 갔다고 했다(『화국지和國志』「수적의 본말秀賊本末」). 이는 그 이전의 사행은 전명길에 요도에서 도지를 지나 관소로 갈 때, 곧바로 도지를 향해 가지 않고 교토의 동남쪽에 있는 후시미성이 보이는 길로 갔음을 시사한다. 그러다가 1719년 사행 때 다이부츠덴 연회 참석 문제가 생긴 뒤, 1748년과 1764년은 참석하지 않게 되었고 이에 따라 애초 교토 관소로 갈 때 후시미성을 경유하지 않았다는 말이 된다. 그렇다면 일본 측에서도 다이부츠덴과 후시미성이 도요토미 히데요시와 연관되었다는 사실을 보여주는 것이 된다. 또한 원중거 역시 이에 대해 제대로 파악하고 있었다. 이에 대해 원중거는 도요토미 히데요시가 죽은 뒤 다이부츠덴에서 해골을 태웠는데,

조선이 후시미를 짓이겨 버리지도 못하고 히데요시가 뼈를 태워 아무
탈 없이 티끌이 되게 하였다면서, 우리나라가 수치를 씻지 못하고 있다
고 원통해 하였다.

왜황에 대한 인식

교토에 사는 왜황

사행은 교토하면 왜황을 떠올렸다. 왜황이 사는 궁궐이 있는 곳이었다.
사행록에서 왜황에 대한 기술은 1617년부터 나타난다. 주지하다시피
1617년 사행은 에도로 가지 않고 교토에서 머물며 후시미성에 가서 국
서 전달식을 거행했다. 8월 26일이었다. 그런데 그날 밤에 천황의 아버
지[天皇之父]가 사망했다. 그래서 쇼군이 상장喪葬에 관한 일을 주관해야 해
서 사행의 일도 미뤄지게 되었다. 일본 측에서는 국서전달식이 끝난 뒤
에 천황의 아버지가 사망한 것이 다행이라고 하였다. 만약 그 이전에 사
망했다면 사행의 일정에 차질이 생길 것이었기 때문이다.

　이경직은 상사喪事에 대해 자세히 기록하였다. 천황의 아버지를 은어
소隱御所라 한다고 했다. 그런데 양위하고 물러난 천황을 일본어로는 인
고쇼院御所 또는 인노고쇼院の御所라고 했는데 '隱御所'라고 한 것은, 일본
어로 隱과 院이 모두 인ⁱⁿ이라고 발음되기 때문에 한자를 혼동한 것으
로 보인다. 이 인고쇼의 상사喪事에 일정한 제도가 없이 천황의 상례喪禮
에 따라 거행한다고 하였다. 또한 임금과 신하라고 하면서 임금의 아버

지가 사망했는데도 거애擧哀(곡을 하며 초상난 것을 알림 혹은 방문하여 통곡함)하는 절차가 없고 직임職任이 있는 사람들도 한번 가서 분향만 할 뿐이고 쇼군도 찾아가지 않으며 궁궐에 있는 사람들만 하루 동안 복服을 입는다고 하였다. 이에 대해서 이경직은 일본이 금수禽獸의 지역임을 알 수 있다고 비판했다.

또한 쇼군은 먼 곳에 있더라도 반드시 교토로 와야 하는데 이때 마침 쇼군이 교토에 있었고, 상례를 주관했다. 그런데 천황은 화장하지 않고 70일 있다가 장사를 지내기 때문에 회정할 일정에 차질이 생겼다. 곧, 원래 쇼군이 9월 5일을 정했다가 상喪으로 인해 15일로 정하게 되었고, 사행은 우여곡절 끝에 10일 교토를 떠나 회정길에 오르게 되었다.

왜황에 대한 정보

천황에 대한 정보는 1624·1655·1719·1748년 등의 사행록에 나타난다. 내용은 천황과 쇼군의 권력에 대한 것이다. 400년 혹은 500년 전 또는 중세 이후에는 천황에게 권력이 있었으나 미나모토노 요리토모源賴朝, 1147~1199가 권력을 찬탈한 이후 쇼군이 모든 권력을 행사하게 되었다. 천황은 연호를 사용하고 월력月曆을 나라에 반포하는 일만 한다. 또한 쇼군이 벼슬을 제수할 때는 천황의 인장印章을 사용하기에 그에 대한 사용료를 받아 사용한다는 것이다.

천황이 궁궐 속에서 실권 없이 사는 것에 대해 사행은 허수아비[木偶], 시거尸居(능력 없고 하는 일 없이 녹봉만 받는 것), 시위尸位(시거와 같은 뜻)라고 표현했다. 또한 1655년 남용익은 예로부터 오랑캐 황제가 나무 인형처럼

있으면서 크고 높은 성과 궁궐이 시장과 마을 속에 섞여 있다면서, 수천
년 동안 주제넘게 천황이라고 하면서 시체처럼 살고 있다고 비판했다.

또한 천황은 매달마다, 보름 전에는 재계齋戒하고 향을 태우며 하늘
혹은 부처에게 절을 하고 지내면서 고기와 훈채葷菜를 먹지 않지만, 보름
이후에는 고기를 먹으며 잔치하고 즐기며 오락을 즐긴다. 특별히 하는
일이 없기 때문에 제기, 바둑 등의 잡기를 즐긴다.

사행은 천황의 계승에도 관심을 가졌다. 후계자가 된 아들 혹은 장자
외에는 모든 아들과 딸을 스님으로 만드는데, 아들은 법친왕法親王이라
한다고 했다. 그래서 부마나 공주의 명칭이 없다. 이 점에 대해서 사행은
상당한 흥미를 보였다. 또한 1682년 사행은 다이부츠덴에서 천황의 아
들을 직접 보기도 하였다. 사행이 다이부츠덴을 구경하고 나올 때 다른
스님들은 불당에서 내려와 무릎을 꿇고 엎드렸는데, 흰 비단옷을 입은
어린 스님 한 명이 불당 위에 홀로 앉아 평온하게 몸을 움직이지 않고 있
었다면서 어린 스님의 의연함에 대해 서술했다. 또한 왜인들은 그 앞을
지날 때 몸을 굽히고 빨리 걸어갔으니 자못 두려워하고 공경하는 마음
이 있어 보였다. 그 스님은 당시 천황의 아들로 다이부츠덴 주지가 되어
절 안에서 살고 있다고 했다. 조선통신사 사행 전체에서 천황의 가족을
가까이서 직접 본 것은 이 경우가 유일하다.

여황女皇에 대한 관심

사행록에는 여황女皇에 대한 기술이 3회 나타난다. 1643년, 1748년 그리
고 1764년이다. 1643년과 1764년은 사행이 일본에 갔던 당시에 천황이

교토고쇼京都御所 1331년부터 1869년까지 천황이 살던 궁궐. 사진은 정전(正殿)인 자신전(紫宸殿)
| 교토 프리 사진소재집(京都フリー写真素材集)

여황이었기에 그에 대해 기술했고, 1748년은 일반적인 기술이다.

　　1643년 사행록에서는 왜황이 여주女主인데 나이가 22세이며, 그해 말
에 13세인 남동생에게 전위傳位할 것이라고 했다. 그러면서 왜황은 존귀
尊貴하여 상대가 없기 때문에 배우자를 얻을 수가 없고, 전위한 뒤에야 혼
인을 할 수 있다고 했다.

　　실제로 1643년 당시 천황은 메이쇼 천황明正天皇, 1624~1696, 재위 1629~1643
이었다. 5살에 천황이 되어 20살에 동생에게 전위를 하였다. 그 후 출가
하여 비구니가 되었다. 1643년 사행은 여황의 나이를 잘못 알았고, 전위
한 뒤 혼인을 할 수 있다는 잘못된 정보를 알았다. 오히려 천황의 아버지
인 전황前皇이 나이 40세이고 자못 문자를 좋아한다면서 관심을 보였다.

다음은 1764년 사행을 살펴보겠다.

> 보력천황寶歷天皇이 죽은 지 3년이며 여주女主가 그 위位를 이었고 원호元號
> 를 고치지 않았다. 대개 나라의 법이 천황天皇이 죽었는데 아들이 없으면 종
> 실宗室의 아들을 세우고, 어리면 그 어머니나 할머니가 다스린다. 없으면 어
> 린 천황의 누나가 자리에 오르고[攝位], 누나가 없으면 가까운 종실의 여자로
> 반드시 결혼을 하지 않은 사람을 취해서 세운다. 아이가 자라면 정권을 돌
> 려주고 여주는 물러나 별궁別宮에 살면서 비구니가 되고 다른 사람에게 시
> 집을 가지 않는다고 한다.
>
> ― 원중거, 『승사록』, 1764년 1월 28일

보력천황은 모모조노 천황桃園天皇, 1741~1762, 재위 1747~1762을 말하는 것
으로 호랴쿠寶曆는 연호이다. 모모조노 천황이 1762년 사망하자 누나인
고사쿠라마치 천황後桜町天皇, 1740~1813, 재위 1762~1770이 위를 이었는데 연호
를 고치지 않았다고 했다. 이는 사실과 부합한 것으로 고사쿠라마치 천
황의 연호는 1764년 4월에 메이와明和로 고쳤다.

또한 사행록은 일본 천황이 여주에게 계승되는 순서에 대해 자세히
살폈다. 천황이 죽었는데 아들이 없으면, 종실에서 어린 아들을 세운 뒤
섭정을 하는 순서에 대해 살폈다. 어머니나 할머니가 섭정을 하는데, 어
머니나 할머니가 없으면 누나가 자리에 올라 다스리고 누나마저 없으
면 종실에서 결혼하지 않은 여성을 취해 위를 잇도록 한다. 그런데 고사
쿠라마치 천황은 모모조노 천황의 누나로 모모조노 천황의 아들이 너무

어렸기 때문에 그 아들이 성장할 때까지 천황이 되었다. 실제로 1771년
에 조카에게 전위하고 상황上皇이 되었다.

1643년과 1764년 사행이 일본에 갔을 때 천황이 여성이었다. 그러므
로 이에 대해 사실만을 간략히 기술하였다. 이에 대한 평가를 하지는 않
았다. 있는 그대로를 전달하려는 시도로 보인다. 반면 1748년 사행 때는
천황이 남성이었다. 그런데 조명채는 일본의 천황에 대해 기술하면서
'왜황의 세계世系는 여주女主가 섞여서 매우 황탄荒誕하다'라고 하였다. 여
성이 왕위를 계승하지 않았던 조선시대 사대부의 의식에서 나옴직한 발
언이었다.

왜황의 명분뿐인 권력

사행은 일본의 천황이 명분뿐인 권력을 지닌 것에 대해 비판적 시각을
지녔다. 1655년 남용익은 예전부터 우리나라에서 왜황에게 문안하는 예
절이 없고 사신이 가서 보는 전례가 없다고 했다. 그래서 왜황이 높은 데
올라가서 사행을 엿본다고 하였다.

또한 18세기 후반에는 천황에 대한 결이 다른 비판 의식이 생겨났다.
1748년 조명채는 교토에는 문예를 숭상하고 중국 제도를 흠모하는 이
들이 있지만, 전국의 문사文士들이 교토에 와서 벼슬을 하고 싶어도 금령
에 얽매어 못한다고 하였다. 군신의 나뉨을 알고 관백이 국권을 방자하
게 천단하는 것에 대해 깊이 괴로워하는 뜻이 있어 반정反正을 하려고 한
다. 그러나 관백이 권력과 병권을 지니고 있으며, 수적秀賊 곧 임진왜란을
일으킨 도적인 도요토미 히데요시 이후로 지방의 권한을 모두 제압하고

슈가쿠인리큐^{修学院離宮}의 연못 욕용지^{浴龍池}
17세기 중엽 히에이산(比叡山) 기슭에 조성된 황실의 별궁, 권력 없고 답답한 황궁에서 벗어나 자연을 즐기려 조성한
곳 | 김경숙 사진

여러 권신들을 일 년에 한 번씩 에도에 입번入番(다이묘가 에도의 번저[江邸]
에 나아가는 것을 참부參府, 식읍에 가는 것을 어가御暇라고 한다)하게 하며 처자를
데려가지 못하게 하니 태수들이 움직이기 어렵다고 평가했다. 더하여 일
본은 관직을 세습하기 때문에 여항에 있는 호걸들이 떨쳐 일어나지 못
한다고 했다. 그렇지만 지방 태수들이 분노하고 온 나라가 분하게 여겨
때를 기다려 일어나려 하니 조만간에 일본에 변이 일어나지 않겠느냐고
하였다. 이러한 조명채의 의견은 군신의 의리와 중국 제도에 초점이 놓
여 있다. 조명채는 관백의 권한이, 도요토미 히데요시 이후 강화된 것으
로 보고 권력이 천황에게 되돌아가면 무武보다는 문文을 숭상하여 양국
관계가 평화롭게 될 것이라 여겼다.

　　그런데 1764년 사행에서는 이와 다른 의견이 나타났다. 일본은 신국
神國이라 자칭하며 생사화복生死禍福을 신에게 모두 맡긴다. 또한 왜황의

탄생을 신의 강림이라 여기고 신주神主(우두머리 신관神官)로 삼았다. 그러므로 모든 것을 신도神道에 의지하여 행하고, 무슨 일이든 신의 도움이니 신의 벌이니 하며 말한다. 불법佛法이 그 나라에 들어간 뒤 부처를 섬기는 것도 그 법法을 숭상하는 것이 아니라 명신明神(신을 높임말)으로 삼아서 섬기는 것이다. 그러므로 왜황은 이에 의지하여 더욱 스스로를 군건히[自固] 한다. 그러므로 앞서 살핀대로 왜황이 신이나 부처께 기도하는 것이나 자녀들을 승려로 삼는 것이나 모두 권력을 군건히 하기 위함이다.

그러다가 능력이 뛰어나며 교활한 사람들이 계속 나타나서 왜황의 권력이 옮겨가게 되었는데 도요토미 히데요시에 이르러 가장 심하게 되었다. 그런데 도요토미 히데요시가 패하자 일본 사람들은 신벌神罰이라고 여겼고 도쿠가와 이에야스는 사람들의 생각을 헤아려 왜황을 다시 받들어 섬기게 되었고 전쟁을 멈추었다. 그러자 해내海內가 휴식하게 되고 상하上下가 서로 평안하게 되어 에도와 교토가 서로 혐오하지 않게 되었다. 곧 도요토미 히데요시를 이어 권력을 잡은 도쿠가와 이에야스가 전쟁을 멈추고 나라 안에 평화를 가져오게 된 점을 긍정적으로 보고 있다. 이는 도쿠가와 막부에 대한 긍정적인 시선으로 이어졌다.

그러나 나라의 문풍文風이 개방되고 섞이어 날이 갈수록 사람들의 마음에 의심을 일으켜 신불神佛을 겁내는 사람들이 점점 처음과 같지 않게 되었다. 그런데 왜황이 된 자는 여전히 빈 그림자[虛影]를 홀로 지키며 변화시킬 계책이 없었고, 날로 점점 세력이 약해져서 다시는 뒤집을 힘이 없게 되었다. 비록 그렇긴 하지만, 왜황은 만년萬年을 한 성씨[一姓]로 이어졌는데도 독毒

같은 고통을 주거나 악(惡)을 뿌려서 백성을 잃는 일이 없었다. 또 군신의 나 눔(君臣之分)이 거의 하늘과 땅의 정해진 위치(定位)와 같아서, 상하가 수천 년 동 안 한 번도 찬탈하려는 생각을 하지 않았다.

혹시라도 강호의 정치가 어지러워져서 조조(曹操)나 사마의(司馬懿) 같은 무 리가 만약 여러 주에서 생긴다면 왜황을 끼고 쟁탈을 도모하는 자가 나라 에서 다시 나타나지 않을지 어찌 알겠는가? 저 나라가 어지러워진다면 변 방의 교활한 무리가 반드시 기회를 타서 우리 땅을 노략질하게 될 것이고 우리 남쪽 변방의 백성들은 저들과 더불어 친근하게 지내며 풍속을 날로 서로 익히게 될 것이다. 학식이 있는 자는 미리 방비할 바를 마땅히 알아야 할 것이다.

— 원중거, 『화국지』, 「왜황의 본말」

세월이 흐르면서 일본도 다른 나라와 왕래하면서 문학과 사상과 문 화 등 정신적 측면과 더불어 물질적 교류도 늘어나게 되었다. 이로 인해 사람들의 마음에 신도와 천황에 대한 의심이 생기게 되었다. 그런데도 천황은 변화를 꾀하지 않아 빈 그림자만 지키면서 점점 세력을 잃어버 렸다. 그럼에도 불구하고 천황은 만 년이란 세월을 한 성씨로서 이어져 내려왔고 백성들에게 심한 해악을 끼치지 않았기에 인심을 잃지도 않았 다는 것이다. 거기다 더하여 일본이란 나라는 군신의 나눔이 마치 하늘 과 땅이 정해진 위치가 있는 듯이 여기기에 천황의 자리를 빼앗으려 하 지 않는다고 했다. 곧, 천황을 빈껍데기 같은 존재로 두고 권력을 휘두를 지언정 천황의 자리에 오르려고 하지는 않는다는 것이다. 도요토미 히데요시나 도쿠가와 이에야스 등도 모두 그러했다.

그러나 만약 에도에 자리한 도쿠가와 막부가 정치를 제대로 못 하게 되거나 힘이 약해지게 된다면, 나라 안에서 조조나 사마의 같은 무리가 나타나서 왜황을 끼고 권력을 쟁탈하고 휘두르려 할 것이다. 곧, 왜황이 힘을 얻게 되는 것이 아니라 여전히 허수아비인 채로 권력이 도쿠가와 막부에서 다른 무리에게 옮겨가게 되고, 그 권력 쟁탈로 인해 나라는 어지럽게 될 것이다. 그렇게 된다면 중앙의 통제에서 벗어난 변방의 교활한 무리가 우리나라를 다시 노략질하려 할 것이라고 했다. 여기서 원중거가 주장한 변방의 교활한 무리는 쓰시마 사람들로 대표된다. 그는 자신의 사행록에게 일관되게 쓰시마 사람들로 인한 폐해를 주장했다. 그러므로 쓰시마 사람들을 위시한 일본 변방의 무리들이 우리나라 남쪽 지방 해안가를 노략질하게 되고 우리나라 백성들은 저들과 자주 마주하게 되니 어쩔 수 없이 친근하게 지내거나 풍속을 익히게 될 것이라고 염려했다. 그러므로 이에 대해 미리 방비를 해야 한다고 주장했다.

그런데 원중거의 이러한 시각은 어느 정도 우리 역사를 예견한 것이다. 19세기에 이르러 도쿠가와 막부는 여러 문제로 어지러워졌고 결국 19세기 후반 지방의 무사들이 일어나 도쿠가와 막부를 무너뜨리고 천황을 세워 메이지유신明治維新을 일으켰다. 그 주동자들은 중앙 권력을 잡아 이후 일본은 부국강병을 목표로 삼았고, 우리나라를 침략하였다. 그러나 원중거가 생각한 것처럼 쓰시마 등 변방의 무리가 아닌 중앙정부 차원에서 우리나라를 침략하였다. 또한 우리 정부는, 일본의 침략에 대해 그것이 변방에서든 중앙에서든, 아무런 대비를 하지 않았다. 그러므로 사행원들이 사행록에 기록하여, 대비책을 세워야 한다고 했던 목소리는, 헛된 메아리가 되었다.

제3장

도구가와 종실宗室의 식읍食邑
나고야

나고야
名古屋

지리적 특징 및 거리

새로 형성된 도시 나고야

우리나라 사행이 교토를 지나 에도로 간 것은 1607년 조선통신사부터이
다. 조선통신사 이전 15세기 사행은 대부분 교토로 갔다. 16세기에는 사
행이 두 차례 있었는데 임진왜란 이전인 1590년 사행은 교토에서 관백
인 도요토미 히데요시를 만났다. 임진왜란 중인 1596년의 경우 황신의
『일본왕환일기』에 의하면, 사행은 명나라 책봉사인 양방형과 심유경을
따라 오사카까지 갔으나, 양방형과 심유경만 도요토미 히데요시를 만나
고 돌아왔다. 그러므로 나고야를 방문한 것도 1607년이 처음이다. 이에
사행록에 나타난 나고야 기록은 시계열적時系列的 기록이라고 할 수 있다.

　1607년 사행은 키요스성清須城·清洲城에 머물렀다. 키요스성은, 예전에
는 오와리국尾張国 카스가이군春日井郡 키요스清須였으나, 지금은 아이치현
愛知県 키요스시清須市 일대이다. 지리적으로는 나고야시와 붙어 있다.

　1617년은 사행이 교토에서 쇼군을 만났기 때문에 에도에 가지 않았
다. 그러니 나고야에 갈 필요가 없었다. 그러므로 오늘날 우리가 '나고야

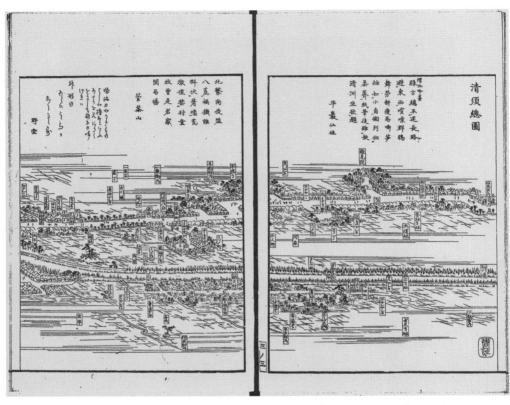

오카다 케이岡田啓・노구치 미치나오野口道直, 〈키요스 총도清須 總圖〉, 「카스가이군春日井郡」,《오와리 명소
도회尾張名所圖會》후편 권3 | 일본 국립국회도서관 소장

성'이라고 하는 성이 있는 나고야시를 방문한 것은 1624년부터이다.

그런데 나고야의 역사에 대해 살펴볼 필요가 있다. 이와 관련되어 중
요한 것이 도쿠가와 막부에 의해 진행된 키요스코시清須越し・清洲越し이다.
이는 1612~1616년 무렵까지 행해진 것인데, 나고야성을 새로 축성하고
키요스에서 나고야로 도시를 이전한 것을 말한다. 이 키요스코시로 인
해 나고야라는 도시가 탄생했고, 오늘날 우리가 알고 있는 나고야는 이
때 형성된 것이다. 이런 점으로 볼 때, 1607년 사행은 키요스에 갔던 것

이고, 나고야가 형성된 이후의 사행인 1617년부터 나고야를 방문할 수 있었으나 그때는 에도에 가지 않았기 때문에 나고야를 경유할 이유가 없었다. 그러므로 사행록에서 나고야 관련 기록이 1624년부터 나타나기 시작했고, 이는 새로 생성된 도시에 대한 생생한 기록이다.

하천 및 배다리舟橋

미노지美濃路의 평야와 하천

오사카와 교토를 경유한 사행은 에도로 향해 길을 재촉했다. 접령摺嶺과 침령針嶺 두 고개(일본 정식 명칭은 스리하리토우게摺針峠)를 넘고 나니 이번에는 평야와 강물이 펼쳐졌다. 이제 사행은 미노지美濃路를 따라 길을 가게 되었다. 미노지란 에도시대 때 도카이도東海道의 미야슈쿠宮宿부터 나카센도中山道의 다루이쥬쿠垂井宿를 연결했던 길로 약 59km 정도이다. 현재 나고야시 아츠다구熱田区 텐마伝馬부터 기후현岐阜県 후와군不破郡까지의 거리이다. 일본에서는 에도 방향에서 기준점을 잡기 때문에 이렇게 정의하는데, 에도로 가는 사행의 경우 반대로 미야슈쿠로 향해 가게 된다. 곧, 이 길은 미노국美濃国과 오와리국尾張国을 경유하며, 스리하리토우게를 지나 나고야까지 가는 길이라고 할 수 있다.

고개를 넘어 온 사행은 오가키大垣에서 하루를 묵고 나고야로 출발했는데, 그 앞에는 미노지의 넓은 평야와 4개의 하천이 펼쳐졌다. 오가키에서 나고야까지 가는 너른 들에서는 둑 위에 만들어진 긴 길을 따라갔

이성린李聖麟, 〈비파호 세다교琵琶湖 勢多橋〉, 《사로승구도槎路勝區圖》
일본에서는 세타노카라하시(瀬田の唐橋)라고 함. 교토를 출발해 이 다리를 건너고 이틀 뒤 스리하리토우게를
넘었다. | 국립중앙박물관 소장

다. 둑은 높이가 5~6길[丈]쯤 되게 흙으로 쌓았고 넓이는 수레 두 대가
다닐 수 있었다. 또한 길의 양 옆에는 소나무를 심어 마치 그늘지는 정자
[蔭作亭] 혹은 천 리에 이어진 일산[千里蓋]처럼 해를 막아주었다. 1636년 임
광과 김세렴은 수십 리에 뻗은 이 길을 하루 종일 갔다고 했다. 둑길을
따라 가다가 하천을 만나면 건너고 다시 둑길을 가다가 하천을 만나면
건너고 하며 나고야까지 갔다. 사행은 서쪽에서 동쪽으로 횡단을 하였는
데 미노지의 하천들은 북에서 남으로 흘렀다. 그러므로 하천들을 건너야
만 나고야로 갈 수 있었다.

그런데 사행이 건넌 하천들에 대한 명칭은 사행마다 조금씩 다르다.
일본에서는 이 하천들을 사도가와佐渡川(이비가와揖斐川), 스노마타가와墨俣
川(나가라가와長良川), 오쿠마가와小熊川(사카이가와境川), 오코시가와起川(키소가
와木曽川)라고 한다. 〈표 3〉은 각 하천들에 대해 사행이 기록한 명칭이다.

<표 3> 사행이 기록한 하천들의 명칭

하천 명칭 사행년도	佐渡川(揖斐川)	墨俣川(長良川)	小熊川(境川)	起川(木曽川)
1607	澤渡江	州股江	小越江	荻原江
1617	가지 않음	가지 않음	가지 않음	가지 않음
1624	佐渡河	墨街川	界川	輿川
1636	佐渡	墨街	界川	輿川
1643	佐渡河	黑街川	界川	輿川
1655	佐渡河	黑街川	界川	輿川
1682	佐渡	墨俣川	기록 없음	起川/有起川 (木曾川下流)
1711	다리(橋) 이름 쓰지 않음	다리(橋) 이름 쓰지 않음	다리(橋) 이름 쓰지 않음	起川
1719	?	股股	界川	起川
1748	佐渡川	墨候川	작은 시내[小川]	越川
1764	早渡	墨股	나뉘어 흐르는 곳 작 은 다리[分流處 小橋] 이름 쓰지 않음	起川

　첫 번째 하천인 사도가와佐渡川에 대해서 사행은 澤渡江, 佐渡河, 佐渡, 佐渡川, 早渡라고 하였다. 1607년 사행은 澤渡江이라고 하였는데 네 하천에 대해 강이라는 단어를 붙인 것은 쓴 것을 1607년 사행뿐이다. 나머지 사행은 河나 川을 쓰거나 아예 쓰지 않았다. 일본은 하천에 대해 '川'을 쓰지만 우리나라는 '江'을 쓰기 때문으로 보인다. 다음으로 川을 河라고 쓴 것은 발음상의 문제로 보인다. 곧, '川'은 센セン 가와かわ, '河'는 가カ 가와かわ라고 발음하기 때문이다. 특히 이는 다른 하천에서는 나타나지 않고 사도가와에서만 나타나는 현상인데 1624년에 '佐渡河'라고 기록한 것을 그 뒤 사행들이 따른 것으로 보인다.

　1607년만 澤이란 글자를 썼는데, 이는 일본어 발음으로 타쿠タク 사와さわ라고 읽는다. 또한 1764년 사행은 早渡라고 하였다. 이는 우리나라 발음으로 '좌佐'와 '조早'를 혼동한 것으로 보이기도 한다. 그런데 일본어 발음으로 '佐'는 사さ, '早'는 삿さっ 소우ソウ라고 읽는다. 그러므로 이는 일본어 발음에 따른 한자의 혼용이었다고 볼 수 있다. 하천의 이름을 알려 준 이는 일본인이거나 역관이었을 가능성이 크기 때문이다.

두 번째 하천인 스노마타가와墨俣川에 대해서 사행은 州股江, 墨街川, 墨街, 墨俣川, 殷股, 墨候川, 墨股라고 하였다. '묵오'가 '주고, 묵가, 묵우, 은고, 묵후, 묵고' 등으로 쓰인 것이다. 1682년 역관이었던 김지남과 홍우재만이 '墨俣'라고 정확히 썼다. 墨은 보쿠ボク, 모쿠モク, 스미すみ로 읽으며 州는 스す로 읽는다. 殷은 인イン, 안アン, 사캉さかん, 오오이おおい, 유타카ゆたか, 니기야카にぎやか, 넨고로ねんごろ, 아카이あかい이다. 그러므로 墨과 殷은 접점이 없기 때문에 殷은 墨을 잘못 쓰거나 글자를 휘하려 했다고 볼 수 있다.

다음으로 俣는 음으로는 읽지 않고 훈으로 읽을 때 마타また라고 하고, 股는 코コ, 마타また, 모모もも이고, 街는 가이ガイ, 카이カイ, 마치まち, 치마타ちまた이고, 俣는 일본어에서는 쓰지 않는 한자이므로 俣를 혼용해서 쓴 것으로 보이며, 候는 코우コウ, 소우로우そうろう, 우카가우うかがう, 마츠まつ, 사부라우さぶらう이다. 그러므로 俣, 街, 俣, 股, 候, 股는 발음이 같거나 비슷해서 혼용된 것이라고 볼 수 있다.

세 번째 하천인 오쿠마가와小熊川는 일본에서는 사카이가와境川라고도 한다. 1748년 조명채가 "이는 미농과 미장의 양쪽 경계이다此乃美濃尾張之兩界"라고 하였듯이, 두 주의 경계를 이루는 하천이었다. 그러므로 일본에서는 이를 '지경 경境' 자를 썼는데, 사행은 한결같이 '지경 계界'를 사용하

거나, 이름을 쓰지 않거나, '작은 시내[小川]'라고 표현했다. 1607년 사행만 小越江이라고 하였다. 그런데 '境'은 쿄우キョウ, 케이ケイ, 사카이さかい라고 읽으며 界는 카이カイ, 사카이さかい라고 읽는다. 두 한자는 뜻이 같으며 발음도 같기 때문에 혼용되었다고 할 수 있다. 또한 사카이가와는 네 하천 가운데 가장 폭이 좁은 하천이다. 그러므로 이름을 쓰지 않거나 '작은 시내', '나뉘어 흐르는 곳 작은 다리'라고 표현하기도 했다. 그러나 이는 크기가 상대적으로 작다는 뜻이지 배다리가 없이 그냥 건널 수 있는 곳은 아니었다.

그런데 1607년은 小越江이라고 했는데 小는 고こ, 오お, 사さ로 발음하며 越은 발음을 에츠えつ라고 하고, 뜻으로 '넘다'라고 할 때 越す, 越える, 越이라고 쓰고 발음을 코스こす, 코에루こえる, 코시こし라고 한다. 그러므로 기록상의 오류이거나 오쿠마小熊나 사카이境 두 발음 가운데 굳이 끼워 맞추기를 하자면 사코시 또는 사코스 정도의 발음을 만들 수는 있다.

네 번째 하천인 오코시가와起川의 경우, 한자는 '일어날 기起'이다. 그런데 1607년은 荻原江이라고 했고, 1624년부터 1655년까지 네 차례의 사행은 모두 '일어날 흥興'을 썼고, 1682년 이후로는 기起를 쓰고 있다. 다만 1748년 사행록에는 '넘을 월越'이라고 되어 있다.

1607년의 경우 荻原江이라고 했는데 荻은 오기おぎ, 原은 곤ゴン, 겐ゲン, 하라はら, 모토もと라고 발음한다. 이 조합은 언뜻 '오코시가와'나 '키소가와木曽川'와 접점이 없어 보인다. 그런데 荻原의 경우 지명일 때 오기와라おぎわら라고 발음하는데 '오코시가와起川'라는 발음을 듣고 '오기와라'라고 적었을 가능성이 가장 크다.

다음으로 나머지 사행들에 대해 알아보겠다. 起는 한자발음은 키キ인데, '일으키다, 시작하다'는 뜻을 지니며 起こす, 起す라고 쓰고 발음은 오코스おこす이다. 興은 한자 발음으로는 코우コウ, 쿄キョウ라고 읽고, 뜻으로는 '일으키다, 시작하다'로도 쓰이는데 이때 '興す'로 쓰고 발음은 '오코스おこす'라고 한다. 越은 앞서 살폈듯이 발음을 에츠えつ라고 하고, 뜻으로 '넘다'라고 할 때 越す, 越える이라고 쓰고 발음을 코스こす, 코에루こえる, 코시こし라고 한다. 이로 볼 때, 起, 興, 越은 모두 '코시'라는 발음을 가지고 있으므로, '오코시'라는 발음을 듣고 이 세 한자를 썼다고 볼 수 있다. 이는 일본어 발음 때문에 일어난 혼동이라고 할 수 있다.

또한 1682년 김지남은 '起川'이라고 했는데 홍우재는 '有起川'이라고 하였다. 여기에는 두 가능성이 있다. 하나는, '有起川'을 '起川이 있었다'로 해석할 수 있다. 다른 하나는, '오코시'라는 발음을 듣고 한자로 '有起'라고 하였을 가능성이 있다. 有의 일본 발음은 유우ゆう이다. 그런데 원문이 '有有起川'이라 되어 있다. 그러므로 이는 '有起川이 있었다'로 해석할 수 있으니 '有起'를 '오코시' 발음에 따라 한자로 썼을 가능성이 더 크다. 이 가능성을 확실하다고 할 수 없다면, 필사하는 과정의 오류일 가능성으로, 후대에 옮겨 필사하면서 '有'를 두 번 쓴 것으로 볼 수도 있다.

흥미로운 사실은 사행록에 '木曾川'이란 명칭이 2번 등장한다는 점이다. 1655년 남용익은 일본의 산천山川을 기술하는 항목에서 4개의 하천 이외에도 木曾川을 서술하여 오코시가와와 키소가와를 다른 하천으로 인식했다. 1682년 홍우재는 오코시가와를 설명하면서 '自木曾川下流也'라고 하였는데, 이는 '키소가와의 하류이다' 혹은 '키소가와로부터 아래로 흐른다'로 해석된다. 사실 키소사와는 나가노현長野縣에서 발원하여 이세만伊勢湾으로 흘러드는 229km의 하천이다. 그러므로 홍우재는 오코시가와를 키소가와의 하류라고 인식했던 것이다. 그 외의 사행록에서는 '木曾川'이란 단어를 발견하지 못했다.

그런데 위의 표를 보면 나고야를 갔던 9차례의 사행 가운데 1682년과 1719년은 하천을 3곳 건넜고 나머지는 4곳을 건넌 것으로 나타난다. 그런데 네 하천 가운데 어느 하나라도 건너지 않고는 미노지를 횡단하여 갈 수 없었다. 그러한데도 두 사행은 하천 세 곳을 건넌 것으로 기록하였다. 이 의문을 풀기 위해 다음의 예문을 살펴보고자 한다.

날이 밝기 전에 떠나서 20리를 가니 좌도佐渡라는 큰 시내가 있는데 작은 배 80여 척을 배열하여 다리를 만들었다. (…중략…) 묵오천墨俁川을 지났는데 또한 주교舟橋를 설치하였고 배의 수가 좌도보다 갑절은 되었다. 또 기천起川을 지났는데 이것이 가장 큰 내였고 다리를 만든 배가 300여 척이나 되었다.

— 김지남, 『동사일록』, 1682년 8월 10일

일찍 출발하여 세 대교大橋를 지났는데 첫째는 은고殷股 둘째는 계천界川 셋째는 기천起川이었다. 모두 물 위에 배를 가로 놓았는데 큰 밧줄과 쇠사슬을 사용해 좌우를 엮고 그 위에 판자를 깔고 양쪽 머리에 각각 아름드리나무를 세워 연결하여 지탱했다. 이와 같은 것이 셋이었는데 기천이 가장 커서 배 300척을 연결하여 길이가 천여 보步였다. 공력과 비용을 상상할 만했다.

— 신유한, 『해유록』, 1719년 9월 16일

조도早渡 묵고墨股 기천起川 세 다리를 건넜는데 모두 배다리였다. 조도교早
渡橋는 120여 척 남짓을 엮어 놓았고 묵고교墨股橋는 90여 척을 묶어 놓았다.
묵고교墨股橋를 건너자 또 나뉘어 흐르는 곳에 작은 다리가 있었는데 역시
40여 척을 연결해 놓았다. 가장 마지막인 기천교起川橋는 180여 척을 엮어
놓았다.

— 원중거, 『승사록』, 1764년 2월 3일

1682년 기록을 보면 사행이 건넌 시내 셋은 모두 큰 시내[大川]였는
데, 사도가와, 스노마타가와, 오코시가와 순서로 컸다. 사도가와보다 스
노마타가와는 2배, 오코시가와는 3배 정도 컸다. 1719년에도 대교大橋 셋
을 건넜다고 하였다. 1764년 기록을 보면 사도가와, 스노마타가와, 오
코시가와 등의 세 다리를 건넜다고 했다. 크기는 스노마타가와, 사도가
와, 오코시가와 순서였다. 그런데 스노마타가와를 건넌 뒤 나뉘어 흐르
는 곳이 있고 그곳에 작은 다리가 있었다는 것이다. 곧, 원래는 시내 4곳
을 건넜으나, 이곳이 다른 다리보다 그 크기가 몹시 작았기 때문에 이름
을 기록하지 않고, 다리 세 곳을 건넜다고 한 것이다. 이로 볼 때 1682년
과 1719년 사행 모두 시내 4곳을 건넜을 것이다.

또한 신유한이 건넜다고 기록한 하천의 이름은 오류가 있다. 세 대교
를 지났다고 했는데 하천 이름이 殷股, 界川, 起川였다. 셋 중 오구마가와
(또는 사카이가와)와 오코시가와는 이름과 위치를 확인하는 데 문제가 없
다. 그러나 殷股는 사도가와나 스노마타가와 가운데 어느 쪽을 의미하는
지 정확하지 않다. 위의 표에서 이를 스노마타가의 위치에 자리하게 한

것은 '股'자 때문이었다. 殷股가 사도가와와 스노마타가와 둘 가운데 어느쪽이라고 하더라도, 어느 한 쪽은 건너지 않은 것이 된다. 그러나 이 하천들 가운데 어느 한 쪽도 지나지 않을 수는 없었다. 그런데 界川 곧, 오구마가와(또는 사카이가와)는 큰 시내도 큰 다리도 아니었다. 그러므로 신유한이 큰 시내 셋의 이름을 잘못 기록했다고 보는 것이 타당하다.

하천을 포함한 미노지에 대한 설명은 1764년 원중거에게서 들을 수 있다. 1764년 사행은 하천을 셋 건넜는데 모두 큰 시내였으며 배가 아니면 건널 수 없었다. 또한 농민이나 상인이나 배에다 짐을 싣고 하천을 내려가 바다로 가서 큰 배에다 짐을 옮겨 실었다고 했다. 이 화물이 이세주伊勢州, 시마주志摩州를 둘러 키이주紀伊州를 지나 이즈미주和泉州에 이르러 오사카로 들어간다고 했다. 곧, 나고야가 있는 미노주부터 근처 오와리주·오우미주近江州의 화물이 하천을 따라 나고야 근처 이세만伊勢湾으로 모여 바다로 나가는 것을 인식했다. 일본에서는 사도가와(이비가와), 스노마타가와(나가라가와), 오코시가와(키소가와) 이 세 하천을 키소산센木曽三川이라고 한다. 또한 미장주의 동남쪽은 소금기가 많아 곡물을 재배할 수 없는 땅으로 잡초가 우거진 평지였고 서북쪽은 여러 산들이 겹겹이 쌓여 있었는데, 인가에서 나는 연기와 나무와 대나무들이 멀리 보이는 것이 마치 직물 같았다고 했다.

조선통신사를 위해 건설한 배다리

새벽에 오가키를 출발한 사행은 이 하천들을 건너 밤이 늦어서야 나고야의 관소에 도착했다. 이 경로에서 가장 난관은 하천을 건너는 일이었다. 그런데 하천에는 일상적인 다리가 있지 않고, 배다리가 있었다. 이는 말 그대로 배를 연결하여 만든 임시 다리였다. 이에 대해 사행은 부교^浮橋, 주교^{舟橋}, 대교^{大橋}, 주량^{舟梁}으로 표현했다. 일본에서는 후나바시^{船橋}라고 부른다. 만약 배다리가 없이 하천을 건넜다면 어떠하였을까? 배에다 사행을 태우고 일일이 하천을 건너야 했을 것이다. 소수의 인원이라면 큰 문제가 없었겠지만, 인원은 우리나라 사행과 이를 수행하는 쓰시마 사람들 그리고 각 주에서 선발되어 지공^{支供}(지방 출장 관원이나 외국 사신에게 음식물이나 일용품 등을 공급함)을 책임지는 사람들까지 합하여 수백 명에 이르렀다. 이러한 인원을 배에 태워 강을 건너는 것은 시간이 오래 걸리는 일이었다. 작은 배에 사람과 말과 물건을 싣고, 하천 이쪽과 저쪽 나루를 계속 왔다갔다 했어야 했다. 오사카에서 교토로 갈 때는 하천에 배를 띄우고 하천을 따라가면 되었지만, 이곳은 가까운 곳에 연이어 있는 4곳의 하천을 건너야 했다. 그러기에 이를 관리하는 인원과 배들을 하루에 네 곳의 하천에 각각 두고, 각 하천마다 배를 타고 왕복하며 건너게 하는 것은 시간이 너무 오래 걸리는 일이었다. 그러므로 배다리를 건설하여 많은 인원이 빠른 시간에 편하게 하천을 건너도록 하고자 했다.

에도 막부 때 작은 하천이었던 오쿠마가와를 제외한 나머지 세 하천에 배다리를 건설한 것은 조선통신사 및 쇼군과 관련이 있었다. 조선통신사와 쇼군 혹은 그의 가족의 통행을 위한 것이었다. 오쿠마가와의 경우는 조선통신사와 쇼군 외에도 귀족이나 류큐^{琉球} 사람들이 왔을 때에도 건설하였다. 오코시가와를 예로 들면 에도 막부 시대에 총 18번이 건설되었다. 그중 10번이 조선통신사를 위한 것이었고, 8번이 쇼군을 위한 것이었다.

그런데 이 배다리는 영구적인 것이 아니었다. 이들의 통행을 위해 배다리를 만들고 통행이 끝나면 해체했다. 일반인들은 건너지 못했다.

동쪽으로 가서 좌도천(佐渡川)에 이르니, 내의 너비가 한 후장[一帳場] 남짓했다. 작은 배 70여 척으로 내를 가로질러 부교를 만들고, 위에 두꺼운 널빤지를 깔았는데 틈 벌어진 곳이 하나도 없었다. 양쪽 가장자리에는 고리를 잇대어 만든 쇠사슬을 붙여놓고, 굵기가 다리만 한 삼으로 만든 밧줄[麻索]을 꿰었으며 다시 팔뚝만한 철사줄[鐵索]로 붙들어 매었다. 양쪽 언덕에는 아름드리 나무 기둥을 연달아 세우고 도르래[轆轤]를 설치하여 철사줄과 밧줄을 당겨서 조금도 흔들리지 않게 하였다. 또한 선미(船尾)마다 지키는 사람 한 명

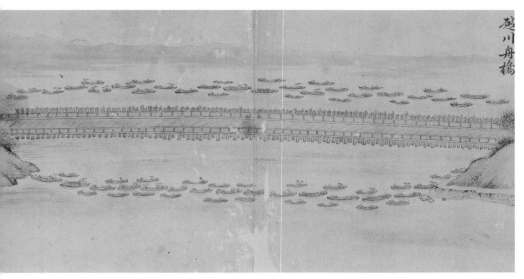

이성린(李聖麟), 〈월천주교(越川舟橋)〉, 《사로승구도(槎路勝區圖)》 오코시가와(起川)의 배다리 | 국립중앙박물관 소장

과 물통 하나가 있었다. 이로 미루어 그 시설이 튼튼하고 물력이 큰 것을 알 수 있었다.

　구경꾼은 갈수록 많이 모여들어, 들에서는 시렁을 만들어 올라가 있고, 물에서는 배를 타고 섰으니, 오색이 얼룩져 찬란한 것이 온 땅에 가득 찼는데, 보기도 지루하고 말하기도 지루하므로 더 적고 싶지 않다. 내의 좌우에 물이 먹어 들어가 무너진 곳에는 큰 대나무를 베어다가 길이 그대로 부수어, 길이가 열 뼘, 둘레가 한 아름 되는 죽부인竹夫人 모양으로 만들어서, 잡석雜石을 그 안에 채워 놓고 겹겹이 쌓아서 막아 두는데, 점점 흙이 쌓여 둑이 되어 물이 무너뜨리지 못한다. 방천防川하는 방법은 이것이 제일인데, 왜국에는 산과 들에 큰 대나무가 쌓아 놓은 듯이 많아서 베어도 금하지 않고 써도 다하지 않으므로, 사람들이 다 이것으로 수해를 막는 힘을 얻을 수 있다. 그러나 우리나라에는 삼남三南, 충청·경상·전라도에 고만고만한 조그만 대밭들이 있을 뿐이므로, 왜국에 비하면 큰 바다의 피[稗米]와 같아서, 백성이 길렀다 하더라도 스스로 사용하지 못하니, 이 방법을 본뜨려고 한들 어찌 가능하겠는가? (…중략…)

　묵후천墨俟川에 이르니, 역시 배 위에 다리를 놓았는데 한 마장馬場이 넘었다. 또 작은 내가 있어 이것이 미농美濃 미장尾張 양쪽의 경계인데, 다리의 만듦새는 묵후천과 같았다. 10리쯤 가니, 또 월천越川이라는 큰 내가 있는데, 좌도천에 비하여 너비가 세 배나 되며, 이어 놓은 배는 280여 척이나 되었다. 이것이 육지에 오른 뒤 제일가는 장관이었다.

— 조명채, 『봉사일본시문견록』, 1748년 5월 7일

이는 1748년 5월 7일에 조명채가 나고야로 가는 여정에서 쓴 기록이다. 사도가와, 스노마타가와, 오쿠마가와, 오코시가와를 건너면서 관찰한 내용이 순서대로 기술되어 있다. 먼저 하천의 너비를 살펴보면, 사도가와는 '한 후장 남짓[一帿場有餘]', 스노마타가와는 '한 마장이 넘고[過一馬場]', 오코시가와는 '사도가와에 비해 3배가 된다[比之佐渡 其廣爲三倍]'고 하였다. 한자어 '후장(과녁 帿, 마당 場)'은 과녁을 세워놓는 거리이다. 화살이 날아가는 거리라고 할 수 있다. 우리말로는 '바탕'쯤으로 번역할 수 있는데, 굳이 구별하자면 바탕은 활을 쏘아 살이 미치는 거리의 단위이다. 마장馬場은 말을 놓아기르는 곳이다. 말이 달릴 수 있는 곳이니 화살이 날아가는 거리보다 더 멀고 넓었음을 알 수 있다. 그렇다면 사도가와는 한 후장, 스노마타가와는 한 마장, 오코시가와는 세 후장 순서로 넓었음을 알 수 있다. 실제로 일본 측의 기록을 보면, 세 하천의 배다리의 길이는 217m, 275m, 864m(혹은 846m)였다.

배다리에 사용한 배의 수효는 조명채의 경우, 사도가와는 작은 배 70척, 오코시가와는 280여 척이라고 했다. 원중거는 사도가와는 120척 남짓, 스노마타가와는 90여 척, 오쿠마가와는 40여 척, 오코시가와는 180여 척이라고 했다. 실제로 일본 측 기록을 보면, 시기마다 배의 숫자가 차이가 나기는 하지만, 사도가와는 80척 또는 102척, 스노마타가와는 105척 또는 116척, 오쿠마가와는 12척 또는 28척, 오코시가와는 275척 또는 281척이었다. 조명채나 원중거나 배다리를 통해 강을 건너면서 관찰했기 때문에 정확한 배의 수효를 세는 것은 어려웠을 것이다. 그러나 수효를 세려는 노력을 하였고 비슷하게 숫자를 맞췄다. 또한 이를 통해 하천의 크기를 가늠할 수 있게 하였다.

배다리의 구조와 건설 비용

사행은 배다리의 구조에 대해서도 자세히 관찰하고 기술하였다. 하천 이
쪽 끝에서 저쪽 끝까지 가로질러 배다리를 만들었다. 배는 새것이며 크
기가 한결같았는데, 배를 옆으로 뉘어 놓고 촘촘히 묶어 놓았다. 배 위에
는 널빤지를 깔았는데 틈이 벌어진 곳이 전혀 없었다. 배의 양쪽 끝에는
고리를 잇대어 만든 쇠사슬을 붙여 놓았는데 그 크기가 두 줌은 되었다.
또한 그 쇠사슬 고리에는 다리만큼 굵은 밧줄을 꿰어 놓고, 다시 팔뚝만
한 철사줄로 붙들어 매었다. 이중으로 줄을 연결해 안전을 기하고자 한
것이다. 또한 이 밧줄과 철사줄은 양쪽 언덕으로 연결되었는데, 양쪽 언
덕에는 아름드리 나무기둥들을 세우고 도르래를 설치하여 밧줄과 철사
줄을 당겨서 배가 흔들리지 않도록 하였다. 또한 언덕에는 여분의 배들
이 묶여 있었고 밧줄과 쇠사슬도 쌓여 있었으니, 이는 혹시라도 강물이
불어나게 될 것에 대비한 것이었다.

그런데 밧줄에 대해서 조명채는 '삼으로 만든 밧줄[麻索]'이라고 했고
원중거는 '미후도 덩굴[獼猴桃蔓]'이라고 하였다. 미후도란 다래과에 속하
는 낙엽 만목이다. 그런데 일본 측 기록을 살펴보니 배다리 밧줄로 사용
한 것은 종려나무 밧줄[棕梠繩] 또는 시라구치후지[白口藤]라고 한다. 종려나
무 밧줄은 종려나무 잎자루 밑에 있는 섬유조직인 종려털로 만든 밧줄
을 말한다. 시라구치후지는 보통 사루나시[猿梨]라고 하는데 다래를 의미
한다. 곧, 다래를 우리나라와 중국에서는 미후도, 일본에서는 사루나시

라고 불렀다. 미후도는 '원숭이[獼猴] 복숭아[桃]'란 뜻이고, 사루나시는 '원숭이[猿] 배[梨]'라는 뜻이다. 우리나라에는 원숭이가 없지만 중국이나 일본에서는 다래를 원숭이가 좋아했던 것 같다. 다래는 재질이 강인해서 예로부터 우리나라에서는 바구니나 밧줄 등을 만들었다. 이런 점으로 볼 때 조명채가 삼으로 만든 밧줄이라고 한 점은 잘못된 것이며 원중거가 미후도 덩굴이라고 한 점은 사루나시 밧줄을 제대로 파악한 것이다.

이러한 배다리에 대한 사행의 감상은 대체로 두 가지이다. 하나는 모습에 대한 평가이다. 1655년 남용익은 '매우 정묘롭고 치밀하다'고 하였고, 1711년 임수간은 '그 제도가 몹시 견고하고 치밀하다'고 하였으며, 1748년 조명채는 '이것이 육지에 오른 뒤 제일가는 장관'이라고 하였다. 곧, 하천을 가로질러 규모가 똑같은 배들을 연결하여 배다리를 정교하고 치밀하게 놓은 모습이 장관이었다고 하겠다.

다른 하나는 배다리를 건설하는 비용에 대한 관심이다. 1682년 김지남은 '여기에 든 비용을 물었더니, 내를 파고 배를 벌여 놓는 일과 쇠사슬을 운반하는 비용이 거의 수천여 금金이 들었다고 한다. 그 제도를 볼 때 거짓말이 아닐 듯하였다'고 하였고, 홍우재는 '쇠줄의 비용과 하천을 파는 인건비와 배를 세낸 비용과 판자를 운반해온 운임과 (관리가 머물도록 나룻가에) 집 짓는 데 든 비용 등을 물어보았더니 거의 수천 금에 이르렀다고 한다'고 했으며, 1719년 신유한은 '공력과 비용을 상상할 만하다'고 했다. 하천에 따라 다르지만 적게는 10여 척에서 많게는 280여 척에 이르는 배를 동원하고, 이를 연결하고 그 위에 판자를 깔고 움직이지 않게 묶어 두는 과정은 쉬운 작업은 아니었을 것이다. 또한 작업에 동원된 사람들의 수도 상당히 많았다.

실제로 일본 측 기록을 보면, 1764년 사행을 위해 오코시가와에 배다리를 건설하는 작업은 만만치 않았다. 공사는 1763년 9월 27일에 시작하여 1764년 1월 25일에 끝났다. 배다리 공사에 4달이 걸린 것이다. 이후 2월 3일에 에도로 가는 통신사가 배다리를 건너갔고, 3월 31일에 에도에서 돌아가는 통신사가 건너갔다. 그 다음날인 4월 1일에 바로 철거 작업을 시작하여 5월 14일에 철거를 끝냈다. 철거 작업도 한 달 보름 정도 걸린 셈이다. 배다리를 만들고 유지하고 철거하는 작업은 총 8개월 걸렸고, 이에 동원된 인원만 해도 4,452명이었다. 수많은 인원과 비용과 시간과 노력이 드는 큰 작업이었다.

나고야에 이르러 관소 가는 길

즐비한 건물 및 민가

다음 예문은 1636년 사행의 기록이다.

도로의 곳곳에는 구경꾼들이 담처럼 둘러 서 있었고, 성안에는 거리를 메운 인파가 대판이나 왜경 등에서와 다름이 없었다. 왜인들이 말하기를, 이번 사행이 올 때에 원근遠近 서너 고을 사람들이 구경을 하려고 양식을 싸 가지고 와서 기다린 것이기에 이처럼 많다고 하였다. 성의 안팎으로는 민가가 즐비하여 거의 4만 호에 이르렀는데, 그 웅성雄盛함이 좌화佐和보다 10

배는 되었다. 성을 40리 채 못 미쳐 왔는데 해는 이미 저물었고 거기다가 비가 물을 붓듯이 내렸다. 성으로 들어갔더니, 큰길 좌우에 있는 집집마다 등불을 걸었으며 한편으로는 나무를 태워서 불을 밝혔는데, 수십여 리를 끊어지지 않았으니 참으로 기이한 볼거리였다.

— 임광, 『병자일본일기』, 1636년 12월 24일

도쿠가와 막부가 새로 건설한 나고야성은 위용이 남달랐던 것으로 보인다. 위의 예문에 보이듯이 성의 안팎으로 민가가 즐비했는데 거의 4만여 호에 이르렀다고 한다. 1610년대에 나고야성을 새로 신축한 뒤 20년 남짓한 세월이 흘렀는데 이미 대도시로서의 모습을 갖추었던 것이다. 1655년 남용익도 층층 다락과 큰 집이 좌우에 끊이지 않았다고 했고, 1719년 신유한은 십자가+字街에는 황금으로 만든 집과 온갖 물건을 파는 가게가 있어 가지가지 기이한 구경거리였는데, 바라보니 눈이 부셨다고 했다.

밤을 밝힌 등불과 횃불

사행은 나고야에 대부분 저녁이 지나서 도착하였다. '황혼 뒤, 이경二更(오후 9시에서 11시)말, 저녁, 어두워진 뒤, 해가 저물 무렵, 밤이 깊어, 해가 기운 뒤' 등등의 시간이었다. 대체로 해가 진 저녁 무렵부터 밤 11시 사이에 도착했던 것이다. 이는 아침에 오가키大垣를 출발해 네 곳의 하천을 건너서 갔기 때문이다. 그나마 하천에 배다리가 있었기에 망정이지 만약 배다리가 없었다면 시간은 더욱 걸렸을 것이다. 강행군이었다.

밤 늦게 낯선 도시에 도착하면 주위가 어둡고 사물이 보이지 않아 더욱 낯설고 몸은 더욱 힘들다. 거기다 비까지 내리면 더욱 사람의 몸과 마음을 어지럽게 한다. 1636년은 위 예문에서 보이듯이 물을 쏟아 붓듯이 비가 내렸다. 그나마 다행인 것은 배다리를 다 건넌 뒤에 비가 내린 것이었다. 그런데 1711년의 경우는 오전부터 비가 내렸다. 비를 무릅쓰고 길을 가고 배다리를 건너고 나고야의 관소까지 갔다. 다른 사행들은 그나마 비를 만나지는 않았으나 어둠을 헤치고 나아가야 했다. 그럴 때 밝은 빛을 만나게 된다면 한 줄기 위안이 될 것이다.

그런데 나고야는 한 줄기가 아니라 셀 수도 없을 만큼 빛을 비추어주었다. 곧, 사행마다 조금씩 차이가 나기는 하지만, 집집마다 등불을 걸어놓았고 길에는 횃불을 밝혔다. 1624년의 경우 집에는 등불을 걸었고[懸燈] 길에는 횃불을 태워 길을 밝혔으며[炬火燭路], 1636년은 위 예문에서 보이듯이 집에는 등불을 걸었고[懸燈] 나무를 태워 밝혔으며[燒柴以燭之], 1655년은 배롱을 씌운 등불[籠燈]을 들고 와서 길을 끼고 있었으며, 1682년에는 등불과 촛불 수백 장대[燈燭數百竿]가 길을 끼고 좌우에 늘어서 있었고, 1748년에는 등롱은 동이만하게 컸고[燈籠大如盆] 촛불도 서까래만하게 컸으며[燭亦如椽], 1764년에는 집집마다 등불과 촛불을 밝혔다[點燈燭]고 했다. 이로 볼 때 등불을 걸었으며, 나무를 살라 촛불처럼 켰음을 알 수 있다. 수백 개 혹은 그 수가 몇백인지 알 수 없는 이러한 등불과 횃불이 10리, 20리, 또는 수십 리에 걸쳐 어둠을 밝히고 있었다. 사행들은 이에 대해 대낮같이 밝다, 장관이었다고 표현하였다.

이와 같이 여러 경험을 한 사행들은 나고야를 다른 도시들과 비교를

하였다. 위의 예문에서 보이듯이 임광은 사와佐和 곧 히코네彦根보다 10배
는 낫다고 하였다. 그런데 임광 외의 사행들은 오사카 또는 교토와 비교
를 하였다. 조명채는 나고야가 번화한 큰 도회라 일컬어지는데, 거리가
풍성하고 인물이 화려하기는 오사카나 교토에 미치지 못하지만, 지나 온
여러 참站들 중에서 큰 것이라 할 만하다고 했다. 나머지 사행들은, 성곽
과 인민의 번성함이 자못 오사카를 능가한다거나(임수간), 그 크고 아름
답고 웅장하고 부유하기가 거의 오사카와 백중伯仲을 가릴 만하다거나
(신유한), 번화하고 부유하기가 오사카와 교토에 버금가며, 건물들은 오
사카보다 더욱 윤택하다거나(원중거) 수십 리에 걸친 성시의 부유함과 인
물들의 성대함이 오사카나 교토에 못지않았으며, 산수의 빼어남이 그 나
라에서 으뜸인 데다가 산수가 끊이지 않고 멀리 이어진 것이 오사카나
교토보다 위에 있다면서 제일가는 웅대한 고을雄州이라고(남옥) 하였다.
곧, 오사카나 교토와 견주어도 손색이 없는 도시라고 평가했다.

　　그런데 1764년 원중거는 나고야를 에도와 비교하였다. 이는 회정길
에서 한 평가이다. 곧, 에도를 떠나 우리나라 사행선을 타기 위해 오사카
로 향하는 길을 재촉해 가며, 나루미鳴海를 지나 나고야로 향하고 있었다.
그때 저 멀리 나고야가 바라다 보이고 연수煙樹가 길게 늘어져 보였다. 그
모습이 에도와 더불어 백중伯仲을 다툴 만큼 아름답게 보였다. 원중거는
나고야가 번성함과 아울러 자연과 어우러진 모습을 아름답게 보았다.

나고야
名古屋

관소

도쿠가와 가문과 인연 깊은 관소

관소와 도쿠가와 가문의 인연

전명길의 경우 나고야의 관소에는 대부분 저녁이 지나서 도착하였다. 앞서 살핀대로 황혼 뒤, 이경二更(오후 9시에서 11시)말, 저녁, 어두워진 뒤, 해가 저물 무렵, 밤이 깊어, 해가 기운 뒤 등등의 시간이었다. 대체로 해가진 저녁 무렵부터 밤 11시 사이에 도착했다. 〈표 4〉는 나고야에서 사행이머문 날짜와 관소이다.

앞서 살폈듯이 1607년은 나고야가 아니라 키요스에 머물렀는데, 사행록에는 관소 이름이 나타나지 않는다. 1617년은 나고야에 가지 않았다.

나고야의 관소는 1624년은 다이코인大光院, 1636년 김세렴은 다이코인大光院, 임광은 대광사大光寺, 1643년 대광사大光寺, 1682년 김지남은 징고원徵高院, 홍우재는 쇼코인性高院, 1711·1719·1764년은 쇼코인性高院, 1748

사행	전명길 날짜	회정길 날짜	관소
1607년	키요스에 머묾	키요스에 머묾	(기록 없음)
1617년	가지 않음	가지 않음	
1624년	11월 30일~12월 1일	1625년 1월 6~7일	다이코인[大光院]
1636년	11월 24~26일	1637년 1월 12~13일	김세렴 : 다이코인[大光院] 임광 : 대광사(大光寺)
1643년	6월 23~24일	8월 16~17일	대광사(大光寺)
1655년	9월 19일~?	11월 11~13일 이후	(기록 없음)
1682년	8월 10일~?	9월 22일~?	김지남 : 징고원(徵高院) 홍우재 : 쇼코인(性高院)
1711년	10월 5~6일	?(회정길 기술 안함)	쇼코인[性高院]
1719년	9월 16~17일	10월 25~26일	쇼코인[性高院]
1748년	5월 7~8일	6월 23~24일	즉성사[卽性寺]
1764년	2월 3~4일	3월 29~30일	쇼코인[性高院]

년은 즉성사卽性寺라고 하였다.

그런데 '大光寺'는 '大光院'을 잘못 쓴 것이다. 우리나라는 절을 院이라 하지 않고 寺라고 하기 때문으로 보인다. 1682년의 경우 역관이었던 김지남과 홍우재가 '徵高院'과 '性高院'이라고 다르게 기술했고, 1748년의 경우 '卽性寺'라고 되어 있다. 그런데 징고원과 즉성사 두 절은 나고야 사원寺院 목록에 나타나지 않고, 현재 쇼코인의 기록에도 나타나지 않는다. 그러므로 징고원과 즉성사 모두 쇼코인의 닷츄가 아니었을까 추측된다.

이로 볼 때 1624년에서 43년까지 3차례 사행은 다이코인에서 머물렀고, 1682년 사행부터는 쇼코인에 머물렀다. 1655년의 경우 사행록에 관소 이름이 나타나지 않는다.

다이코인과 쇼코인은 마쓰다이라 타다요시松平忠吉, 1580~1607와 관련이 깊다. 그는 도쿠가와 이에야스의 넷째 아들이며, 에도 막부 2대 쇼군인 도

쿠가와 히데타다德川秀忠, 1579~1632의 동모同母 동생이었다. 그는 1592년 무사시국武蔵国 오시성忍城의 성주가 되었고, 1600년 세키가하라 전투関ヶ原の戦い에서 공을 세워 오와리국尾張国과 미노국美濃国에 걸쳐 52만 석의 영지와 키요스성清洲城을 받았다. 그러나 1607년 4월 1일에 병으로 사망했다.

사행은 다이코인에 먼저 머물다가 나중에는 쇼코인에서 머물렀으나 절의 창건은 쇼코인이 먼저이다. 1589년에 도쿠가와 히데타다와 마쓰다이라 타다요시의 생모인 사이고노쓰보네西郷局(원호 호다이인宝台院)가 사망했다. 그러자 마쓰다이라 타다요시가 무사시국 사이타마군埼玉郡 오시忍(현재의 사이타마현 교다시行田市)에 어머니의 명복을 빌기 위해 건물 한 채를 지었다. 1600년 세키가하라 전투 때에 다이유우잔 죠카쿠지大雄山正覚寺라고 이름을 하였다. 그 해에 마쓰다이라 타다요시가 키요스 성주가 되어 그곳으로 가자, 이 절도 키요스로 옮겨가게 되었다. 그 뒤 키요스 코시清洲越し에 따라 1610년 나고야 나카구 오쓰몬젠쵸中区 大須門前町로 이전하였고 사호寺号를 쇼코인性高院이라고 고쳤다. 타다요시에게는 자식이 없어 이에야스의 9번째 아들인 도쿠가와 요시나오德川義直, 1601~1650가 후계자가 되었고, 초대 나고야 성주城主가 되었다. 타다요시 사후 이 절은 토쿠가와 집안의 보다이쇼菩提所(절의 가르침에 귀의하고 대대로 위패를 모시는 곳)가 되었다. 1943년 군용軍用 도로 계획으로 현재 있는 곳으로 이전하였으나 1945년 대공습으로 건물이 소실되었다. 1999년에 8층의 본당本堂을 재건하였다. 쇼코인의 현재 위치는 나고야시 치쿠사구 코우가와쵸千種区 幸川町 3-6이고 정식 이름은 죠도슈 다이유우잔 쇼코인浄土宗 大雄山 性高院이다.

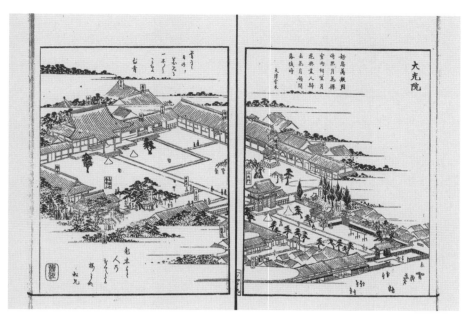

오카다 케이岡田啓·노구치 미치나오野口道直, 〈다이코인大光院〉, 「아이치군愛智郡」, 《오와리 명소도회尾張名所圖會》 전편 권 1
| 일본 국립국회도서관 소장

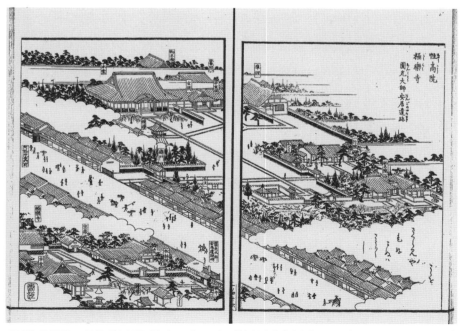

오카다 케이岡田啓·노구치 미치나오野口道直, 〈쇼코인 고쿠라쿠지性高院 極楽寺〉, 「아이치군愛智郡」, 《오와리 명소도회尾張名所圖會》
전편 권 1 | 일본 국립국회도서관 소장

다이코인의 경우, 마쓰다이라 타다요시가 키요쓰성으로 옮겨 오고 난 뒤, 성 아래 폐사였던 운몬지雲門寺를 다시 일으키고자 하였다. 그래서 묘레이리사츠明嶺理察를 초청했는데 그는 당시 무사시국 사이타마군 오시에 있던 세이젠지清善寺의 6대 주지였다. 마스다이라 타다요시가 자신이 성주로 있던 오시성에서 묘레이리사츠를 초빙한 것이다. 그래서 운몬지의 사호寺号를 세이젠지로 삼게 되었고, 이 절은 오시 세이젠지忍 清善寺의 말사末寺가 되었다. 이때가 1603년이었고, 그 정확한 위치는 오와리국尾張国 카스가이군春日井郡 키요스清須였다.

그런데 타다요시가 1607년에 사망하자, 묘레이리사츠가 부여한 타다요시의 법명인 '다이코인大光院'으로 절의 명칭을 고쳤다. 1610년에는 키요스코시 때문에 아이치군愛知郡 히오키 마을日置村(현재의 오스 2쵸메大須 2丁目)로 이전하였다. 산호山号를 히오키산日置山이라고 했지만 겐로쿠 연간元禄年間, 1688~1704에는 고우코쿠잔興國山이라고 되돌렸다. 그 후 1734년 6월에 화재로 산문山門을 포함하여 소실되었고, 여러 건물이 재건된 것은 1779년이었다. 1808년에는 명왕전이 건립되었는데 허리 질병에 영험하다고 하여 여성의 참배가 많아졌다. 1945년 대공습으로 소실되었고, 1957년 이후 본당부터 재건되었다. 다이코인을 일본 인터넷에서 찾아보면, "愛知県 名古屋市 中区大須にある 曹洞宗の寺院. 山号は興國山"이라고 되어 있다. 곧 '아이치현 나고야시 나카구 오스에 있는 소토슈 사원. 산호는 고우코쿠잔'이라는 뜻이다. 원래 쇼코인과 다이코인은 걸어서 5분 정도의 가까운 거리에 가까이 있었지만, 현재는 걸어서 1시간 정도 걸리는 거리에 위치한다.

이러한 점으로 볼 때 통신사행이 나고야에서 머문 관소는 도쿠가와 가문과 관계가 깊은 사찰이었다. 그러한 곳에 통신사행을 머물게 했다는 점은, 에도 막부가 통신사행에 대한 예우를 소홀히 하지 않았음을 알게 한다.

관소에 대한 감상

사행은 나고야의 관소에 대해 자세히 기록하지 않았다. 오히려 관소의 이름을 적고, 이곳은 오와리주 지방이며 이곳을 다스리는 사람이 누군가에 대해 관심을 보였다. 이는 1624년, 1636년, 1643년, 1655년, 1682년까지 일관되게 나타나는 기술 태도이다. 1655년의 경우는 아예 관소 이름을 적지도 않았다. 1711년에 이르면 관소 이름만 적었을 뿐이다.

그런데 1719년부터는 관소에 대한 기술 태도가 변하여 관소에 관한 설명을 하였다. 신유한은 자신의 처소가 걸각傑閣 곧 큰 누각인데 높고 깊어서 큰 거리를 내려다 볼 수가 있었다고 했고, 1748년 조명채는 그윽하고 크고 화려하기가 교토에서 묵었던 곳보다 나으며, 준비해 놓은 물건들과 장막들도 모두 화려하다고 했으며, 1764년 원중거는 관소가 몹시 넓고도 트여 있었다고 했다. 1764년 남옥은 히코네彦根나 오가키보다 관소가 크며 교토의 혼코쿠지本國寺나 오사카의 혼간지本願寺와 우열을 다툴 만했고 꾸미고 장식한 것이 화려하고 성대했다고 하였다. 이는 모두 쇼코인이 관소였던 시기였다. 이로 볼 때 우리는 다이코인에 대한 사행의 감상을 알 수 없고 쇼코인에 대한 감상만을 알 수 있다. 이를 종합해 보면 쇼코인이 넓고 크고 화려하다고 할 수 있다. 그러나 관소에 대한 설명은 오사카나 교토에 비해 매우 소략함을 알 수 있다.

오히려 관소보다는 나고야가 도쿠가와 가문과 관련이 있다는 점에 더욱 관심을 기울이고 기술하고 있다. 이는 17세기 사행부터 18세기 전반의 사행에서 일관되게 나타난다. 이에 대해서는 다음 절에서 살펴보겠다.

도쿠가와 종실과 나고야 문화

나고야 도쿠가와 종실에 대한 인식

나고야와 도쿠가와 종실

나고야는 아이치현愛知県에 있는데 이곳은 오와리국尾張国이라고 불렸다. 사행은 나고야에서 종실宗室에 관심을 두었다. 여기서 종실은 황족이 아니라 쇼군의 종친 곧 도쿠가와 종실을 뜻한다. 이를 일본에서는 도쿠가와고산케德川御三家라고 하는데, 오와리가尾張家 · 키슈가紀州家 · 미토가水戸家 세 가문이 이에 해당한다. 앞서 오와리가는 도쿠가와 이에야스의 9남인 도쿠가와 요시나오가 기원이었다고 했는데, 키슈가는 10남인 도쿠가와 요리노부德川頼宣, 1602~1671, 미토가는 11남인 도쿠가와 요리후사德川頼房, 1603~1661가 기원이다. 그런데 나고야에 있던 오와리도쿠가와가尾張德川家는 도쿠가와씨氏의 분가 중에서 으뜸이었다. 오와리주나곤가尾張中納言家,

오와리가, 비슈가尾州家라고도 하였다.

　이는 나고야성과 관련이 있다. 원래 나고야성은 이마가와씨今川氏가 16세기 초에 축조했는데 1535년 오다씨織田氏에 의해 점거되었다. 그러다 1555년 오다 노부나가가 키요스성清洲城으로 옮긴 뒤 폐허가 되었다. 그 후 도요토미 히데요시에 이어 권력을 잡은 도쿠가와 이에야스가 넷째 아들인 마쓰다이라 타다요시를 키요스성에 거하게 하였다. 이에 마쓰다 이라 타다요시는 키요스 번주가 되었다. 마쓰다이라 타다요시가 1607년 후사가 없이 사망하자 아홉째 아들인 도쿠가와 요시나오로 하여금 타다 요시의 뒤를 잇게 하였다. 또한 도쿠가와 이에야스는 1610년부터 원래 있던 나고야성 근처에 새로운 성을 건축했고, 1612년부터 16년까지 키 요스로부터 나고야로 이주를 하게 하였다. 이를 키요스코시清洲越し라고 하는데 주민, 사찰, 신사, 키요스성의 소천수小天守 등을 옮겼다. 이에야스 는 이를 도쿠가와 요시나오의 거성으로 삼았다. 그래서 요시나오는 오와 리번 초대 번주가 되었다. 1616년 요시나오가 나고야성으로 거처를 옮 겼고, 나고야성은 오와리도쿠가와가의 성이 되었다. 곧, 오와리도쿠가와 는 나고야 성주이면서 오와리번尾張藩의 번주藩主가 되었다. 이에 요시나 오는 오와리도쿠가와 가문의 시조가 되었다.

　다음은 1624년 사행록의 기록으로, 조선통신사 사행록에 나타나는 나고야 관련 최초의 기록이다.

　　이곳은 미장주尾張州의 지방인데 덕천미장중납언 의진德川尾張中納言 義眞이 관할하는 곳이다. 의진은 수충秀忠의 둘째 동생이며 지금 장군의 숙부이다.

나고야성과 실내 | 김경숙 사진

나이는 지금 25세이며 녹봉은 70만 석이라고 한다.

— 강홍중, 『동사록』, 1624년 11월 30일

나고야가 오와리 지방이고 번주가 누구인지 도쿠가와 집안에서 어떤 위치에 있는지 등을 기록했다. 그런데 강홍중은 당시 오와리주의 번주를 '덕천의진德川義眞'이라고 기록했다. 그러나 당시 번주는 '덕천의직德川義直'이었다. '眞'과 '直'을 혼동하였다. 그런데 이는 강홍중이 혼동한 것인지 후대에 활자로 인쇄하는 과정에서 혼동한 것인지 현재로서는 판단하기 어렵다. 이후 1636년 사행록에 이르면 이름의 오류는 바로잡아진다. 곧, 임광과 김세렴 모두 '의직義直'이라고 하였다.

또한 사행은 요시나오가 이에야스의 몇 번째 아들인지, 쇼군이었던 도쿠가와 히데타다의 몇 번째 동생인지에 대해 정확하게 알지 못했다. 1624년 강홍중과 1636년 김세렴은 히데타다의 둘째 동생이라 했고, 1643년 사행에서는 요시나오가 이에야스의 넷째 아들이라고 했다. 그런데 히데타다는 이에야스의 3남이고 요시나오는 9남이다. 더욱이 두 사람은 어머니도 다르기 때문에, 같은 어머니에서 난 것으로 치면 둘째 동생이 되는 경우도 있으나, 이 역시 불가능하다. 1636년 임광만이 두리뭉실하게 히데타다의 아우라고 기술하여 오류를 피했다.

그런데 1655년 이후로는 나고야 성주와 쇼군에 대한 친인척관계를 설명하지 않는다. 단지 성주의 이름이 무엇인지에 대해 기술한다. 이는 성주가 도쿠가와 이에야스의 아들 세대에서 손자 세대로 넘어갔기에 그만큼 관심이 덜했던 것으로 보인다.

앞서 말했듯이 오와리도쿠가와 가문은 도쿠가와고산케였다. 이들은 권력을 지녔을 뿐 아니라, 쇼군 계승이라는 점에서도 중요했다. 곧, 도쿠가와 막부는 쇼군에게 후사가 없을 때는 이 세 가문 가운데서 양자를 들여 쇼군의 지위를 물려주었다.

그런데 1636년 김세렴은 요시나오의 딸이 관백의 외사촌인 비젠수備前守와 혼인을 했는데 관백에게 아들이 없어서 이 사람에게 물려주려고 해서 요시나오의 권세가 몹시 중하다고 했다. 그러나 요시나오의 딸은 쿄히메京姬, 1626~1674이고 그녀의 남편은 히로하타 타다유키広幡忠幸, 1624~1668로 황족이었다. 또한 1636년 당시 쇼군은 도쿠가와 이에미쓰德川家光, 1604~1651였다. 그 당시 이에미쓰에게 아들이 없던 것은 사실이었다. 그의 아들인 도쿠가와 이에쓰나德川家綱, 1641~1680, 재위 1651~1680는 1641년에 태어났다. 그러나 1636년 당시 이에미쓰에게 아들이 없다 하여, 도쿠가와 가문이 아니라 황족인 요시나오의 사위에게 전위를 하려고 한다는 것은 이치에 맞지 않는다. 더구나 당시 이에미쓰는 32살이었고 1623년에 쇼군에 오르기는 했어도 실제적 권력은 그의 아버지인 히데타다에게 있었으며 히데타다가 사망한 1632년에 이르러야 실질적인 쇼군이 되었다. 오히려 이에미쓰에게 계속 후사가 없을 시 쇼군의 지위를 물려받을 가능성은 요시나오의 아들인 도쿠가와 미쓰토모德川光友, 1625~1700에게 있었다. 이로 볼 때 1636년 사행은 정확한 정보를 얻지 못했던 것이다.

이에 대해 제대로 인식한 것은 1719년 사행 때이다.

태수 중납언中納言 원계우源繼友는 식봉이 61만 9천 석이다. 일본에는 3종실宗室이 있는데 이들이 최고의 귀족이다. 이는 관백의 근친近親으로서 모두 웅부雄府를 차지하여 재산이 공실公室에 견줄 만하였다. 관백이 후사後嗣가 없을 때에는 반드시 세 종실에서 장남을 택하여 계승시키는데, 계우繼友는 곧 3종실 중의 한 사람이다. 대관代官을 보내어 접대하였는데 공급이 매우 풍성하여 중관 및 하관의 숙소에도 또한 이불과 요를 갖추었다.

― 신유한, 『해유록』, 1719년 9월 16일

신유한은 도쿠가와고산케에 대해 정확하게 인식을 하고 있다. 이들이 에도 막부 최고의 귀족이며 쇼군의 근친임을 설명했다. 그러므로 그 뒤 1748년 조명채도 나고야 성주를 3종실의 하나라고 하였고, 1764년 원중거도 나고야를 귀한 종실[貴宗]이 다스리는 곳이라고 하였다. 그런데 실제로 도쿠가와 막부는 쇼군에게 후사가 없을 때는 이 세 가문 가운데서 양자를 들여 쇼군의 지위를 물려주었다. 이에 대해 신유한은 장남을 선택한다고 하였고, 원중거는 어진 이를 택해서 물려준다고 했다. 또한 위 예문에서 '德川繼友'라 하지 않고 '源繼友'라고 하였는데 이는 신유한이 제대로 표현한 것이다. 도쿠가와 이에야스가 사적私的으로는 자신의 성을 겐源씨로 했기 때문이다.

명호옥성名護屋城―호護는 고古라고도 하는데 왜음이 같기 때문이다. 비전주에도 명호옥이 있다. 호와 고는 통용된다―은 애지군愛知郡에 있다. 본래 평신장이 웅거하던 곳이었는데 가강 관백이 그의 셋째 아들 충길忠吉의 아들인 친길親吉을 봉하였으나, 뒤를 이을 아들이 없자 마침내 일곱째 아들인 의직義直에게 옮겨 봉하였다. 광우光友, 강성綱誠, 길통吉通을 거쳐 길통이 아들 없이 일찍 죽자 그 아우인 계우繼友에게 전하였다. 계우가 또 그의 아우 종춘宗春에게 전하였으며 종승宗勝을 거쳐 지금은 종목宗睦이 이어받았다. 참어參御 1번이며 그 녹은 61만 9천 5백 석이며 그 지위는 종3위이다. 아들이 있어 웅오熊五라 하는데 지금 어리다. 아우는 승장勝長, 승당勝當이라 하는데 지금 내직內職에 종사하고 있다.

광우의 둘째 아들 의행義行이 미농주 석진군石津郡의 고수부高須府를 식읍食邑으로 받아 의효義孝를 거쳐 사촌 아우인 의순義淳에게 전하였다. 의순은 광우의 넷째 아들인 우저友貯의 아들이다. 지금 그 아들인 의민義敏이 이어받았다. 참어 1번이며 그 녹은 3만 석이며 그 지위는 대광간大廣間 종4위이다.

이것이 미주尾州의 가문이다.

— 원중거, 『화국지』, 「관백 종실록(關白宗室錄)」

이는 원중거가 오와리국의 번주藩主에 대해 기록한 것인데 초대 번주인 도쿠가와 요시나오德川義直부터 9대 번주인 도쿠가와 무네치카德川宗睦('무네요시'라고도 읽는다)에 이르기까지 계보를 제대로 기술하였다. 또한 오와리국의 지번支藩인 타카스번高須藩의 번주에 대해서도 제대로 기술하였다.

그러나 소소한 오류가 있다. 키요스 번주였던 마쓰다이라 타다요시松平忠吉는 도쿠가와 이에야스의 4남이었는데 3남이라고 하였고 그에게는 친길親吉이라는 아들이 없는데 그를 봉했다고 했으며, 도쿠가와 요시나오는 이에야스의 9남인데 7남이라고 하였다. 또한 토쿠가와 요시미치德

川吉通가 아들이 없이 일찍 죽자 동생인 도쿠가와 츠구토모德川継友가 번주가 되었다고 했다. 그런데 도쿠가와 요시미치가 회식 때 갑자기 피를 토하고 나서 얼마 뒤 사망한 뒤 그의 어린 아들인 도쿠가와 고로다德川五郎太, 1711~1713가 5대 번주가 된 사실은 누락되어 있다. 물론 이는 도쿠가와 고로다가 2개월 뒤 사망하고 도쿠가와 츠구토모가 6대 번주가 되었기 때문에 조선 측에서 그에 대한 정보가 없었을 가능성이 있다.

또한 사행은 '도쿠가와德川'와 '마츠다이라松平' 두 성씨의 관계에 대해 제대로 알지 못했다. 사실 도쿠가와 가문이 마츠다이라라는 성을 쓴 것은 도쿠가와 이에야스에서 기인한다. 그는 원래 현재 나고야 근처 토요타시豊田市에 있던 작은 호족 '松平' 가문 출신으로 원래 이름은 마츠다이라 모토야쓰松平元康였다. 1563년 즈음에 이름을 '家康'으로, 1566년 즈음에 성을 '德川'로 고쳤고, 사적으로는 성을 '源'이라고 하였다. 그런데 키요스 번주였던 마츠다이라 타다요시松平忠吉와 타카스번高須藩의 번주들은 성씨가 대부분 松平이었다. 이는 도쿠가와 타다요시가 도죠마츠다이라東条松平 가문의 양자로 들어가 마츠다이라 타다요시가 되었기 때문이다. 또한 도쿠가와 미츠토모光友의 2남인 요시유키義行는 타카스의 초대 번주가 되었고 이름도 마츠다이라 요시유키松平義行가 되었다. 그러나 성씨가 변하는 것에 대해 사행은 인지하지 못했다.

나고야의 문화

'관광'하는 사람들

오와리국에 이르자 사행을 관광하려는 사람들이 많았다. 특히 배다리가
건설된 하천의 주변에 많은 인파가 모여 있었다.

> 강의 양쪽 언덕에는 모두 지키는 자가 있어 지나가는 말이 판자를 마구
> 밟지 못하게 하였다. 관광하는 남녀들이 길가를 메웠고, 심지어는 배를 타
> 고 바라보는 자가 강의 위아래를 뒤덮었다. 또한 귀한 집 부녀들은 가마를
> 타고 길 양쪽에 열을 지어 있었는데 그 수가 얼마인지 알 수도 없었다. 참
> 으로 장관이었다. 역관이 왜인에게 물으니, 모두 삼하三河 · 미농美濃 · 미장尾張
> 등 먼 지방 사람들인데 관광하기 위하여 미리부터 와서 머물렀다고 했다.
>
> — 강홍중, 『동사록』, 1624년 11월 30일

이는 1624년 기록으로, 오코시가와起川(키소가와木曽川)를 건널 때의 일
이었다. 강물 옆 언덕에 사람들이 가득했고, 배다리 주변에는 배를 타고
와서 관광하는 사람들이 강물을 뒤덮었다. 이러한 관광은 사행이 있을
때마다 반복되는 행사였다. 관광하는 사람들이 무수히 많았다는 기록이
계속된다. 1719년 신유한은 양쪽 언덕에서 관광하는 사람들이 오사카처
럼 많았는데 귀족의 부녀자들이 가마를 타고 발을 드리우고 있었다고 했
다. 1748년 조명채의 경우는 사람들이 갈수록 모여들어, 들에서는 시렁
을 만들어 올라가서 구경하고 물에서는 배를 타고 구경하는데, 너무 많

고 화려하여 보기도 말하기도 싫을 지경이라고 했다. 1764년 원중거도 관광하는 사람들이 다른 곳에 비해 두 배는 많았다고 했다. 하천 곁과 길 옆에 빽빽이 들어서 있어 더 이상 용납할 수 없었다. 또한 관광하는 사람을 태운 배들이 배다리를 끼고 가까이 있었다. 그런데 그들이 타고 있는 배들은 모두 크고 작거나 들쑥날쑥함이 없이 크기가 같았는데 길이는 다섯 길 정도였고 머리와 꼬리 쪽이 몹시 좁아지지는 않았다고 했다.

이러한 인파는 배다리 주변뿐만 아니라 나고야 관소에 이르는 길에도 계속 이어졌다. 1636년 임광도 도로의 곳곳에는 구경꾼들이 담처럼 둘러 서 있었고, 성안에는 거리를 메운 인파가 오사카나 교토 등에서와 다름이 없었다고 했으며, 1719년 신유한도 거리를 뚫고 수십 리를 지나가는데 사람들이 빽빽하여 빈틈이 없었다고 했다.

이렇게 수많은 사람들은 위의 예문에서 보이듯이 근처 지방에서 사행을 관광하기 위해 모여든 인파였다. 이에 대해 사행은 역관을 시켜 일본 사람들에게 물어 답을 들었다. 이 인파들은 미카와三河, 미노, 오와리 등의 주민들인데 거리가 먼 곳의 사람들은 미리부터 와서 머물렀다는 것이다. 이를 위해 양식을 챙겨 온 것은 물론이거니와(1636년), 들판에 가건물[假家]을 짓고 보기도 하였으며(1711년), 천막을 치고 밥을 하는데 각자 솥 같은 것을 지니고 있었다(1719년).

가히 요즘 세태와 크게 다르지 않다. 요즘도 좋아하는 아이돌이나 영화배우를 보기 위해 밤을 지새우는 경우가 종종 방송에 보도된다. 당시 일본 사람들도 조선통신사의 행렬을 보기 위해 천막이나 가건물을 설치하고 밤을 새우고 음식을 해서 먹으며 기다렸다. 물론 조선통신사가 아이돌이나 배우는 아니었지만 그들의 행렬을 보는 것은 좋은 볼거리였을 것이다.

'관광'하는 여성에 대한 관심

사행은 관광하는 인파 가운데서 특히 여성들에게 관심을 두었다. 사행이 멀리서 바라보니, 강물과 육지에 검은 옷으로 검게 펼쳐져 있었는데 거기에 점점이 하얀 것은 바로 여자들 얼굴의 분과 여자들 머리의 비단이었다. 그런데 1682년 홍우재는 관광하는 소녀들은 자못 미색美色이 많았는데, 머리는 희고 이빨은 검으며 바지나 치마를 입지 않고 단지 긴 옷[長衣]만 걸치고 있었다고 비판했다. 소녀들이 아름답기는 하지만, 이빨을 검게 물들인 점이나, 의복의 풍습이 우리나라와 다른 점을 이해하기보다는 좋지 않게 본 것이다.

　그 외의 사행들은 대부분 여성들에 대해 긍정적인 관찰을 하였다. 특히 귀한 집 부녀자들에 대해 관심을 두었다. 강홍중은 귀한 집 부녀자들이 가마를 타고 와서 관광하는 모습을 인상 깊어 했으며, 신유한은 귀인의 희첩들이, 누각 앞과 언덕 위에 붉은 실로 만든 봉미鳳尾에다가 진주眞珠로 얽은 푸른 장막과 채색 주렴을 설치하고 관광하는 모습을 관찰했다. 남옥은 밤에 볼 때 등불 아래 곱게 화장하고 예쁘게 꾸미는 것이 교토에 비할 바가 아니었고, 오전에 보니 매우 뛰어나게 아름다운 여인들이 많았다고 했다.

　나고야의 여성들은 원중거에 의해 가장 자세히 묘사되었다. 1764년 2월 3일에 나고야의 쇼코인에 도착한 사행은 다음 날 새벽에 길을 떠나 에도로 가는 여정을 계속했다. 그런데 원중거가 화장실에 다녀왔더니 일행은 모두 떠나고 없었다. 다만 원중거가 타고 갈 현여懸輿만이 정원에 덩그러니 놓여 있었고 사람은 아무도 보이지 않았다. 잠시 뒤에 관리가 나타나고 그 관리가 가마를 멜 가마꾼들을 불러 가마를 타고 일행을 따라 갈 수 있게 되었다.

문을 나서 갔더니 거리에는 이미 사행이 지나갔고 이를 관광하던 사람들도 파해서 돌아가고 있었다. 모여 있던 인파가 흩어져서 각자 제 갈 길을 가는 모습을 보게 된 것이었다. 늘 멀리서 일본 사람들을 바라보았는데 그들 사이에 섞여서 바라보게 되었다. 그러므로 원중거는 좋은 구경거리였다고 했다. 더구나 원중거는 일본 가마꾼이 메는 일본 가마에 타고 있었기에 자세히 보지 않으면 원중거가 사행원임을 알 수 없었으니, 원중거는 일본 사람들의 주목을 받지 않고 오히려 일본 사람들을 관찰할 수 있었다.

먼저 '승물乘物'을 타고 가는 여성들을 보았다. 승물乘物은 일본말로 '노리모노'라고 읽는데 탈것을 총칭하는 말이다. 원중거는 우리말 단어 '가마'에 해당하는 일본 단어를 '노리모노'로 선택했다. 이는 당시 일본 사람들로부터 들어서 알게 된 것이었다. 그런데 가마는 금빛과 푸른빛으로 조각을 하여 새기었고 가마꾼들도 모두 화려한 옷을 입고 있었다. 가마 뒤에는 수십 명의 여성들이 화장을 진하게 하고 성대하게 꾸미고 가마를 옹호하면서 갔다. 그러자 길 가던 사람들이 모두 나누어 서서 고개를 숙였으며 공경하고 두려워하는 빛이 있었다. 원중거는 이를 나고야 태수 집안의 부인 무리들일 것이라고 생각했다. 원중거에 의하면 당시

노리모노 | 김경숙 사진

일본에서는 태수의 아내를 염중簾中이라고 했다고 한다. 이는 '렌츄'라고 읽는데, 고귀한 여성이나 귀부인 또는 다이묘의 정실을 공경하여 부르는 말이다. 그러므로 여기서 태수 집안이란 나고야 성주 혹은 나고야 태수라고 부르는 오와리도쿠가와 가문의 여성들인 것이다. 또한 호위하던 여성들은 시녀들이었을 것이다. 그 외의 가마에는 화려하고 사치한 사람이 많이 타고 있었으나, 위엄이 있는 거동은 앞에 있는 사람만 하지 못하였다. 이들 가마는 모두 깁으로 된 창을 걷어 열었는데 분과 연지를 바른 얼굴이 반쯤 보였다.

또한 가마를 타지 않고 걸어서 가는 사람들이 큰길을 가득 매웠다. 여성들은 모두 얼굴에 분과 연지를 발랐으며 머리에는 금빛 꽃을 꽂았고 몸에는 채색 그림이 있는 옷을 입었으며 발에는 수가 놓인 신발을 신었다. 이 신발에 대해 원중거는 초혜草鞋라고 하였다. 초혜는 우리나라 말로는 짚신이라고 번역할 수 있는데, 이 짚신에는 한 코를 만들어 발가락을 꿰었다고 했다. 일본에서 초혜는 와라지라고 하고, 우리가 흔히 알고 있는 조리는 草履라고 쓰고, 게타는 下駄라고 쓴다. 와라지와 조리는 짚으로 만들었고 게타는 나막신이다. 와라지는 병사와 서민들이 많이 사용했고, 와라지가 발전하여 조리가 되었는데 여성용 남성용이 있었고 그 재질도 짚, 대나무, 대나무에 가죽을 입힌 것 등이 있었다. 그 모양으로 볼 때 원중거가 짚신이라고 한 것은 조리였다.

이렇게 직접 가까이에서 관찰했기 때문인지 원중거는 나고야에 여색女色이 가장 많다고 했다. 오사카, 교토 그리고 에도보다도 나고야에 아름다운 여성들이 많다고 한 것이다. 이는 태수 집안 곧 오와리도쿠가와 가문의 여성들을 관찰한 데에서 기인하는 것이다.

오와리 지방의 상업과 소금

사행들은 나고야를 포함한 오와리 지방의 경제에 대해 관심을 두었다. 이곳은 땅이 기름지다고 평가했다. 1711년 임수간은 나고야 거리에 사찰이 많다고 했으며, 1764년 원중거는 관소인 쇼코인에서부터 십여 리에 걸친 시장을 지나갔는데, 건물들은 모두 오사카보다 윤택하여 보였다고 했다. 이외에도 사행들은 관소에서 20리쯤 떨어진 곳에 있는 사찰, 신궁神宮 등에 대해 기술했다.

바닷물 끓인 소금, 산에서 캐낸 구리

물결 사이 한 큰 나라이네

장삿배 먼 곳으로부터 오는데

때로 강남의 나그네 있다네

賣海鑄山銅 波間一大國 商船自遠來 時有江南客

이는 1655년 남용익이 「생선 장수와 소금 장수魚鹽工賈」를 읊은 시다. 사행이 주목한 나고야의 토산품은 장창長槍, 이검利劍 그리고 소금이었다. 긴 창과 날카롭게 잘 드는 칼은 대부분 나고야에서 생산되었고 근처 산에서는 구리를 생산했다. 사행은 그중에서도 소금에 관심을 많이 두었다. 관소에서 5리 혹은 10리 떨어진 바닷가에 소금이 많았다. 바닷물을 끓여서 소금을 굽고 있었는데 사행은 이곳에 대해 염분鹽盆, 염조鹽竈, 염막鹽幕이라고 표현했다. 이처럼 소금을 굽는 곳뿐만 아니라 소금을 파는 가게도 수도 없이 많았다. 이곳 바닷가의 소금 생산은 일본에서 으뜸이라고 했다. 또한 바다에서는 물고기도 많이 잡아, 소금과 더불어 물고기 판매 이익이 가장 많다고 했다.

그런데 흥미로운 점은 창과 칼에 대한 기술은 1624년, 1636년, 1643년 등 세 차례의 사행록에 나타나고 소금에 대한 기술은 1607년, 1624년, 1636년, 1643년, 1655년 등 다섯 차례의 사행록에 나타난다. 17세기 후반에 이르면 이에 대한 자세한 기술은 나타나지 않는다. 오히려 나고야의 화려함과 상업의 번성에 대해 포괄적으로 기술하고 있다.

실제로 나고야시의 이 지역은 에도시대 중기까지 소금 생산이 많았다. 현재 미나미구 모토호시자키쵸南区 本星崎町 일대인, 야마자키山崎・이토베戸部・카사데라笠寺・혼지本地・미나미노南野・아라이荒井・우시게牛毛는 과거에 호시자키 7마을星崎7カ村이라고 불렀는데, 소금의 생산이 왕성했다. 이곳에서 채취하는 소금은 마에하마소금前浜塩이라고 불렸고, 1608년 즈음에는 약 100헥타르의 염전이 있었다.

　그런데 에도시대 후기에 이르면, 신전新田(새롭게 밭 등을 개간해서 만들어진 농지) 개척에 의해 염전이 감소했다. 또한 세토내해瀬戸内海의 소금이 유통 확대되었다. 이로 인해 소금 만들기는 이토베, 카사데라, 혼지 세 마을로 축소되고 염전도 약 17헥타르까지 감소했다.

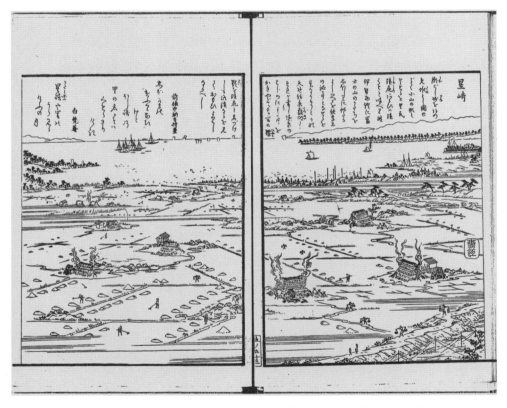

오카다 케이岡田啓·노구치 미치나오野口道直, 〈호시자키星崎〉, 「아이치군愛智郡」,《오와리 명소도회尾張名所圖會》전편 권5 | 일본 국립국회도서관 소장

사행록에서 소금에 관한 기록이 17세기 중반까지 나타나고 17세기 후반 이후로는 나타나지 않는 것도 나고야 소금 생산의 이러한 흐름과 연관이 있는 것으로 보인다.

그런데 각 마을에서 만들어진 소금은, 일단 마을의 소금창고에 모였고, 토베신사富部神社 주변부터 사쿠라桜, 신야시키新屋敷, 나카네中根를 지나, 현재의 치쿠사구千種区 코데키쵸古出来町 교차점 부근까지 이어져 있던 '소금길'을 지나, 멀리 신슈信州(지금의 나가노현長野県)의 시오지리塩尻까지 말의 등에 얹혀 운반되었다. 이를 바탕으로 하여 모토호시자키쵸부터 코데기쵸에 이르는 약 10km를 시오츠케 가도塩付街道라고 부른다. 이는 현재도 남아 있어 관광 명소로서 알려져 있다.

또한 사행은 나고야에는 큰 상인들이 많다고 했다. 상인들은 여덟 주州를 두루 돌아다니며 재화와 권력을 모두 거두어들였다. 그러므로 나라에서 행상行商을 말할 때는 반드시 나고야를 말한다고 했다. 또한 이곳은 바다를 임한 큰 성이라 장삿배[商船]가 먼 곳에서부터 오는데, 중국의 남경南京 상인과 남쪽 여러 나라의 장삿배가 몰려든다고 했다. 사행들은 나고야를 떠나 나루미鳴海로 가는 바닷가에서 정박해 있는 장삿배, 돛을 펼치고 바다에 떠가는 배들을 많이 보았다.

들판과 민가에 대한 관심

곳곳마다 목노가 천지이고
집집마다 사람들 많고 많네

너른 들에는 벼꽃이 가득하고

작은 밭에서는 오이 넝쿨 거두네

處處木奴千 家家人指萬 長郊滿稻花 小圃收瓜蔓

이는 남용익이 1655년 9월 19일 나고야에 도착해서 쓴 시「도중에 우연히 하경명의 '외로운 배 타고 일남국에 사신으로 와서, 만 리 떨어진 하늘 가 정자에서 시를 쓰다'란 구절을 읊다가 글자를 나누어 운韻으로 삼아 마음 가는 대로 시를 지음途中偶吟何景明 孤槎奉使日南國萬里題詩天畔亭 之句分以爲韻觸物成吟」의 8번째 연으로 작은 제목은「귤 숲과 논밭園林田圃」이다. 그런데 이 날짜는 음력이니 요즘으로 치면 대략 10월 중순 전후였을 것이다. 10월 중순이면 늦가을이 시작된다. 고향에서는 이미 가을 내음이 가득할 것이다. 그래서 다음날인 20일에 쓴 시「풍물을 보고 회포를 표현하다, 두보의 '추흥'시에 차운하여覽物寫懷次杜工部秋興」에서는 '낙산 머리 세 칸 초가집, 일찍 가을 되어 뜰의 나무 쓸쓸하리[三間草屋洛山頭 庭樹蕭蕭早得秋]'라고 하거나 '다른 나라에 와서 나그네 된 가장 큰 한은 구월인데도 누른 빛 국화를 볼 수 없는 것[最是殊方爲客恨 九秋無處見黃花]'이라고 했다.

반면 일본은 해 뜨는 곳에 가깝기 때문에 추위가 심하지 않다고 했다. 그래서 계절의 흐름은 우리나라의 음력[夏正]과 다르고, 전원田園은 오만烏蠻(중국 운남성 북부)과 비슷하다고 했다. 이러한 기후를 지닌 일본에는 특히 목노木奴가 천지였다. 목노란 귤을 뜻한다. 이를 당귤[橙]이라고도 표현했는데 귤나무가 여기저기 숲을 이루고 있었다. 종려棕櫚나 소철蘇鐵 나무와 어우러진 귤 숲은 매우 이국적으로 보였다. 이는 우리나라에서는 좀처럼 보기 힘든 경치였다. 다음으로 들판에 가득한 벼에 대해 관심을 두었다. 벼꽃이 가득 피었고 마치 누런 구름[黃雲]이 그림자를 펼치듯이 벼가 익기 시작하고 있었다. 그런데 벼는 벼꽃이 피어야만 수분이 되고 벼의 난알이 생기게 된다. 우리나라의 경우 품종에 따라 다르지만 현재 양력 7월에서 8월 말 사이에 벼꽃이 피는데 아주 짧은 시간 피었다가 진다. 또한 밭에서는 오이 넝쿨을 거두어 오이를 수확하고 있었다고 했는데, 이 역시 우리나라 10월 즈음에는 볼 수 없는 모습이었다. 곧, 남용익은 우리나라로 치면 늦가을인 시기에 나고야의 들판은 아직 가을이 시작되지 않았을뿐더러 여름의 경치를 보이고 있는 것을 신기하게 여겼다.

여기서 나아가 1764년 사행에 이르면 나고야가 속한 오와리주뿐만이 아니라 근처 주州들에 대해서도 종합적으로 관찰을 하여 대략 알게 되었다. 원중거는 2월 4일 나고야를 떠나 미카와주三河州의 오카자키岡崎에 이르러 그동안 관찰한 것에 대해 기술했다. 그에 의하면 오미주近江州, 미노주美濃州, 오와리주 그리고 미카와주 등의 여러 주는 모두 넓은 들[廣野]로 이루어져 있었다. 땅은 관개灌漑를 하여 논이 많았고, 농민들이 작업을 하고 있었다. 대개 네모나고 곧바르고 둥근 것을 논할 것 없이 한 사람의 논 하나는 모두 두둑을 이어서 그 논을 둘러싸고 깊은 도랑을 만들어 경계를 삼았는데, 도랑에는 물이 항상 담겨 있었다. 그 경계를 빙 돌아 소나무를 심어 둘레를 만들었는데 소나무는 모두 한 줄로 나란히 서 있었고 위로 우뚝 솟아 가지가 없었다. 소나무 안쪽에 물을 대면 논[水田]이 되는 것이고 물을 대지 않고 말리면 밭[早田]이 되는 것이었다. 또한 농가도 관찰했는데, 집 가까이 빙 둘러 대숲을 만들었으며 대숲 안에 채마

밭을 만들었고 그 안에 집이 있었다. 그러므로 농가는 항상 홀로 있었지 이웃과 아울러 있지 않았다. 채마밭에는 뽕나무, 삼, 과일 나무, 여러 식물들이 성글게 심기어 있었다. 우리 시골 마을에서는 보통 배산임수로 하여 마을이 형성되고 집들이 옹기종기 모여 있는 것과 다른 풍경이었다. 또한 농가를 이룬 땅을 마주한 땅에는 개오동나무, 삼나무, 닥나무, 옻나무를 따로 심었다. 그러므로 집에서 쓰는 그릇들에는 붉은빛이 도는 옻칠을 하였다고 했다.

시문창화詩文唱和의 유래와 조선 문화재

시문창화의 유래

일본 사람들이 조선통신사에게 시문과 그림 등을 요구한 것은 잘 알려진 사실이다. 그런데 나고야의 경우 1636년 사행록에서부터 나타난다.

> 저녁에 미장주尾張州에 도착하였다. 왜관倭官이 흰 두루마리[素軸] 하나를 바쳤는데 안에 한산자寒山子의 초상이 들어 있었다. 이는 곧 대납언大納言이 그린 것이었다. 또 고화古畵 수십 축軸을 바치며 찬시贊詩를 부탁하였다. 내가 행로의 피곤함 때문에 할 수 없다고 하였더니, 대마도주가, 이는 대납언이 보낸 것이니 물리치지 말기를 바란다며 간청하므로, 마침내 지어 보내었다.
>
> ─ 김세렴, 『해사록』, 1637년 1월 12일

저녁에 대원大垣에 도착하였다. 인서당横西堂이 가사歌詞 2수를 보내어 이르기를, "이것은 오환대납언烏丸大納言이 지은 것인데, 사신이 지은 부사산富士山 시가 나라 안에서 회자膾炙된다는 것을 듣고, 인하여 이 노래를 지은 것입니다"라고 하였다. 대체로 찬미讚美하는 노랫말이기에 드디어 차운次韻하여 보내었다. 인서당이 곧 와서 감사하며, "빈도貧道가 오환에게 큰 상을 받을 것입니다"라고 하였다.

— 김세렴, 『해사록』, 1637년 1월 13일

당시 사행은 회정길 1637년 1월 12일 저녁에 나고야에 도착했다. 새벽에 오카자키岡崎의 관소를 출발하여 나루미鳴海에서 점심을 먹고 밤에 도착한지라 몹시 피곤한 여정이었다. 에도에서 전명식을 하고 회정길에 올랐기에 가능한 빨리 고국으로 돌아가고자 했다. 오사카에 가서 우리나라 사행선에 오를 때까지 돌아가는 길을 지체할 필요가 없었다. 그러므로 여정은 빠르게 진행되었고 새벽부터 밤까지 행진하느라 피곤이 누적된 상태였다. 그런데 나고야에 이르자 일본 관리가 당唐나라 승려인 한산寒山의 초상화가 그려진 그림 두루마리와, 고화古畵 두루마리 수십 개를 가져와서 찬시讚詩를 써달라고 했다. 당시 부사였던 김세렴은 피곤하다며 거절하였다. 그러자 쓰시마 도주가, 한산 그림은 대납언大納言이 그린 것이며 고화도 대납언이 보낸 것이라며 빌다시피 간청하므로 시를 써서 보내었다는 내용이다.

그런데 여기서 대납언은 당시 오와리 번주였던 도쿠가와 요시나오德川義直, 1601~1650, 재위 1607~1650를 말한다. 그의 벼슬 지위[官位]가 쥬니이 교곤다이나곤從二位行権大納言이었다. 오와리 번주이자 도쿠가와 3종실의 일원이었던 도쿠가와 요시나오가 보낸 그림이니, 쓰시마 도주가 빌다시피 하며 김세렴에게서 시를 받아갔던 것이다. 이 짧은 일화는 도쿠가와 요시나오가 그림을 그렸으며, 사행에게 보일 정도로 실력이 있었다는 것을 보여준다. 또한 도쿠가와 요시나오 정도로 지위가 높은 인물마저 사행에게 시를 받고 싶어 했다는 사실도 알려준다.

사행은 나고야에서 하룻밤을 묵고 다음날 새벽에 다시 길을 떠나 저녁에 오가키에 도착하였다. 전명길 나고야에 올 때와 반대로 미노주에 펼쳐진 하천들을 건너 겨우 저녁에 도착하였던 것이다. 그런데 이번에는 사행을 호행하는 임무를 맡은 쓰시마 쪽 승려 인서당璘西堂이 가사歌詞 2수를 보여주며 차운해주기를 청하였다. 인서당의 이름은 코린光璘이며 사이도西堂는 스님을 의미한다. 그는 원래 교토 토호쿠지東福寺의 승려였는데 조선과의 외교를 담당하기 위해 에도 막부가 쓰시마로 파견한 실무자였다. 일본에서는 고승高僧으로 알려져 있다. 그러한 그가 가져온 가사歌詞란 일차적으로 노랫말이란 뜻이다. 그런데 이것은 사신이 지은 부사산 시가 일본 사람들에게 회자되는 것을 듣고 오환대납언이 지어 보낸 것이라고 했다. 정사였던 임광과 부사였던 김세렴의 사행록에는 이 부사산 시가 언제 어디서 지어졌으며 내용은 무엇인지 기록되어 있지 않다. 이미 일본에서 회자되었다고 했으니 1637년 1월 13일 이전 어느 시점에선가 지었으리라고 추측된다. 김세렴이 그 가사의 내용을 보니 대체로 찬미하는 내용이라 차운하여 보냈다고 했다. 그런데 인서당이 찾아와서는 자신이 오환대납언에게 큰상을 받을 것이라고 하였다. 통신사 부사에게서 차운시를 받은 것이 큰상을 받을 정도로 의미있는 일이었다는 뜻이 된다.

그렇다면 오환대납언에 대해 살필 필요가 있다. 오환대납언은 대납언 벼슬을 하는 오환이란 뜻인데, 카라스마루 미츠히로烏丸光広, 1579~1638를 말한다. 그의 벼슬 지위가 쇼니이 곤다이나곤正二位権大納言이었다. 에도시대 때의 공경公卿으로 천황의 두터운 신임을 받았으며 에도 막부와도 호의적인 관계였다. 또한 그는 다재다능한 궁정문화인宮廷文化人으로, 일본에서는 가인歌人, 능서가能書家로 유명하다. 와카和歌, 기행문, 글씨 등에 뛰어났는데, 특히 미츠히로류光広流라고 하여 서예의 유파를 이루었다. 이로 볼 때 그는 최고층 권력가이며 당대 문화를 이끄는 인물이었다. 그러한 인물이 사신의 시가 회자되는 것에 관심을 보이고 이에 대해 지은 시 2수를 김세렴에게 보내어 차운시를 받아갔다는 점은 시사하는 바가 크다. 교토의 귀족들도 통신사행의 문학에 관심이 많았음을 보여주기 때문이다. 또한 그가 보낸 시는 김세렴이 가사歌詞라고 표현했던 것으로 미루어 와카였으리라 추정된다.

김세렴은 이 부사산 시와 관련하여 또 다른 기록을 남겼다. 사행은 1월 29일 오사카의 하구에서 배에 머물러 바람이 바뀌어 출항하게 되기를 기다리고 있었다. 이때 기이 다이나곤紀伊大納言이 소장로召長老를 통해 금병풍[金屏] 6좌座를 보내어 부사산 율시(2월 12일의 기록에 의하면 율시 8수)를 써 주기를 부탁했다. 기이 다이나곤은 덕천가강의 10남이며 키슈도쿠가와 가문[紀州徳川家]의 시조이자 기이번의 초대 번주인 도쿠가와 요리노부이다. 소장로의 이름은 겐쇼호召로, 장로는 쵸로라고 하는데 지위가

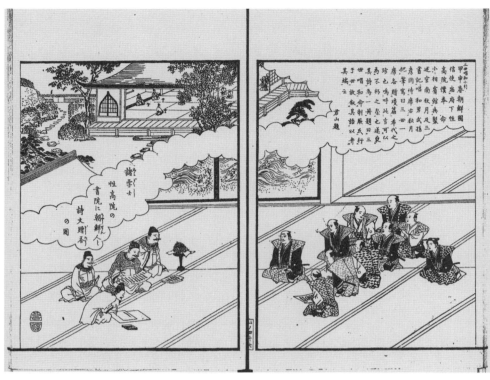

오카다 케이岡田啓・노구치 미치나오野口道直,〈시문창화〉,「아이치군愛智郡」,《오와리 명소도회尾張名所圖會》
전편 권 1
1764년 3월 29일 조선과 일본의 문사들이 시문창화하는 모습. 왼쪽의 네 명이 남옥, 성대중, 원중거, 김인겸 등 조선 문사이고, 오른쪽은 마쓰다이라 군잔(松平君山, 1697~1783. 글 쓰고 있는 사람)을 위시한 일본 문사들. 말풍선의 글은 군잔이 쓴 것인데, 왼쪽에는 '여러 학사들이 쇼코인의 서원(書院)에서 조선인과 시문을 증답(贈答)하는 그림'이라 되어 있다. 오른쪽에는 '1764년 봄에 통신사가 쇼코인에 머물러, 명을 받들어 빈관(賓館)으로 찾아가 제술관 및 세 서기와 창화를 했다. 아들인 무(武)와 손자인 언(彦)도 함께 했다. 추월(秋月, 남옥의 호)이 붓을 들고, "삼세(三世)가 한 자리에서 각각 아름다운 글(瓊編)을 주니 희대의 진귀함이로다"라고 썼다. 이 말씀은 불후의 영광이다. 이에 시들을 모아『삼세창화(三世唱和)』라고 하였다'라고 되어 있다. | 일본 국립국회도서관 소장

가장 높은 승려나 주지를 뜻하는 호칭이다. 겐쇼 역시 에도 막부로부터

쓰시마에 파견되어 조선과의 외교를 담당하였다. 거절하기 어려운 부탁

이었다. 사행이 오사카 하구를 떠난 것은 2월 1일이니 배가 떠나기 직전

급박하게 금 병풍을 가져와서 글씨를 청했음을 알 수 있다. 그래서 능서

관能書官 전영全榮, 1609~?에게 명하여 써서 보내었다고 했다.

시문창화의 성황

나고야에서의 시문창화에 대해서는 그 뒤의 사행록에서는 기록되지 않다가, 1719년 사행에 이르러 나타난다. 신유한에 의하면, 전명길 나고야에는 9월 16일 황혼黃昏에 도착했다. 관소인 쇼코인에 도착하여 제술관의 처소로 갔더니, 시를 청[乞詩]하는 여러 일본인들이 담장처럼 둘러 서 있었다. 그중에 키노시타 란코木下蘭皐,1681~1752와 아사히나 겐슈朝比奈玄洲,?~1734가 중국말을 하여 중국어로 시를 지었는데 볼 만한 것이 있었다. 이들은 나고야의 유학하는 선비[儒者]였다. 신유한은 이들과 정답고 친절하게 상대하며 여러 편의 시를 주고받다가 한밤이 되어 잠을 잤다. 또한 다음 날 출발하기 직전 이른 새벽에 아사히나 겐슈가 찾아와 이별의 말을 부탁하기에 신유한은, 돌아올 때 다시 만나 지난 밤 간략했던 이야기를 계속 이어가기를 바란다고 하였다.

전명길에서의 시문창화에 대해서는 간략하게 서술되어 있는 것에 비해 회정길은 자세히 서술되어 있다.

목난고木蘭皐와 조현주朝玄洲 두 사람이 나와서 환영하였다. 먼 곳에서 온 사람들이 물고기를 꿴 것처럼 모여 있었다. 앉아서 보니, 마루·복도·뜰에서, 좁아서 내려가는 사람, 이끌고 올라오는 사람, 둘러서서 곁눈질하는 사람 등, 사람마다 시를 요청하고 말씀을 요구하지 않음이 없었다. 어떤 이는 내가 전날에 지은 시로 채장彩幛을 만들어 도장을 찍어 받아가기를 청했다. 어떤 이들은 자신들이 지은 시문이나 문집을 가져와서 남에게 부탁하여 나에게 보이면서 평가를 얻고자 하였다. 동자童子가 먹을 가느라고 피곤해져서 왜인에게 대신 갈게 하였다. 종이는 구름 같이 쌓였고 붓은 수풀처럼 모여 있었으나 잠깐 동안이면 비고 다시 들여왔다. 나 또한 때때로 갈증이 나서 자주 밀감을 짜서 잔에 담아 마시면서 고시古詩·율시律詩를 짓고 의운疑韻·차운次韻도 하였는데, 하나도 초草를 잡지 못하고 쓰기만 하면 저들이 소매에 넣어 가져가 버렸으니, 몇 편이나 되는지 모르겠다. 최후에 현주가 그의 글씨를 내보이는데 대전大篆·소전小篆이 자못 기이하였다. 난고蘭皋가 또 그의 시고詩稿 두 권을 보이므로 내가 모두 서序를 지어 책의 첫머리가 되게 하였다.

여러 왜인이 우리나라 언문諺文의 자형字形을 보기를 청하므로, 대략 써서 보여주었다. 또 어느 때에 창제創製되었는가를 물었다. 내가 답하여, 이는 우리 세종대왕께서 성스럽고 뛰어난 글월의 능력과 만듦의 조화를 지니시고 온갖 문예에 널리 통달하시어, 열다섯 줄行의 새로운 모양을 만드시어 만물의 음音을 갖추도록 하신 것으로, 지금으로부터 3백 년이 되었다고 하였다. 그러자 왜인들이 모여서 관찰하고, 글자의 모습이 성신星辰·초목草木과 같으니 반드시 하도낙서河圖洛書를 따라 모습을 취하였을 것이라고 말하였다.

총명해 보이며 옷을 잘 차려입은 한 사람이 와서, 바로 마루로 올라와 앉아서 곁눈질하며 바라보았다. 그러자 내 옆에 있던 왜인들이 놀라고 두려워하는 기색이 있었다. 그 사람이 손을 흔들어 금지시키면서 번거롭게 하지 말라는 기색을 보이니, 마루 위와 아래의 좌중이 갑자기 소란스럽지 않게 되었다. 나는 몹시 괴이하게 여겼다. 그러자 현주玄洲가 작은 종이에 써서 은밀히 내게 보였는데, 부중府中의 신분이 높은 공자公子인데 학사學士들이 붓을 휘둘러 글을 쓰는 것을 구경하러 온 것이라고 하였다.

　닭이 세 번이나 울었으나 여러 사람들이 아직도 다투어 청하기를 마지
않았다.

— 신유한, 『해유록』, 1719년 10월 25일

회정길 10월 25일 저녁에 나고야에 도착하니 키노시타 란코와 아사
히나 겐슈를 위시하여 많은 사람들이 이미 물고기 떼처럼 모여서 기다
리고 있었다. 얼마나 많은지 관소의 마루와 복도와 뜰에 가득하여 마루
가 좁아서 밀려 내려가는 사람, 마루로 이끌려 올라오는 사람, 마당에 둘
러서서 어떻게 할지 눈치를 보는 사람 등으로 가득했다. 이들은 신유한
이 예전에 지은 시를 채장彩幛으로 해 와서 거기에 신유한의 도장, 곧 낙
관落款을 받으려 하거나, 자신들의 시문이나 문집을 가져와서 신유한의
평가를 받고자 했다. 글을 얻으려는 열망이 가득했던 것이다.

　그런데 채장은 빛깔 있는 비단으로 장식한 가리개, 깃발, 두루마리 등
으로 해석되는데, 후에 이것을 족자簇子로 만들었다. 곧, 조명채에 의하면
1748년 4월 29일 오사카에 머물렀을 때 일본인이 비단으로 꾸미고 상아
로 축軸을 만든 족자들을 가져와서 보이며 이전 사행(1682·1711·1719년)
의 시문들로 만든 것이라고 하였다. 이로 볼 때 일본인들은 사행이 시문
을 지은 종이를 비단에 배접해 와서 낙관을 받고 후에 이것을 족자로 만
들었음을 알 수 있다.

　이뿐만이 아니라 일본 사람들은 이것저것 묻고 필담을 계속하였다.
얼마나 많은 사람들이 몰려왔는지 먹을 갈던 동자가 지쳐버렸는지라, 일

본 사람에게 대신 먹을 갈도록 하는 지경에 이르렀다. 구름처럼 쌓여 있는 종이에 일일이 글을 쓰고 나면 다시 그만큼의 종이가 들어왔다. 잠시 쉴 틈도 없이 글을 썼던 것이다. 갈증이 심하게 났는데 옆에서 밀감을 잘라 즙을 내어 술잔에 담아 주어 이를 물처럼 마시면서 글을 썼다. 초도 잡지 못하고 생각나는 대로 시문을 쓰면 그 즉시 일본 사람들이 가져갔다. 그래서 자신이 쓴 글이 얼마나 되는지 알 수 없다고 했다.

또한 일본 사람들은 우리 한글에 관심을 보였다. 언제 누가 만들었으며 어떤 모양인지 궁금해 했다. 그래서 사행은 세종대왕이 창제하신 것이라며 한글을 써서 보여주었다. 이 한글에 대한 실체를 확인할 수 있다. 국회도서관에 소장되어 있는 『객관최찬집客館璀粲集』(PDF 20면과 21면)을 보면 강백姜栢, 1690~1777이 '언문 자체諺文 字體'를 써준 것이 기록되어 있다. 기노시타 란코가 언문 자체가 어떤 모습인지 질문했고 경목자耕牧子(강백의 호)가 답을 하여, 언문 자체를 써주었다. 또한 〈이로하우타伊呂波歌〉 47자에 해당하는 언문이 병기되어 있다. 이를 일본 사람들이 몰려와서 보고는 별, 풀, 나무처럼 생겼다면서, 하도낙서河圖洛書를 따라 만든 것 같다고 하였다. 하도낙서는 중국 고대 성인인 복희씨伏羲氏와 우禹임금이 하늘로부터 얻은 신령한 그림이자 문자이니, 한글에 대한 일본 사람들의 시각을 알 수 있다.

또한 신분이 높은 사람에 대한 기록도 흥미롭다. 모습이 깨끗하고 총명해 보이며 옷을 잘 차려입은 사람이 나타나서, 마루로 곧바로 올라와 앉아서 시문창화가 이루어지는 현장을 바라다보았다. 그러자 일본 사람들이 놀라고 두려워했고, 이를 알아챈 그 사람이 손을 휘둘러 조용히 시

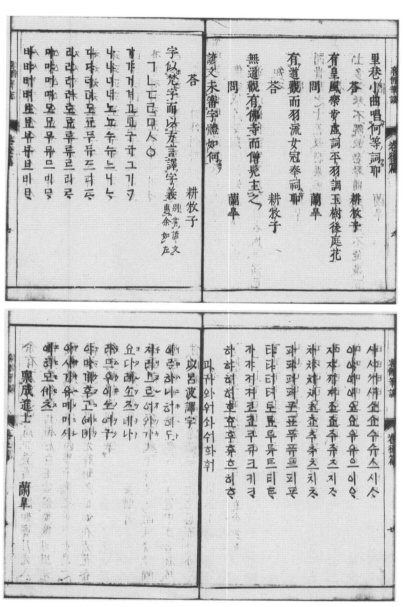

里巷小曲唱何等詞耶

　　答　其亦不爲盤盤愛聞

有皇風樂步虛詞平羽調玉樹後庭花

　　　　　　　　　　　耕牧子

有道觀而羽流女冠奉祠耶

　　　　　　　　　　　　耕牧子

無道觀有佛寺而僧兎主之

　　問　　　　　　　　　蘭皐

諺文未審字體如何

　　答　　　　　　　　耕牧子

字似梵字而以方言譯字義別書諺文如左

ㄱㄴㄷㄹㅁㅂㅅ○

가갸거겨고교구규그기ㄱ

나냐너녀노뇨누뉴느니ㄴ

다댜더뎌도됴두듀드디ㄷ

라랴러려로료루류르리ㄹ

마먀머며모묘무뮤므미ㅁ

바뱌버벼보뵤부뷰브비ㅂ

사샤서셔소쇼수슈스시ㅅ

아야어여오요우유으이ㅇ

자쟈저져조죠주쥬즈지ㅈ

차챠처쳐초쵸추츄츠치ㅊ

카캬커켜코쿄쿠큐크키ㅋ

타탸터텨토툐투튜트티ㅌ

파퍄퍼펴포표푸퓨프피ㅍ

하햐허혀호효후휴흐히ㅎ

　　　　　　　　蘭皐

以呂波譯字

ㅏ아ㅑ야ㅓ어ㅕ여ㅗ오ㅛ요ㅜ우ㅠ유ㅡ으ㅣ이

이로하니호헤도

지리누루오

와가요다례소

쓰네나라무

우이노오구

야마게후고

에데아사기

유메미시

여히모셰

쓰　余亦粟成進士　蘭皐

켰다. 아사히나 겐슈가 몰래 알려주기를, 나고야의 신분 높은 귀한 공자인데 신유한과 문사들이 글을 쓰는 모습을 구경하러 온 것이라고 했다. 조선 사행이 일본인들과 시문창화를 하는 자리에 아무런 제지도 받지 않고 아무 거리낌도 없이 나타났던 것과 일본인들의 태도로 보아, 오와리도쿠가와 가문의 일원이 아니었을까 생각된다.

그런데 이 일화는 신유한이 『해유록』에 기록한 것이라 나고야의 밤 창화 모임에 참석한 조선 사행원들에 대해 다 기술하지는 않았으나, 9월 16일의 경우 제술관이었던 신유한뿐 아니라 서기인 강백과 장응두張應斗, 1670~1730, 의관醫官인 백흥전白興銓 그리고 압물판사押物判事 권흥식權興式, 1666~?이 참여하였다. 10월 25일 또한 강백, 장응두, 백흥전, 권흥식 그리고 서기 성몽량成夢良, 1673~1735 등이 참여하였다. 조선 사행과 수많은 일본 사람들이 시문을 주고받는 정경을 상상하면 그 분주하고 왁자지껄한 모습이 영상처럼 떠오른다. 이는 밤을 새워 이어졌고, 닭이 세번 울었는데도 일본 사람들은 계속 다투어 이것저것 청하였다. 결국 신유한은 새벽에 나고야를 떠난 뒤 가마 속에서 겨우 잠을 잘 수 있었다고 했다.

그런데 키노시타 란코와 아사히나 겐슈는 각자가 조선 사행과 나눈 기록을 각각 『객관최찬집』과 『봉도유주蓬島遺珠』로 엮어 1720년 1월에 출간하였다. 9월 16일 밤의 기록과 10월 25일의 기록을 나누어 각각 전前, 후後라고 하였다. 또한 이 책들은 다음 1748년 사행 때 일본인들이 사행에게 주어 조선에 알려지게 되었다. 더불어 이 책들로 인해 9월 16일과 10월 25일 창화에 참여한 사행원이 누구였는지를 알 수 있게 되었다.

또한 키노시타 란코와 아사히나 겐슈는 『객관최찬집』과 『봉도유주』에서 각각 자신과 조선 사행이 나눈 창화 필담을 기록했을 뿐, 다른 일본인들의 시문을 기록하지는 않았다. 이에 비해 세노오 코레카타瀨尾維賢, 1691~1728(세오 요세츠사이瀨尾用拙斎 라고도 함)가 편찬한 『상한훈지집桑韓塤篪集』에는 다른 일본인들의 시문도 기록되어 있다. 세노오 코레카타는, 1719년 사행 때, 에도, 나고야, 오가키大垣, 히코네彦根, 오사카, 교토, 카미노세키上關, 도모츠鞆津(도모노우리鞆の浦) 등에서 조선 사행과 일본인이 창화한 시문을 모아서 총서격인 『상한훈지집』을 편찬했다. 이 책의 서문은 1720년 음력 2월에 썼고 책은 음력 5월에 교토의 게이분칸奎文館에서 발간되었다. 이 책의 권1과 권2에는 나고야에서 조선 문사와 창화 필담을 한 일본 문인들이 기록되어 있다. 이들은 호號를 대표로 하여 기록되어 있다. 곧, 취황당翠篁堂(적은사荻隱士), 발헌潑軒(성은 택宅, 이름은 응린應璘, 자는 수부粹夫 또는 미오좌위문彌五左衛門), 붕숭朋崇(성은 산기山崎), 학저鶴渚(성은 복도福島, 이름은 창언昌言, 자는 자도원오우위문子道源五右衛門), 구경久敬(성은 야중野中, 이름은 무고茂高, 자는 문팔文八), 보합保合(성은 정출井出, 이름은 감평勘平, 자는 양중良重, 다른 호는 석체夕替) 등이다.

1748년 사행 때는 회정길 6월 23일 점심때 나루미 관소에서 식사를 했다. 관소의 주인 일본인主人倭이 족자 3개 및 펼친 종이 3장을 가져와서 자신의 조부가 1711년과 1719년 사신三使에게 꽃을 꽂은 통花筒을 올렸는데 사신이 이에 대해 시를 지어주어서 이제 족자를 만들어 가문 대대로 전하는 보물로 만들고자 하니 한 말씀 해달라고 하였다. 이에 세 사신이 오언절구五言絶句 한 수씩 입으로 불러口號 주었다. 곧, 나루미 관소의 주인은 1711·1719·1748년 각 사행마다 시를 세 수씩을 받아 족자를 만들려 했던 것이다. 또한 이는 1764년 사행 때에도 관례라며 이어져, 관소의 주인이 전명길에 꽃통을 바쳤고 사신은 회정길에 시를 써주었다.

그날 저녁에는 나고야의 관소에 묵었는데 오와리주 번주가 사람을 보내어 사자관寫字官과 화원畫員을 보내 주기를 요청하므로 허락해 주었다. 이 당시 오와리 번주는 8대 번주인 도쿠가와 무네카츠德川宗勝, 1705~1761, 재위 1739~1761였다. 그는 오와리주의 재정財政을 재건했으며 명륜당明倫堂의 전신인 학문소學文所를 창설하고 문화 서적을 편찬하기도 했다. 그래서 오와리주의 명군名君 가운데 한 명이라고 칭해진다. 이러한 무네카츠가 사자관과 화원을 데려간 것이니 조선의 글씨와 그림에 관심이 많았던 것이다. 당시 사자관은 김천수金天秀, 1709~?와 현문구玄文龜, 1711~?였고 화원은 이성린과 최북崔北이었다. 이들이 오와리 번주에게 가서 어떤 글씨를 쓰고 그림을 그렸는지는 자세히 기록되어 있지 않다. 그런데 오와리 번주가 사자관과 화원에게 윤필潤筆(글씨를 쓰거나 그림을 그리고 받는 보수)로 많은 물건들을 주었던 사실로 미루어 볼 때 몹시 만족했던 것으로 보인다.

그런데 사자관과 화원에 대한 일본인들의 생각을 엿볼 수 있게 하는 일화가 있다. 이키노시마壹岐島에 묵었던 3월 23일의 기록이다. 김천수에게 다투어 가서 그 글씨를 받아가는 일본인들이 하루에 몇 명인지 알 수 없었다. 특히 초서草書를 쓸 때에 붓의 힘이 빠르게 내려가면, 옆에서 보던 일본인들이 모두 놀라 넘어지며 일제히 '에~ 에~(와아 와아)' 하는 소리를 내었다. 사자관이 글씨를 쓰는 것을 바라보며 붓을 휘두를 때마다 감탄하는 소리를 한꺼번에 질러대는 모습을 상상할 수 있다.

1764년 사행의 경우 전명길 나고야에 2월 3일 밤에 도착했는데 시를 가지고 온 사람들이 몹시 많았다. 제술관 남옥과 서기 원중거·성대중成大中, 1732~1809·김인겸金仁謙, 1707~1772은 모두 즉시 수창해 주었다. 또한 시집을 가져와서 서문을 부탁하는 사람도 있었는데 서문은 회정길 때에 써서 주었고, 어떤 이의 전체 시고詩稿를 보려고 새벽닭이 울 때까지 밤을 새기도 하였다.

회정길에서는 일본인들이 더욱 늘어났다. 전명길 때보다 곱절이나 와서 성황을 이루고 있었다. 많은 사람들이 대개 시를 여러 편씩 주었는데 모두 응해 주었다. 또한 우리 문사들과 일본 측 십여 명의 문사들이 죽 늘어 앉아 창수唱酬를 하여 새벽이 다되어서야 파하였다. 이들은 마루 위에 올라올 수 있었던 인물들이었다. 나고야를 중심으로 나루미, 스노마타州股, 오가키 등으로 수많은 일본인들이 몰려 왔고, 점심을 위해 머문 관소에서는 대략 10명 남짓과 수창을 했지만 밤에 머문 관소에서는 많은 인원과 새벽이 될 때까지 시문창화에 응했던 것이다. 『승사록』과 『일관기』에 나타난 오와리 일본 문사의 이름만도 다음과 같다. 다른 사행록과 달리 이 두 사행록에는 시를 창화한 일본 문사와 승려의 이름이 자세히 나타난다는 특징이 있다. 다음은 그들의 이름인데 원문에 나온 그대로 열거하였다. 대략 70명 정도이다. 이들은 현재 일본 문학사에서 알려진 이도 있고 그렇지 않은 이도 있다. 그러므로 이들의 이름을 남긴 사행록의 기록은 중요하다.

원운源雲, 원무源武, 원언源彦, 산삼수백지山三秀伯芝, 팔목광현八木光賢, 강전의생岡田宜生, 강전유주岡田惟周, 가등문중加藤文中, 등무滕茂, 천촌정신千村鼎臣과 그 아들, 정출지량井出知亮, 정출제성井出諸成, 정출춘우井出春友, 천정명선淺井明善, 강장민岡章民, 삼강자후三岡自厚, 전응시田應時, 태자헌太資憲, 등조봉滕照峯, 원원부源元孚, 관홍關弘, 빈정안성濱井安成, 빈정안준濱井安俊, 앵정광櫻井廣, 소록상현小鹿尚賢, 원창순源昌純, 횡시식橫時式, 중촌민성中村敏成, 교본창橋本昌, 등원공藤原恭, 전랑田琅, 안응安應, 죽칙竹則, 서하영西河英, 중융견中融堅, 원국동源國棟, 강전국향岡田國香, 평시관平時貫, 평시방平時芳, 죽문명竹文明, 스님 양은良隱, 원정경源正卿, 정등井登, 성야정지星野貞之, 우문명宇文明, 수미제狩美濟, 청수풍명清水豊明, 원응청源應清, 이등일원伊藤一元. 수옥원태守屋元泰, 북미춘륜北尾春倫 부자, 북미맹철北尾孟哲, 서익西翼, 좌등유신佐藤由信, 원종온源宗溫, 포광록浦光綠, 하촌상여下村相如, 조거광번鳥居光繁, 임청빈林清濱, 석지주輝智洲, 현계玄谿, 광춘행廣春杏, 온정장상溫井長上, 궁하춘제宮河春濟, 안정장安正章, 강전국향岡田國香, 암정형岩井馨, 전입성田立成, 스님 혜훈慧訓

호사문고蓬左文庫의 우리 문화재

나고야에는 도쿠가와 미술관德川美術館이 있다. 그런데 이곳은 도쿠가와 미술관, 호사문고蓬左文庫, 도쿠가와엔德川園 세 부분으로 이루어져 있다. 이곳은 오와리도쿠가와 가문의 오오소네 저택大曽根邸 터에 설립된 것으로, 오와리 2대 번주였던 도쿠가와 미츠토모德川光友, 1625~1700, 재위 1650~1693가 번주의 자리를 아들에게 물려주고 은거한 뒤 은거소隱居所로 1695년 지은 저택이었다. 20세기에 이르러 나고야시에 기증되었고 여기에 미술관 등이 세워지게 되었다.

이곳에 관심을 두어야 하는 이유는 호사문고 때문이다. 호사문고의 기원은 도쿠가와 이에야스에게로 거슬러 간다. 그는 1605년 쇼군직을 양위한 뒤 슨푸駿府에 은거하였고, 1607년 스루가문고駿河文庫를 만들었는데, 약 1만 점(1,000部 9,800冊)을 소장했다. 1616년 이에야스가 사망한 뒤, 이 소장본들은 쇼군 가문에 증정된 일부를 제외하고 대략 5대 5대 3의 비율로 오와리·키슈·미토 3종실 곧, 도쿠가와고산케에게 나누어졌다. 초대 오와리 번주였던 도쿠가와 요시나오는 약 3,000책 장서蔵書를 받았고 이를 계기로 나고야성 안에 어문고御文庫(오와리번 문고尾張藩文庫)를 만들게 되었다. 스루가문고에서 받은 서적을 스루가 오유즈리본駿河御譲本이라고 한다. 그 뒤 오와리 번주들은 장서의 수를 늘려 에도 막부 말기에는 5만권을 소장했으나 메이지 시대 때 3분의 1이 유출되었다. 이 오와리번 문고를 호사문고라고 한다. 나고야를 호사라고도 불렀기 때문이다. 1950년에 오와리 가문은 호사문고의 장서와 사료史料 등 약 6만 4천 점을 나고야시에 매각·양도·이관하였다. 1951년부터 나고야 시는 도쿠가와엔의 부지에 호사문고를 설치하고 일반에 공개하고 있다. 또한 키슈·미토 두 종실에게 나누어진 스루가문고는 그 실체를 확인할 수 없게 되었기 때문에 호사문고가 중요하게 평가받고 있다.

그런데 스루가문고에는 우리나라 서적이 많았다. 상당수는 임진왜란 때 일본인들이 약탈해간 것이었다. 일본인들은 의도적으로 약탈을 자행하였다. 호사문고 측은, 스루가문고가 '조선의 우수한 금속활자로 인쇄한 서적 등 당시 수집 가능한 최고의 물품들을 모았다'라고 대놓고 설명한다. 스루가문고를 바탕으로 하여 서적을 늘린 호사문고에는 현재 우리

도쿠가와 미술관 옆에는 도쿠가와엔의 깃발이 보인다. | 김경숙 사진

호사문고 | 김경숙 사진

전적이 142부 1,386책 소장되어 있다. 더구나 임진왜란 이전에 간인刊印된 서적은 거의 우리나라에는 없고 일본에 완질完帙 형태로 있다.

앞서 살폈듯이 오와리 번주와 키슈 번주가 조선사행에게 시를 부탁했던 것과, 오와리번의 수많은 지식인들이 사행과 시문창화를 하고자 했던 것은, 호사문고의 존재와도 어느 정도 연결이 된다. 도쿠가와 이에야스에게서부터 이어진 조선 문화에 대한 선망 혹은 수집 욕구가 17·18세기 면면히 이어져 조선통신사가 일본에 갈 때면 폭발했다고 하겠다. 특히 나고야의 밤에 쇼코인에서 이루어진 시문창화의 성황이 이를 잘 증명하는 것이다.

필자는 2015년 가을 나고야에 가서 도쿠가와 미술관을 관람하게 되었다. 마침 '풍부한 조선왕조의 문화 – 교류의 유산豊かな朝鮮王朝の文化－交流の遺産'이라는 전시가 열리고 있었다. 미술관의 제1전시실부터 시작하여 차근차근 관람을 하다가 호사문고가 전시된 전시실에 도달했을 때의 그 기분 나쁨은 지금도 뭐라 설명하기 어렵다. 유리로 된 전시대 안에 버젓이 우리나라의 고서적들이 펼쳐져 있었다. 『내훈內訓』, 『국조오례의國朝五禮儀』, 『악학궤범樂學軌範』, 『고려사절요高麗史節要』, 『삼국유사三國遺事』, 『구급방救急方』 등 우리나라에서도 보기 힘든 서적들. 그 외에도 조선에서 간행한 중국관련 서적들. 또한 아미타팔대보살상 및 백자사발·먹·붓·연적·봉황무늬비단 등 여러 미술품과 공예품 등. 도대체 이곳이 일본의 전시실인지 조선과 중국의 전시실인지 알 수가 없었다. 더구나 『악학궤범』은 우리나라에는 없다. 전시를 다 보기가 너무 힘들고 정신이 피로했다. 우리의 옛 전적典籍을 본다는 기쁨보다는, 약탈 문화재를 저들의 소유라고 전시하는 현실에 화가 났다. 이렇듯 일본뿐 아니라 외국 여러 나라에 산재해 있는 우리 문화재가 고국으로 돌아올 날은 언제인가.

제4장

관백關白의 공간
에도

에도江戸

지리적 특징 및 거리

에도에 대한 인식

최종 목적지 에도

에도江戸는 조선통신사의 최종 목적지였다. 에도에 가서 쇼군을 만나 국서를 전달하는 전명식을 했다. 전명을 하고 나면 조선통신사의 임무를 완성한 것이라 여겼다. 사행은 1607년부터 1764년 총 11회 가운데 10회를 에도에 갔다. 1617년에는 교토의 후시미성에서 전명식을 진행하여 에도에 가지 않았기 때문이다.

그런데 앞서 나고야 부분에서 서술했듯이 에도로 간 것은 1607년 이후이다. 그전에는 교토 혹은 오사카가 최종 목적지였다. 이는 에도의 역사와도 관련이 깊다. 1590년 도요토미 히데요시는 도쿠가와 이에야스에게 관동關東 지방을 다스리고 개척하게 하였는데 이에야스는 에도를 자신의 거성居城으로 정했다. 1600년 세키가하라 전투에서 승리한 이에야스는 1603년에 쇼군이 되었고 에도는 막부의 소재지가 되었다. 그러므로 에도는 도쿠가와 막부에 의해 발전을 하게 되었다. 사행이 에도에 간 것은 1607년이 처음이었다. 이에 1607년 사행록의 기록은 에도에 대한 사행의 첫 기록이자 에도의 초기 모습을 알게 해준다. 또한 사행록의 순차적 기록은 에도의 시계열적 모습을 알게 한다.

조선통신사가 에도에 머문 시기는 다음과 같다.

1607년 : 5월 24일 ~ 6월 14일

1617년 : 에도에 가지 않음

1624년 : 12월 12일 ~ 12월 25일

1636년 : 12월 7일 ~ 12월 30일

1643년 : 7월 8일 ~ 8월 6일

1655년 : 10월 2일 ~ 11월 1일

1682년 : 8월 21일 ~ 9월 12일

1711년 : 10월 18일 ~ 11월 19일

1719년 : 9월 27일 ~ 10월 15일

1748년 : 5월 21일 ~ 6월 13일

1764년 : 2월 16일 ~ 3월 11일

이로 볼 때 에도에는 짧게는 2주에서 길게는 1달가량 머물렀음을 알 수 있다. 이 기간 동안 사행은 임무를 제대로 완성하기 위해 노력했다. 에도에 도착한 뒤, 전명식 의례를 일본 측과 조율했고, 전명식을 치렀으며, 전명식이 끝난 뒤 회답서回答書를 기다리면서 또다시 일본 측과 이러저러한 조율을 해야만 했다. 피로인의 쇄환, 관백에게 절하는 횟수, 회답서의 글자 수정, 일본 측 예폐禮幣 등등 여러 문제가 있었다. 그러는 와중에 일본 관리 및 문인들을 만났고, 마상재馬上才 및 시문창화 등의 문화 교류도 이어갔다.

에도의 명칭

에도에 대해 사행이 사용한 명칭은 다음과 같다.

> 1607년 : 강호江戸, 강호관백부중江戸關白府中, 강호부중江戸府中
>
> 1624년 : 강호江戸
>
> 1636년 : 강호江戸
>
> 1643년 : 강호江戸
>
> 1655년 : 강호江戸
>
> 1682년 : 강호江戸, 경도京都
>
> 1711년 : 강호江戸
>
> 1719년 : 강호江戸, 동도東都, 동무東武, 무창武昌
>
> 1748년 : 강호江戸, 동도東都, 동무東武
>
> 1764년 : 강호江戸, 무주武州, 동도東都, 강도江都, 동무東武, 무창武昌

에도에 대해서는 대부분 '江戸'라는 명칭을 사용했다. 1607년에는 江戸關白府中에도 관백 소재지, 江戸府中에도 소재지이라고 하여 에도가 관백이 다스리는 곳임을 부연하였다. 또한 1682년 김지남은 '京都'란 표현을 하였는데, 이는 고유명사가 아니라 '서울'이라는 일반 명사로 사용한 것이다. 그런데 1719년 이후로는 다른 명칭도 함께 사용했다. 곧, 1719년에는 에도를 설명하면서 東都, 東武, 武昌이라고 하였고, 1748년에는 東都 東武, 1764년에는 원중거는 武州, 남옥은 東都, 江都, 東武, 武昌이라고 하였다.

東都는 동쪽에 있는 서울이란 뜻이니 에도가 교토의 동쪽에 있기 때문이다. 또한 '武'가 들어간 명칭이 등장하는데, 이는 무사시노국武藏国과 관련된다. 무사시노국은 에도가 속해 있던 행정구역으로, 부주武州는 그 별칭이다. 그러므로 東武는 동쪽에 있는 무주란 의미이다.

武昌이란 단어는 일본에서 사용하지 않는 용어이고 사행록에도 1719년과 1764년에만 나타난다. 신유한과 남옥은 에도를 대부분 江戶라 하였는데, '무창'은 『해유록』에 1회, 『일관기』에 2회 등장한다. 그런데 신유한은 『해유록』에서 '武藏州'란 단어를 3번, '武藏'이란 단어를 1번 쓰고 있다. 또한 "강호는 무장주武藏州에 속하는데 왜의 수도 동쪽 1,300리에 있어 이를 동도라고 한다. 동무東武, 무창武昌이라고 하기도 하는데 이는 무장주이기 때문에 그렇게 말하는 것이다"라고 하였다. 신유한은 '무장주'와 에도의 관계를 정확히 알고 있었다. 그런데도 '무창'이라고 하였으니, 이에 대해서는 2가지 추론이 가능하다. 현재 우리가 보는 『해유록』은 활자본이므로 후대에 글자 오류가 난 것이거나, 신유한이 '무창'이라고 실수로 혹은 의도적으로 썼을 가능성이다. 어쨌거나 이는 '藏'을 '昌'으로 잘못 쓴 것이다. 그런데 '藏'의 일본어 발음은 '소ぞう', '조ぞう', '쿠라くら'이고 '昌'은 '쇼ショウ'이고, 武藏은 '무사시むさし', '타케조たけぞう'로 발음되고

武蔵国의 경우만 '蔵'을 '사시'로 발음한다. '蔵'과 '틀'의 혼용이 발음상의 유사성에 기인했을 가능성도 배제할 수는 없다. 또한 남옥의 경우 신유한의 기록을 참고했다고 볼 수 있다.

1764년에 등장하는 江都는 '코토こうと'라고 발음하는데, 일본에서는 에도의 다른 이름으로 불렸다. 江戸란 단어에 도읍 도都를 합성하여 만든 단어로 에도 도읍이란 뜻이다.

이로 볼 때 18세기 전반 이후 에도에 대한 정보가 많아졌고 명칭도 다양해졌음을 알 수 있다.

지리적 험고險固에 기초한 도읍

> 강호江戸는 수도[府]로서 뒤에는 주산主山이 없고 앞에는 큰 바다가 임하였으며, 너른 들판이 눈에 보이는 끝까지 가득히 펼쳐져 있다. 그리고 서쪽으로는 상근箱根 · 하기河崎의 험함에 의거하고, 동쪽으로는 안방安房 · 상총上總 · 하총下總의 방비가 있으니, 참으로 한 나라의 깊숙한 지역[奧區]이며, 제입[控制]하는 뛰어난 지형이다. 땅은 북방北方에 가까워서 기후가 일정하지 않다. 강호에서 북으로 7일 정도의 거리에 상륙주常陸州가 있고, 상륙주의 북쪽 25리 정도에 육오주陸奧州가 있다. 도리道里의 원근으로써 살펴본다면 이곳은 실로 나라의 중앙에 위치하고 있다.
>
> — 경섬, 『해사록』, 1607년 6월 13일

이는 에도에 처음 갔던 1607년 사행이 쓴 글로, 에도가 한 나라의 도읍이 될 수 있는 지리적 이점에 대해 서술했다. 에도는 뒤쪽으로 주산ᄐ山이 없다고 했다. 주산이 없다는 점은 풍수상 좋은 터가 아니다. 그러나 앞으로는 바다가 펼쳐졌고 너른 들판이 눈에 닿는 끝까지 펼쳐져 있다. 성만 잘 지키면 바다로부터 오는 적이나 들판을 통해 오는 적이 눈에 잘 띄어 잘 막을 수 있다.

여기에 서쪽으로는 하코네箱根와 카와사키河崎가 험한 지형이라 그곳을 넘어오기가 힘들다고 했다. 카와사키는 경섬에 의하면, 미시마ᄐ島 남쪽 5리쯤에 있는 포구이다. 그리고 미시마의 북쪽에 있는 큰 산봉우리가 하코네이다. 사행이 카와사키에 가지는 않았으나 미시마를 중심으로 높은 산과 바닷가가 보이는 지형이었기에 서쪽이 험하다고 한 것이다.

다음으로 에도의 동쪽으로는 안방安房·상총上總·하총下總의 방비가 있다고 했다. 이 세 곳은 예전 지역의 이름으로 아와국安房國, 카즈사국上総国, 시모사국下総国인데, 현재 이 지역은 보소반도房総半島라고 하며, 지도를 보면 이 세 곳이 도쿄만東京灣을 감싸고 있다. 그렇기 때문에 한 나라의 깊숙한 지역에 해당하며 적들이 이곳을 침입할 수 없도록 제압하는 뛰어난 지형이라고 하였다.

또한 에도가 북방에 가깝기 때문에 기후가 일정하지 않다고 하면서, 에도에서 북쪽에 있는 지역도 언급했다. 북으로 7일 정도 거리에는 히타치국常陸国이 있고, 다시 그곳에서 25리 정도에 무츠국陸奧国이 있다면서, 에도가 원근의 도리道里 곧, 거리로 볼 때 나라의 중앙에 위치한다고 하였다. 그런데 그 후 사행에서는 에도가 일본의 중앙이라는 의견은 사라지고 동쪽 구석에 위치한다는 견해가 나타났다. 사실 지리상 도쿄는 일본의 중앙에 위치하지 않는다.

1636년 사행도 험고險固한 지대가 에도의 사방을 막고 있어서 중국의 장안長安과 같다고 하였다. 그 근거로 닛꼬산日光山이 에도의 진산鎭山이고 동쪽으로는 큰 하천 둘이 흐르고 왼쪽으로는 하코네가 있다고 하였다. 그런데 진산이란 한 도시에서 터를 눌러 보호하는 산을 뜻한다. 서울을 예로 들면 북악산이 진산이고 북한산이 조봉祖峯이다. 김세렴도 닛꼬가 에도에서 300리 떨어져 있다는 사실을 서술했고, 현대에도 도쿄에서 닛꼬까지는 JR 특급을 타도 2시간이 걸린다. 그럼에도 이곳을 진산이라고 한 것은 쓰시마 도주가 그렇게 말했기 때문이다. 동쪽의 하천 둘은 아라카와荒川와 에도가와江戶川를 뜻한다. 이렇듯 산과 강으로 둘러싸여 있

이성린李聖麟, 〈상근령상 관림대택箱根嶺上館臨大澤〉, 《사로승구도槎路勝區圖》
상근령 위 관소가 큰 못에 임한 모습 | 국립중앙박물관 소장

기에, 사방으로 통하며 나라 중앙에 있는 교토보다 낫다고 보았다.

1607년 사행부터 1764년 사행에 이르기까지 에도가 험한 지형을 잘 이용하고 있다는 근거로 가장 많이 든 지역은 하코네이다. 이는 아무래도 오사카에서 에도로 가는 길에 지나갔기 때문으로 보인다.

1607년 5월 20일에 사행은 하코네에 올랐다. 봉우리로 가는 길이 40리이고, 봉우리 위에는 큰 호수가 있는데 둘레가 수백여 리였다. 호숫가에 마을이 있고, 마을 위에 성이 있는데, 호수 이름도 마을 이름도 성 이름도 모두 하코네라고 불렀다. 봉우리를 내려오는 길도 40리였다. 조도鳥道(새나 다닐 수 있을 정도의 험한 길)가 공중에 이어져 있고, 가파르고 험하며 길은 구불구불했다. 골은 깊고 그윽한데, 첩첩 골짜기에서 다투어 흐르는 물이 허공에 그윽하게 퍼지며 슬피 우는 원숭이 소리가 끊어졌다 이어졌다 하였다. 산봉우리를 넘어가야 했기 때문에 험한 길이기도 하고 시간도 오래 걸렸다.

1719년 사행은 하코네에 대해, 에도의 서남쪽 200리에 있는 험한 곳으로 관문을 설치하고 육로로 목을 잘랐다고 했다. 이곳의 관문을 통하지 않으면 육로로는 동에서 서로 혹은 서에서 동으로 가는 것이 불가능했기 때문이다.

1764년 사행은 좀더 자세히 이론을 펼쳤다. 큰 산과 산봉우리들이 가로막아서, 사다리나 잔교로 겨우 연결되었으나, 714년에 하코네에 관문을 설치하게 되어 동서가 비로소 교통하게 되었다. 특히 천연적으로 험한 지역에서 조도를 통해 길을 열어 서쪽을 호랑이처럼 노려본다고 했다. 서쪽이란 물론 교토를 말한다. 그래서 나라가 흔들리고 불리하면 하코네의 관문을 닫고 스스로 지킬 수가 있다고 했다. 그러나 에도는 왕의 도읍은 아니라고 했다. 6천 리 뻗어있는 나라에서 한 모퉁이에 있기 때문에, 바람이 불어 풀들이 일어나게 된다면 나라는 분열될 것이라고 했다. 결국 에도는 왜황 아래에서 낙천지명樂天知命하는 데 해롭지 않은 지역이라고 했다.

이렇듯 험한 산하山河를 당겨서 견고함을 삼았기 때문에 도쿠가와 이에야스가 이곳에 도읍을 정한 것은 지세를 잘 이용한 것이고 결국은 영웅의 선택이었다고 보았다. 곧, 산맥이 꿈틀거리며 바다로 들어가고 불모의 척박한 들판이 사방 백리나 되는데 그곳을 둘러서 해자를 만들어서 도시가 그 가운데 있다는 것이다. 사행은 해자의 둘레 혹은 성의 둘레를 대부분 50여 리라고 하였다.

에도 거리의 특징

가나가와神奈川와 시나가와品川를 거쳐 관소로 가는 거리

통신사는 가나가와神奈川와 시나가와品川를 지나 에도에 들어갔다. 가나가와를 지나 타마가와多摩川의 로쿠고바시六鄕橋를 건너 시나가와를 거쳐 에도의 관소로 갔다. 로쿠고바시를 건너면 에도 일대가 멀리 바라보였다. 이제 목적지에 거의 온 것이라 할 수 있었다.

로쿠고바시의 경우는 17세기까지는 다리를 건넜는데 18세기에는 배를 타고 건넜다. 그러므로 17세기까지는 다리라 하였고 18세기에는 강

이라고 하였다. 또한 사행에 따라 명칭이 혼용되어 있다. 다리의 명칭은 나무다리[板橋], 1607년, 육향교六鄕橋, 1624년, 1655년, 육경교六卿橋, 1643년, 육강교六江橋, 1682년로, 강물의 명칭은 육향강六鄕江, 1711년, 1719년, 1764년 육향천六鄕川, 1748년으로 나타난다. 일단 향鄕, 경卿, 강江이 혼용되고 있다. 그런데 일본어에서, '鄕'은 쿄きょう, '卿'은 쿄きょう, '江'은 코こう 에츠로 발음되므로, 이 역시 일본어 발음에 따른 한자의 혼용이라고 할 수 있다. 또한 '江'과 '川'은 강물을 나타낸 표현이라고 볼 수 있다.

로쿠고六鄕는 도카이도東海道가 타마가와를 가로지르는 요지로 1600년에 도쿠가와 이에야스가 로쿠고대교六鄕大橋를 놓았다. 1613 · 1643 · 1662 · 1681 · 1684년에 다시 지어졌는데 1688년의 대홍수로 유실된 뒤, 다리는 재건되지 않았다. 홍수 때마다 다시 짓기를 반복했지만 1688년 대홍수 이후, 에도 막부는 다리 재건을 단념하였다. 1684년의 다리가 에도시대 최후의 다리가 된 것이다. 대신 로쿠고 나루터가 지어졌고 배로 강을 건너게 되었다. 그 뒤 19세기 후반에 이르러 몇 차례 다리를 건설하였으나, 현재 있는 다리는 1979년 공사를 시작하여 1987년 완성하였다.

그러므로 사행이 17세기에는 다리, 18세기에는 강물이라 표현했던 것은 로쿠고의 상황을 잘 나타낸 것이다. 다만, 사행은 왜 다리가 없어지고 배로 건너게 되었는지에 대해서는 원인을 파악하지 못했다.

육향천六鄕川에 이르렀다. 내의 너비는 1백여 보步쯤 되었고 채선彩船으로 건넜다. 배의 모습은 대판大阪의 금루선金樓船과 비슷하였는데 다만 층루層樓가 없이 비단 휘장으로 덮었고 오색으로 빛났다. 물이 매우 흐리고 얕아서 배가 바닥에 붙어버렸으므로, 왜인들이 옷을 벗고 물에 들어가 좌우에서 잡고서 건너갔다. 건넌 뒤로는 바닷가를 따라서 갔는데 강호 일대가 멀리 바라보였다.

— 조명채, 『봉사일본시문견록』, 1748년 5월 20일

로쿠고는 타마가와의 하류에 해당했다. 이곳을 건너 바닷길을 따라 시나가와로 가고 다시 에도로 갔다. 강의 하류이기 때문에 강폭이 넓었다. 이에 대해 사행은 다리의 길이가 수백 걸음[數百步], 1607년, 다리가 몹시 길어 5, 6백 걸음[橋甚長幾五六百步], 1624년, 강의 넓이가 4, 5백 걸음[江之廣四五百步], 1719년, 백여 걸음[百餘步], 1748년, 한 후장[一帳場], 1764년이라고 하였다.

1719년 기록에 의하면 이곳을 건넌 배는 2종류이다. 국서 및 삼사를 태우는 채선과, 나머지 사행원을 태운 배였다. 기록들을 종합하면, 채선은 오사카에서 탔던 금루선과 비슷한데 다만 누각이 없이 휘장을 둘렀고 금칠을 하여 빛났다. 또한 일반 배들이 구름처럼 모여서 강을 건넜다. 여타의 사행은 배가 강물을 건너는 별다른 문제에 대해 기술하지 않았으나, 위 예문에서는 물이 얕아 배가 움직이지 않아 일본 사람들이 물에 들어가 양쪽에서 잡고서 건너갔다고 하였다. 1748년의 경우 수량水量이 적었던 것이다.

로쿠고에 있던 나무다리는 그 아래로 배가 다닐 정도의 높이였다(1607년). 그런데 강물의 경우, 평소에는 배가 건너는 데 별다른 문제가 없었으나, 수량이 적을 때는 바닥이 얕아서 배가 강을 건너지 못할 정도였고, 홍수가 나면 번번이 다리가 유실되었다. 그러므로 로쿠고에 대한

사행록의 기록은 지리적 역사를 사실적으로 보여준다.

시나가와의 경우는 잠시 들러 점심을 먹거나, 하루 머물기도 했다. 그런데 이곳에서 공복公服으로 갈아입고 에도로 향했다는 점이 중요하다. 이곳은 에도로 들어가는 관문이었다.

점심을 먹은 시기와 관소는 다음과 같다. 1607년(홋케지法華寺), 1624년(기록 않음), 1636년(기록 않음), 1643년(기록 않음), 1655년(기록 않음), 1682년(서태사誓泰寺), 1711년(혼코지本光寺).

머물렀던 시기와 관소는 다음과 같다. 1719년(관소는 도카이지東海寺, 사관은 겐쇼인玄性院), 1748년(기록 않음), 1764년(관소는 도카이지東海寺, 사관은 겐쇼인玄性院).

이로 볼 때 초기부터 1711년까지는 점심만 먹다가 1719년 이후로 머물렀다. 또한 관소의 경우 여러 곳이었다는 특징이 있다.

홋케지法華寺는 853년 창건된 사찰로 원래 이름은 호후쿠지法服寺였으나 1283년 홋케지法華寺로 고쳤고 1834년 엔유지円融寺로 고쳤다. 이곳의 석가당釋迦堂은 현재 도쿄에서 가장 오래된 목조건물이다. 서태사誓泰寺에 대해서는 자료를 찾지 못하였다.

혼코지本光寺는 창건 연대는 확실지 않으나 1382년 혼코지라 이름을 고쳤는데, 특히 에도시대 교통의 요지에 위치했던 사찰이다. 3대 관백인 도쿠가와 이에미츠德川家光, 1604~1651, 재위 1623~1651가 방문했던 것으로 유명했다.

도카이지東海寺는 1639년에 도쿠가와 이에미츠가 창건한 절인데 1694년 대화재로 소실되고 5대 관백 도쿠가와 츠나요시德川綱吉, 1646~1709, 재위 1680~1709가 재창건한 대사찰이었다. 그러므로 1719년 이후 관소로 사

시나가와 거리
조선통신사가 지나갔던 길로 양옆은 상점가이다. 기둥에 도카이도 시나가와슈쿠(東海道 品川宿)라고 적혀있다.
ㅣ김경숙 사진

용되었다. 현재는 옛 영화를 잃고 닷쳐였던 겐쇼인玄性院이 그 이름을 이어받고 있다.

곧, 세 관소 모두 에도시대 때 시나가와에서 대사찰이었다는 특징이 있다.

가나가와에서 에도까지는 오른쪽에 큰 바다를 끼고 있었다. 바다를 따라가는 길이 파노라마처럼 펼쳐졌다. 1655년 남용익에 의하면, 가나가와에서 수십 리 동안 바다를 옆에 끼고 가서 로쿠고바시를 건넜고, 다시 시나가와에서 에도까지 한편으로는 바다를 옆에 끼고 다른 한편으로는 인가가 물고기 비늘처럼 이어져 길이 펼쳐졌다. 18세기 사행록들은 이에 대해 오른쪽에는 바다(둑, 해안), 왼쪽에는 인가가 이어졌다고 하였다.

에도 시내의 모습

시나가와에서 에도 관소까지 거리에 대해, 1607년 사행은 시나가와에서 에도까지 20리, 다시 관소까지 10리라고 하였고, 1624·1636·1643·1682·1764년 사행은 30리라고 하였다. 이로 볼 때 에도 관소까지는 시기에 상관없이 30리 정도라고 인식하였음을 알 수 있다.

시나가와에서 에도의 관소까지 가는 길에 사행은 에도의 모습을 관찰했다.

> 시전市廛과 사람과 물산이 견줄 데 없을 만큼 웅장하고 번성하였다. 사이사이 높은 왜인들[將倭]의 집들이, 지붕을 잇대어 닿아있고 담장이 이어져 있었는데, 금빛 기와와 흰 담장[粉堞]이 원근遠近에서 빛나고 있었다. 운하를 파 바닷물을 끌어들여 성의 해자에까지 대놓은 데가 세 군데나 되었는데, 모두 판교板橋를 설치해 놓았고 그 아래로 배가 통행하고 있었다. 푸르고 붉은 누각樓閣이 운하를 끼고 늘어서 있고, 장삿배가 물가에 빽빽하게 정박해 있었다.
>
> — 경섬, 『해사록』, 1607년 5월 24일

위 예문은 1607년 5월 24일 에도에 들어간 기록으로, 조선통신사 사행록에 나타난 최초의 에도 기록이다. 경섬은 시장과 사람과 물산이 비할 데가 없을 정도로 웅장하고 화려했다면서 에도에 대한 첫인상을 나타냈다. 이러한 평가는 그 후 사행에서도 계속 이어졌다.

여염이 몹시 성하고 상점 거리[商街]가 번화하며, 지세가 평탄하고 한쪽
면은 바다에 임하였으니, 왜의 도시들 가운데 명승지였다.

— 강홍중, 『동사록』, 1624년 12월 12일

상점과 주택의 번성함이 왜경만 못하지 않고, 고운 여인들의 색옷이 아
름다운 비단[雲錦]처럼 찬란하니, 왜경에서 보지 못하던 것이다.

— 김세렴, 『해사록』, 1636년 12월 7일

겹겹으로 늘어선 점포와 번성한 인물을 이루 다 기록할 수 없었다.

— 남용익, 『부상록』, 1655년 10월 2일

마을의 집들이 상당히 많고 온갖 물건들이 번화하였으며 좌우의 점포
에 물건들이 산더미같이 쌓여 있었다.

— 홍우재, 『동사록』, 1682년 8월 21일

백성과 물건들이 풍부하고 성시城市가 번화하여 실로 대판이나 왜경 두
도회에 비할 바가 아니었다.

— 김지남, 『동사록』, 1682년 8월 21일

곧, 위와 같은 표현이 지속적으로 이어졌는데 이는 에도에 대한 총평
이라고 할 수 있다. 특히 에도가 오사카나 교토와 견줄 것이 아니라고 하
여 그동안 방문했던 지역 중에서 가장 번화하다고 평가했다. 이렇듯 짧

고 총괄적인 평가는 주로 17세기 사행록에서 나타났다.

건물과 화재 방비

앞의 1607년 예문을 살펴보면, 높은 직책의 왜인들의 집들이 지붕들을 잇대어 있고 담장이 이어져 있는데 금빛 기와와 흰 담장이 반짝인다고 하였다. 건물들에 대한 이러한 관심은, 이후 사행에서도 지속적으로 나타난다. 층층 누각과 큰 집이 가득하고(1643), 즐비한 여염이 모두 2층집인데 판자를 덮어놓은 것이 물고기 비늘 같으며(1711년) 길옆 장랑長廊은 모두 상점이었고, 분칠한 다락과 아로새긴 담장은 2층과 3층이었고, 서로 이어진 지붕은 비단을 짜놓은 것 같았으며(1719년) 화려한 거리에 있는 집들은 지붕 위에 흰 흙을 새로 칠하여 깨끗하고 곱게 빛나 마치 눈

이성린李聖麟, 〈입 강호入江戶〉, 《사로승구도槎路勝區圖》
'에도에 들다'라는 제목의 그림. 바다를 끼고 펼쳐진 에도의 모습을 묘사했다. l 국립중앙박물관 소장

내린 풍경 같았고, 누대樓臺에는 비단으로 만든 주렴이 빛나며, 구리기와 [銅瓦]로 덮인 큰 집들이 햇빛에 번쩍였고(1748년), 길옆에는 모두 층층 누각이 있었으며, 집들의 기둥은 문목文木을 사용하였고 조수鳥獸의 형상을 조각하였는데 희고 검고 푸르고 붉게 색을 칠하였다(1764년)고 하였다.

곧 에도의 시가에는 큰 집들이 가득히 이어졌는데 대부분 2층집이었으며 기와는 금빛, 흰색, 구리 등이었고 누각에는 분칠을 하거나 비단 주렴이 걸려 있었으며 기둥은 좋은 나무를 사용하여 여러 색으로 조각을 하였고, 담장은 회칠을 하여 흰색이었다. 또한 이러한 집들이 햇빛에 반짝였다. 이로 볼 때 사행록에서는 에도 시가의 건물들이 아름답고 긍정적으로 묘사되어 있다.

건물에 대한 묘사를 하면서 사행은 화재 방비에 대해서도 관심을 보였다. 특히 이는 18세기 사행록에 나타난다. 이에 대해 1711년은 화재방비[備火患], 1748년은 금화禁火, 1764년은 화금火禁이라고 하였다. 1711년 사행은, 건물의 지붕 위에는 모두 물을 담은 통을 놓았으며, 또 높은 사다리[雲梯]를 설치하여 화재에 대비하였다고 하였다. 이 높은 사다리에 대해서는 1748년 사행록에서 자세히 기술되었다. 거리에 10여 길이 되는 기둥을 네 개 세우고 거기에 가로지르는 큰 나무를 차례차례 꽂아 사다리 모양을 이루었으며 꼭대기에 이르러서는 위에다가 판잣집 한 칸을 설치하였다. 여기에서 전후좌우를 굽어보게 하여 화재에 대비하였다고 했으니, 오늘날로 치면 소방 망루였다. 이를 화재 감시대火の見櫓(히노미야구라)라고 하는데 왼쪽 면의 〈입 강호〉 그림에 모습이 잘 표현되어 있다. 1764년 사행록에 따르면, 집마다 가장 높은 등마루에는 반드시 시렁 의자를 앉히었다. 또한 각 정町에는 모두 구름사다리를 세워놓아 멀리 바라보며 마주하고 세웠다고 했다. 1711년에 물을 담아 놓던 통이 시렁의자로 변한 것이고, 소방 망루는 마찬가지였다. 또한 화금장火禁將에 대해서도 관찰했다. 화금장은 말을 타고 병졸 수십 명을 거느리고 다니는데 한 사람이 둥근 몽둥이를 다섯 개씩 들고 소리를 내며 앞에서 인도하고 나머지는 각각 불을 끄는 기구를 잡고 있었다. 매 십 리마다 표지판이 있었는데 이는 순행하며 살피는 것으로 불을 끄기도 하며 도둑을 살피는 것이기도 하다고 설명했다.

'관광'하는 사람들

관광하는 사람들에 대해서는 거리, 건물, 바닷가에서 관찰한 점이 서술되어 있다. 에도로 간 첫 사행인 1607년의 경우는 관광하는 사람들에 대해 구체적으로 서술하지 않았다. 시나가와에서 관복으로 갈아입고 에도로 행진을 해 갈 때, 일본 관리[倭官] 2명이 앞뒤에서 창과 칼을 들고, 각각 종왜從倭 30명씩을 인솔하여 갔는데 종왜들은 큰 막대기[大杖]를 들고 좌우로 나뉘어 사행이 탄 가마를 호위하며 큰소리를 외치면서 전도前導하고 갔다. 그래서 길에 있던 사람들이 놀라서 피했다고 하였다. 관광하는 사람들이 어느 정도 있었는지 알 수 없으나 그 수가 많았고 이 때문에 사행의 진로를 방해하지 못하도록 했음을 알 수 있다.

1624년과 1636년의 경우는 관광하는 사람들이 길의 좌우에 가득했는데, 대나무 막대기[竹杖]를 가진 관리들이 숲처럼 늘어서서 조용히 시키고 있었다.

길에서 관광하는 사람들의 경우, 1624년은 붉은 담요[紅氈]를 펴놓고 앉아 있었고, 1636년에는 수놓은 휘장[繡幕]과 누르스름한 비단 발[緗簾]이 길의 좌우에 있었다. 그 안에는 귀인의 가속家屬들이 있었는데 휘장 안에는 여인들이, 발 아래에는 남자들이 앉아 있었다. 이들은 집정執政 등 높은 관리[大官]들이었고 그 앞에는 칼을 받들고 있는 남자들이 많았다. 1643년과 1655년은 비슷하게 서술되었다. 좌우 시장[市廛]에 채색 발[彩簾]로 둘러싸거나 비단 가리개[錦帳]로 가렸으며 꽃담요[花氈]를 깔았고 여종들이 밖에서 겹겹으로 앉아 있었는데 그 안에는 모두 장관將官(여기서는 번주藩主 곧 다이묘大名를 뜻한다)의 처첩妻妾이 있었다. 또한 집정과 장관들도 구경을 하였고, 그 앞에는 칼을 받들고 있는 남자들이 많았다. 또한 1636년과 1655년에는 관백도 이 인파 속에 끼어 높은 누대에서 몰래 구경한다고 들었다고 했다.

그런데 대나무 막대기는 1643년 이후에는 등장하지 않았고, 1636년 이후 앞에서 칼을 들고 지키는 남자들이나 앞에 앉은 여종이 등장하였다. 또한 1682년부터는 길에 대나무 울타리[以竹設爲闌干·竹欄·竹柵]를 설치했다는 기록이 나타난다. 이는 길에 가득한 사람들이 사행의 행로에 진입하여 방해하지 못하도록 하는 가드펜스 역할을 했다.

난간 밖 거리에 가득한 사람들에 대해서는 다음의 기록을 참고할 만하다.

관광하는 사람들은, 젊은이들이 감히 어른들의 앞을 가리지 않았다. 또한 파리가 모여들듯 고슴도치의 털이 모이듯 하여, 사람들의 얼굴이 장막

[帷]을 이루었으니 그 모습을 표현할 길이 없었다. 그러면서도 고요하여 떠들지 않고 꿇어앉아서 관광하고 있었다. 또한 물 위에 누각을 만들어 놓고 보기도 하고, 집 위에서 발을 치고 내다보기도 했다. 그래서 사신이 행차하는 길 이외에는 빈 땅이 없었다.

— 김지남, 『동사록』, 1682년 8월 21일

김지남에 의하면 난간 밖 사람들은 젊은이들이 감히 어른의 앞을 가리지 않았다고 했으니, 젊은이들은 앞에 앉고 어른들이 뒤에 앉아 있던 것으로 읽힌다. 또한 사람이 얼마나 많은지 마치 파리들이 모여들어 있는 것 같고 고슴도치의 털들이 빼곡하게 모여 있는 것처럼 보였다. 그래서 사람들의 얼굴이 떨어져 보이는 것이 아니라 죽 연결되어 마치 장막이나 가리개를 만든 것처럼 보였다는 것이다. 그로 인해 사행이 행차하는 길 외에는 빈 땅이 없이 사람들로 가득 찼다. 그런데 이처럼 수많은 사람들이 떠들지 않고 조용히 꿇어앉아 있었다.

또한 물 위에 누각을 짓고 관광하는 사람들이 있었다고 했다. 여기서 물이란 바다로부터 물을 끌어들이는 운하와 참호를 말한다. 또한 1748년의 기록에는 바다에서 구경하는 사람들에 대한 기록이 나타난다. 바닷가 둑 아래에 작은 배가 물고기 비늘처럼 많이 모여 있는데 풍랑이 일어 키를 까불 듯이 움직였으나 배 안에서 관광하는 젊거나 나이 든 사람 모두 태연하며 두려운 빛이 없었다. 또한 에도 시내 다리 밑에도 배가 많아 마치 육지처럼 보였다. 육지뿐 아니라 물에서도 관광하는 사람들이 인산인해를 이루었음을 알 수 있다.

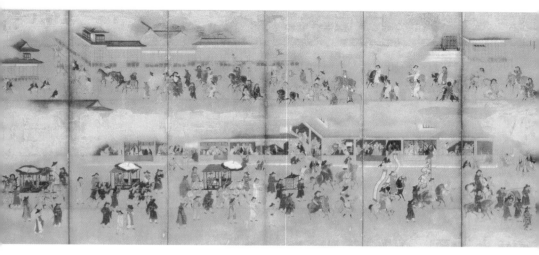

카노 마스노부狩野益信, 〈조선통신사 환대도병풍朝鮮通信使 歡待圖屛風〉 부분
1655년 사행이 에도성으로 가는 모습과 사행 행렬을 관광하는 일본 사람들의 모습 | 센뉴우지(泉涌寺) 소장

　성 가까이 문 네 개를 지났는데 문짝은 모두 철로 싸였다. 길옆에는 모
두 층층 누각이 있었는데 누각 위에는 발을 드리운 것이 귀한 집의 부녀들
이 관광을 하는 것 같았다. 누각 아래 땅에 앉은 사람들은 밖에 대나무 난
간을 설치하고 난간의 안쪽으로는 층층 계단을 만들어 앞은 낮고 뒤는 높
게 하였는데 대판大坂이나 서경西京에 비교하면 더욱 가지런하였다. 예전 사
람들이 일컬었던 '아이들은 앞에 앉고 어른들은 뒤에 앉아서 대오를 잃지
않았다'라고 하였던 것은 앞은 낮고 뒤는 높은 것을 가리켜서 말했던 것 같
다. 대판 이후로 여러 이름난 도시가 모두 그러하였다. 대저 한 누각에 앉는
바는 거의 백 사람에 이르렀고 누각의 위에 앉는 사람들과는 더불지 않았
다. 남자와 여자들은 대략 나누어 앉은 것 같았고 노인들과 어린이들 또한
나누어 앉았다. 그리고 자색姿色이 있는 사람은 또 반드시 무리지어 모여 앉

왔다. 대저 여자가 삼분의 이를 차지했고 여자 가운데 아이를 안은 사람이
또 그 반을 차지했다.

— 원중거, 『승사록』, 1764년 2월 16일

이는 1764년 2월 16일 에도에 들어가면서 본 장면을 서술한 것으로
거리와 건물에서 관광하는 사람들에 대해 자세히 묘사되어 있다. 길옆
건물에서 관광하는 사람들에 대해서는 1682년부터 기록이 나타나는데,
위의 예문이 그 면모를 자세히 보여준다.

일단 거리에는 층층 누각이 있고 누각 아래에는 대나무 난간이 설치
되어 있다. 사람들은 누각 위에 있거나 난간 안쪽에 모여 있었다. 누각
위에 있는 사람들과 누각 아래 있는 사람들은 더불어 있지 않았는데, 누
각 위에는 발이 드리워 안이 자세히 보이지 않았으나 귀한 집 여인들이
관광을 하는 것으로 보였다. 그런데 누각 아래 난간 안쪽에는 다시 층층
계단이 있어 앞은 낮고 뒤는 높았으니, 뒤에 앉은 사람들의 시야를 가리
지 않게 한 것이다. 그래서 이전 사행에서 젊은이들이 앞에 앉고 어른들
이 뒤에 앉았다고 한 것은, 실제 나이로 나눈 것이 아니라 층계가 있다는
것을 인지하지 못한 상태에서, 앞의 사람보다 뒤의 사람의 키가 커 보였
기 때문에, 앞에 앉은 사람은 젊은이, 뒤에 앉은 사람은 어른이라고 여겼
다는 것이다.

또한 누각 한 채 아래의 계단에 앉은 사람은 백여 명이 되었다. 길가
에 누각이 이어졌으니 관광하는 이들의 수가 얼마나 많았는지 가늠하게
한다. 흥미로운 점은 남녀가 나뉘어 앉았고, 노인과 어린이들도 나뉘어

앉았으며, 자색이 있는 예쁜 여인들도 무리 지어 있었다고 했다. 이들 중에 3분의 2가 여성이었고 또 여성 가운데 아이를 안은 사람이 반이었다. 곧 100명 가운데 60여 명이 여성이고 30여 명이 아이를 안고 있었다고 하겠다.

이렇듯 시가와 사람들에 대한 감상에서, 사행은 '웅장하고 번성하였다, 집과 사람들이 이루 셀 수 없었다, 집과 주렴과 사람들의 옷차림이 눈을 현란하게 하고 햇볕에 반짝였다' 등의 표현을 하여 긍정적으로 평가를 하였다.

그런데 특이한 점은 에도를 다른 도시와 비교한 점이다. 1624년은 에도 자체에 대해 평가하였는데('왜의 도시 가운데 명승지'), 1636년과 1643년은 에도를 교토와 비교하였고('왜경보다 못하지 않다. 왜경에서 보지 못하던 것. 왜경보다 사람이 2배는 많다'), 1682년은 교토 및 오사카와 비교하였으며('대판이나 왜경 두 도시에 비할 바가 아니었다'), 1719년에는 오사카와 비교('대판보다 3배는 더하였다')하였다. 곧, 천황이 거주하는 교토와 육로의 첫 기착지인 오사카와 주로 비교하였고, 세 도시 가운데 에도가 가장 번성하였다고 보았다.

화재 가림 및 가난한 사람들

에도 거리에 대한 서술은 다른 도시와 다른 특이한 점을 지닌다. 곧, 화재 및 가난한 사람들에 대한 묘사가 나타난다.

관소에 이르기 전 몇 리쯤에 새로 만든 나무 울타리[板墻]가 있었는데, 가지런하면서 높은 것이 좌우로 4~5리에 걸쳐 이어져 있었다. 물어보니, 지난 24일에 화재가 나서 수천여 집들이 불에 탔는데, 미처 수리하지 못한 곳은 담장으로 막아서 잿더미가 된 것을 보이지 않게 하려는 것이라고 하였다. 전일 곳곳에서 행차를 머물도록 청한 것도 반드시 이 때문이었을 터이니, 그 풍속이 과장하고 허탄하여 실상이 없음이 이와 같다.

— 남용익, 『부상록』, 1655년 10월 2일

이는 1655년 10월 2일의 기록이다. 에도에 도착하여 관소로 가는 도중에 나무로 만든 담장들이 길 양편으로 이어져 있었다. 일본 사람들에게 물어보니, 9월 24일 화재가 나서 집들이 수천 가구가 불에 탔는데 수리를 못 했다는 것이다. 채 열흘도 안 된 시점이었기에 화재 뒤처리를 하기에도 모자란 시간이었다. 그래서 새로 담장을 길옆에 세워 불에 탄 모습을 가린 것이었다. 그런데 이 담장은 일본인들을 위한 것이 아니라, 조선 사행 때문이었다. 에도 막부는 일본의 좋은 모습만 과시하고자 했으니 화재로 잿더미가 된 처참한 모습을 감추고자 했던 것이다. 이에 대해 남용익은, 일본인들이 에도로 오는 길을 자꾸 지체시킨 것이 이것 때문이라고 판단하였다. 그러면서 일본의 풍속이 과장하고 허탄하여 실상이 없다고 비판하였다.

18세기에 이르면 자연 재해가 아니라 구조적 문제에 대한 비판이 나타난다. 곧, 가나가와에서 시나가와, 그리고 시나가와에서 에도에 이르는 길에서 사행은 가난한 사람들을 목도하게 되었다. 1719년 신유한은 사가미주相模州(사가미국相模国)와 무사시주武蔵州(무사시국武蔵国)의 중간에는 바닷가에 사는 백성들이 가난한 사람이 많고 부자는 적으며, 집들이 모두 초가였다고 했다. 또한 전답에는 가을 곡식이 익었는데도 배고픈 백성과 구걸하는 아이들이 거리에 널려 있고, 그중에 눈먼 사람들이 반이나 넘었다고 했다. 이에 대해 몹시 괴이하다고 평가했다. 1748년 조명채는 시나가와에 갔더니, 거리와 사람은 몹시 번성하지만 집들은 다 띠를 덮고 있었으며 시장이 사치하지는 않다고 했다. 그러면서 그 이유가 소금기가 많은 땅이라 민간의 생산이 넉넉하지 못하기 때문인 것 같다고 추측했다.

> 신내천神奈川 이후는 무장주武藏州에 속한다. 대개 등지藤枝 동쪽의 땅은 더럽고 무너진 것이 많았다. 더욱이 앞을 못 보면서 구걸하는 사람과 앉은뱅이와 절뚝발이와 곱사등이가 많았고 어지럽게 뒤섞여 구걸했으니 이는 강호江戸에서 구걸하는 무리들이 여기로 나온 것이 아닌가 하는 생각이 들었다. 토품土品도 또한 박하였다.
>
> — 원중거, 『승사록』, 1764년 2월 15일

이는 1764년 원중거가 시나가와에서 기록한 내용이다. 신유한 및 조명채의 기록과 내용이 비슷하다. 다만 후지에다藤枝 동쪽의 땅을 언급했는데, 후지에다는 시즈오카현静岡県에 속하는 도시로 사행은 2월 9일에 후지에다에서 묵었고 15일에 가나가와에 들어갔다. 시즈오카는 사가미국에 속한다. 이로 볼 때 원중거는 1719년 신유한이 사가미국과 무사시국 중간의 땅이라 한 것에서 한 걸음 더 나아가 후지에다라는 도시 이름을 정확히 기술하였다. 후지에다에서 에도에 이르는 땅이 더럽고 무너진 것이 많았다고 하여 풍토가 좋지 않고, 토지의 품질도 박하다고 설명했다. 그런데 장님, 앉은뱅이, 절뚝발이, 곱사등이 같이 장애를 안고 있는 사람들이 많이 있었으며 구걸을 하고 있었다. 이에 대해 원중거는 에도에 있던 사람들이 나온 것이 아닌가 의심하였다. 곧 사행에게 보이지 않기 위해 에도에서 쫓아낸 것으로 본 것이다.

18세기 이후 사행에 그것도 에도 근방에서만 이러한 상황들이 목격되었다는 점은 생각의 여지를 많게 한다. 워낙 이러한 상황이 심각하여 막부에서 숨기려 하여도 가릴 수 없었던 것인지, 막부의 통제권이 제대로 작동을 못한 것인지, 굳이 이러한 점을 숨기고자 하지 않았던 것인지, 가능성은 여럿이다.

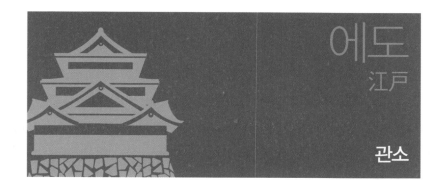

에도 江戸

관소

관소의 종류 및 특징

에도에서 조선통신사의 관소는 혼세이지本誓寺와 히가시혼간지東本願寺 두
곳이었다. 혼세이지는 1607년 1차부터 1682년 7차까지 6회에 걸쳐 사용
되었고 히가시혼간지는 1711년부터 4회에 걸쳐 사용되었다. 곧, 17세기
에는 혼세이지, 18세기에는 히가시혼간지가 관소였다.

혼세이지本誓寺
사행이 묵었던 혼세이지는 바로쿠초馬喰町와 후카가와深川 2곳에 있었다.
바로쿠초에 있던 혼세이지에는 1607년부터 1655년까지 총 5회의 사행
이 묵었다.

사행은 혼세이지까지 가는 거리를, 시나가와에서부터는 30리(1624
년), 에도 초입부터는 10여 리(1607년), 15리 정도(1636년)라고 했다.

1607년 사행록에는 '새로 지어 공사가 끝나지 않았다'고 했다. 이는 혼세이지의 역사를 제대로 설명한 것이다. 곧, 일본 측 기록에 의하면 혼세이지는 정토종浄土宗의 사원으로, 원래 1501년에 사가미국相模国 오다와라小田原에 창건되었는데 1590년 도요토미 히데요시의 오다와라 공격 때 병화兵火를 입었다. 1595년에 막부가 야에스八重洲 가시河岸에 절터를 마련하여 에도 혼세이지를 열고, 오다와라 혼세이지의 말사末寺로 재건再建하였다. 이곳은 현재 도쿄역과 황거皇居 근처 우치보리도리内堀通り 근처였다. 그 뒤 1606년에 막부는 혼세이지를 바로쿠초로 이전하였는데 절터는 5,773평이었다. 이렇듯 넓었기에 막부 어용사御用寺로서 조선통신사의 관소로도 사용되었다.

곧, 혼세이지는 막부에 의해 1606년에 바로쿠초로 이전되고 1607년부터 조선통신사의 관소로 사용되었다. 그러므로 1607년 5월 24일 사행이 혼세이지에 도착했을 때, 공사가 완공되지 않았음을 알 수 있다. 또한 사행의 혼세이지에 대한 묘사는 절의 초기 모습을 보여준다.

> 절이 매우 웅장하고 사치스러워 황금을 기둥에 발랐으며 새로 지어 공사가 끝나지 않았다. 병풍, 자리, 장막들은 모두 황금을 썼다. 밥상에 연밥[蓮]이 나왔으니 그 절후가 이른 것을 알 만하다. 음식상이 사방 한 길[方丈]이나 되고 금과 은을 그릇에 발랐다. 그 풍족하고 사치스러움은 여태까지 지나온 곳들을 훨씬 능가했다.
>
> ─ 경섬, 『해사록』, 1607년 5월 24일

혼세이지 | 김경숙 사진

히가시혼간지 | 김경숙 사진

저잣거리 속으로 15리 남짓 가서 본서사本誓寺에 이르렀다. 바로 가강의 원당願堂인데 지극히 웅장하고 수려하였다. 큰 대청 셋을 지나, 각도閣道를 따라서 널다리[板橋] 하나를 건너니 비로소 정당正堂이 나왔는데, 사면이 모두 금빛이고 윗면의 판자도 그러하니 하나의 금옥金屋이었다. 병풍·장막·자리·요 등이 화려하지 않은 것이 없었다. 당중堂中에는 각각 팔면八面을 은으로 꾸민 화로와 푸른 비단 방석을 설치하였다. 진무振舞,음식 대접를 올림에 미치니, 지나온 길에 비하여 특별히 풍성했다.

— 김세렴, 『해사록』, 1636년 12월 7일

혼세이지에 대한 사행록의 공통된 의견은 '웅장하고 금칠을 했다'는 점이었다. 일단 건물이 크고 넓었다. 위 1636년 기록을 보면, 큰 대청을 셋 지나고 각도를 따라 다리를 건너고 나서야 정당이 나왔다고 했다. 거찰이었음을 알 수 있다.

또한 위 1607년 기록에는 황금을 기둥에 칠했고 병풍, 자리, 장막에도 황금을 사용했으며 그릇도 금과 은 칠을 하였다고 했다. 1624년 사행록도 기둥에 황금을 칠했고 벽은 단청을 했다고 했다. 1636년 사행록은 사면과 천장을 모두 금으로 칠했고 병풍, 장막, 자리, 요 등도 화려했으며, 팔각八角 화로는 은으로 장식했고 방석은 비단이었다고 했다. 이로 볼 때 건물은 금칠과 단청을 했으며, 부속물들도 금·은·비단으로 된 것을 설치했음을 알 수 있다.

이에 대해 사행은 '풍족하고 사치스럽다, 정결하다, 눈부시다, 수려하다, 화려하다' 등의 표현을 하였다. 청빈을 위주로 하였던 사대부의 시각에서 보면 사치가 극에 달했다고 비난을 할 만도 한데, 눈에 보이는 그대로를 기술하였다. 일본 문화 공간을 있는 그대로 살피고 인정하는 모습을 보였다.

1682년 사행이 관소로 사용한 혼세이지는 그 이전의 혼세이지가 아니었다. 1657년 1월(양력 3월)에 큰불이 나서, 당시 에도의 절반이 불에 탔다. 이를 메이레키 대화재明曆の大火라고 한다. 이때 바로쿠초에 있던 혼세이지도 불에 탔다. 그래서 혼세이지는 1682년 후카가와深川로 이전을 했다. 그러므로 1682년 사행은 새로 옮겨간 혼세이지를 관소로 사용했다. 이로 볼 때, 사행은 바로쿠초의 혼세이지와 후쿠가와의 혼세이지가 모두 신축한 직후 그곳을 관소로 사용했고, 신축한 모습을 목도했던 것이다.

1682년 사행은 후카가와에 새로 창건한 혼세이지에 묵었는데, 홍우재와 김지남의 사행록을 살펴보면 당시 사행은 이에 대해 인식을 하지는 못했다. 오히려 김지남은 '전에 왔던 사신 행차는 모두 여기에서 접대를 받았다고 한다'고 하여 이전과 같은 곳에 묵었다고 기록하였다. 두 사람이 역관이었기에 일본 실무자들과 접촉이 많았는데도 알지 못했으니, 일본 쪽에서도 이에 대해 알려주지 않았던 것이다.

후쿠가와 혼세이지에 대해, 김지남은 관소의 집들[館宇]이 크고 넓으며 몹시 사치하고 아름답고, 불전佛殿·선당禪堂·종루鍾樓·비각碑閣 등 여러 건물[院舍]들을 다 기록하고자 하여도 모습을 다 형용하기 어렵다고 했다. 이로 볼 때 신축한 혼세이지 역시 크고 화려했음을 알 수 있다. 그런데 '금칠'에 대해서는 기록하지 않았다. 이는 후카가와로 이전한 새 절이 바로쿠초의 옛 절만큼 금칠을 하지 않았거나, 김지남이 이에 대해 기록하지 않았거나, 두 가지 가능성이 있다.

1682년 사행록에서 김지남과 홍우재는 자신들이 묵은 처소에 대해 기록하였다. 곧, 홍우재는 '세 당상관堂上官은 청심원淸心院에 머물렀는데 여러 동료들이 좌우의 작은 방에 나누어 거처했다'고 하였고, 김지남은 '일행은 각 방에 나누어 거처했는데 자신과 동료 3명은 승덕원勝德院의 같은 방에서 머물렀고, 벽을 세워 칸을 나눈 좌우의 방에는 다른 4명이 머물렀다'고 했다. 이로 볼 때 홍우재를 비롯한 3명의 수역首譯들은 청심원에 머물고, 압물통사押物通事였던 김지남과 동료들은 승덕원에 머물렀음을 알 수 있다. 청심원과 승덕원은 혼세이지에 딸린 건물이거나 닷츄로 보인다.

혼세이지에 대한 통신사의 공통된 기록은, 이곳이 도쿠가와 이에야스의 원당願堂이라는 점이다. 원당은 고인을 위해 초상화나 위패를 모시고 제사를 지내는 곳 혹은 소원을 빌기 위해 세운 곳을 말하는데, 절 혹은 절 안에 있는 건물이었다. 이는 1624년부터 1682년의 사행록에 모두 나타난다. 다만 1624년 강홍중은 이를 도쿠가와 이에야스의 희첩姬妾의 원당이라 하였다. 그런데 일본 측 기록에 의하면 이 절은 '막부幕府의 어용사御用寺'였다. 그러나 도쿠가와 이에야스의 원당이거나 희첩의 원당은 아니다. 다만 도쿠가와 이에야스의 누이인 코겐인光源院, ?~1633의 영옥靈屋(영혼을 모신 집. 사당)이 있었다. 코겐인이 사망하자 바로쿠초의 혼세이지에 장례했다. 또한 도쿠가와 이에야스의 측실인 에이쇼인英勝院, 1578~1642의 귀의가 정토종의 부흥을 가져왔다고 하는데, 관소로 사용한 혼세이지에 국한된 사실은 아니다. 어쨌거나 도쿠가와 이에야스와 정토종, 그 누이와 혼세이지는 관련이 있으나, 혼세이지가 도쿠가와 이에야스의 원당은 아니었다. 사행이 잘못 알았던 것이다.

히가시혼간지東本願寺

1711년 사행부터는 히가시혼간지가 관소로 사용되었다. 화재로 인해 이전했음에도 불구하고 1682년에도 혼세이지를 관소로 사용하였다가, 1711년부터 히가시혼간지로 옮긴 이유에 대해서는 정확한 기록이 없다. 다만, 그 위치 때문이 아니었을까 추측할 수 있다. 곧, 바로쿠초는 관백의 성에 가까웠다. 그런데 현재 후쿠가와의 혼세이지는 주소가 도쿄도 고토구 키요스미 산초메東京都 江東区 清澄3丁目 4-23으로, 스미다가와隅田川를 건너 동쪽으로 가야 한다. 그러므로 강을 건너지 않아도 되며 바로쿠초에서 가까운 아사쿠사浅草에 있는 히가시혼간지로 관소를 바꾼 것으로 보인다. 히가시혼간지의 현재 주소는 도쿄도 다이토구 니시아사쿠사東京都 台東区 西浅草 1-5-5이다.

히가시혼간지 측의 기록에 의하면 히가시혼간지는 원래 1591년 에도의 간다神田에 있었는데 1621년에 에도 아사쿠사미도江戸 浅草御堂를 창건하였다. 두 절의 방향이 상대적으로 간다가 서쪽, 아사쿠사가 동쪽이었기에, 이때부터 동서東西 분립이 되었다. 그런데 이 역시 1657년 메이레키 대화재로 피해를 입게 되었고, 두 곳 중 아사쿠사를 선택하여 건립하여 이후 아사쿠사에 히가시혼간지 시대가 열리게 되었다. 그러다 1711년 조선통신사의 관소로 쓰기 위해 막부의 명으로 개수改修가 진행되었다. 공사는 3월에 시작하여 7월에 완공되었다. 혼세이지 수복에 드는 비용보다 약 10배에 해당하는 비용을 들여 개수하였다. 당시 히가시혼간지는 동서로 102칸間, 남북으로 109칸에 달하는 넓이였다. 또한 도쿠혼지德本寺(현재 주소는 台東区 西浅草 1-8-11) 이하 24개의 닷츄들이 있었다. 전체의 시설을 이 기회에 개수하였다고 한다. 그럼에도 불구하고 경내境内의 여러 시설에 사행을 다 수용하지 못하여 임시로 가옥仮屋을 짓고 하관下官을 수용했다.

그런데 히가시혼간지에 대해 사행은 여러 명칭을 쓰고 있다. 1711년 임수간은 '동본원사東本願寺', 1719년 신유한은 '한 대문에 금룡산金龍山이란 방榜이 걸려 있었다. 또 수백 보를 가서 사관使館에 당도하였다. 사관은 실상사實相寺인데 일명一名은 본서本誓요, 옛 명칭은 동본원사東本願寺'라고 하였다. 1748년 조명채는 '본원사本願寺', 1764년 원중거는 '실상사實相寺', 남옥은 '본서사本誓寺인데 실상사實相寺 혹은 동본원사東本願寺라고도 한다'고 하였다. 곧, 히가시혼간지東本願寺라는 절의 명칭을 제대로 사용한 것은 이곳에 처음으로 묵었던 1711년 임수간이다.

신유한은 시나가와를 떠나 에도에 들어가 이문里門 100여 개를 지나서 가다 보니 대문에 '금룡산金龍山'이라고 방이 걸려 있었다고 했다. 이 문은 아사쿠사浅草에 있는 센소지浅草寺의 카미나리몬雷門이다. '킨류산金龍山'은 센소지의 산호인데 카미나리몬에 편액이 걸려 있다. 센소지가 히가시혼간지와 같이 아사쿠사 지역에 있기 때문에 가는 길에 보았던 것이다. 사관이라고 한 지소지實相寺는 히가시혼간지의 닷츄이다. 이에 대해 '本誓'라고 한 것은 17세기 관소와 혼동한 것이며, 옛 명칭이 '동본원

사東本願寺’라 한 것은 1711년의 기록을 염두에 둔 것이다. 또한 신유한은
‘예전부터 우리나라 통신사들은 반드시 여기를 관소로 하였는데 올봄
에 화재가 나서 잿더미가 되어, 새로 수천 칸을 지었다’라고 기술하였다.
곧, 신유한은 이곳을 17세기에 머문 혼세이지와 같은 곳으로 보고 있고,
1711년 개수한 것을 1719년에 개수했다고 하였다. 이는 일본 사람들로
부터 정확하지 않은 정보를 들었던 때문이다. 또한 사행록 어디에도 혼
세이지와 히가시혼간지가 다른 곳이라는 기록은 나오지 않는다. 아마도
18세기 통신사 전체가 이에 대해 인식을 못했던 것일 수도 있다. 1748년
사행 때, 조명채는 오히려 ‘본원사本願寺’라 하였으나 다시 1764년 원중거
는 ‘실상사實相寺’, 남옥은 ‘본서사本誓寺’라고 하였다. 정보가 부족하여 제
대로 인식하지 못하고 혼동하였음을 알 수 있다.

히가시혼간지에 대한 통신사행의 첫인상은 '크다'는 점이었다. 절의 크기가 수천 칸이라고 하였다. 그러기에 관소에는 상사, 부사, 종사관 등 삼사의 처소가 따로 있었고, 상·중·하관의 처소도 모두 한 구내에 있는데, 각각 잠자는 곳, 부엌, 욕실浴室, 화장실이 따로 있는데도 빈칸이 많다고 했다. 원중거에 의하면 각 처소를 크게 배치하였는데, 제술관과 서기를 합쳐 4명이 방 3칸에 거하고 1칸에는 하인들을 거하게 하였다. 방도 넓게 차지하였음을 알 수 있다. 또한 각 처소에 있는 병풍 족자 장막 등의 설비와 그릇들이 그동안 지나온 일본 도시들에 비해 모두가 더 사치하고 아름다웠다고 했다.

또한 사행은 히가시혼간지의 대청에 대해서도 묘사하였다. 히가시혼간지의 동남쪽에 있던 대청은 건물이 크고 넓었는데 대략 오사카 혼간지의 대청만했다. 첫 칸부터 바깥 기둥까지 3층으로 되어 있었다. 이는 건물이 3층이 아니라 바깥 기둥에서 건물 대청으로 들어가기까지 3단계로 되어 있다는 뜻이다. 바깥 기둥이 있는 층, 계단들이 있는 층, 건물 안, 이렇게 이루어졌다. 기둥은 문목文木으로 만들어 반드르하고 윤이 났다. 건물 안에는 방을 나누고 문에는 칸막이가 있었다. 또한 실내 장식과 물건들이 화려했다.

원중거는 실상루實相樓에 대해서도 자세히 묘사하였는데 이는 히가시혼간지에서 가장 큰 건물이었다. 실상루는 용마루가 평평하여 멀리서 바라보면 높지 않아 보였다. 그러나 용마루 끝에 황새가 둥지를 틀고 살았는데 처음 볼 때는 비둘기인 줄 알았다고 했다. 황새가 비둘기처럼 보일 만큼 큰 건물이었다는 뜻이다. 또한 나중에 직접 가서 보니 서까래 양쪽 끝에 구리 기둥이 있고 돌거북이 기둥을 받치고 있었는데, 구리 기둥은 낙숫물을 받는 통이었다. 소나기가 올 때 용 울음과 거북이가 삼키는 듯한 폭포 소리가 났고, 그 물은 땅속의 숨겨진 도랑으로 들어갔다. 또한 누각 한 채를, 가운데는 비워놓고 왼쪽에는 방 세 개, 오른쪽에도 방 여럿을 만들었는데도 불구하고, 방들이 모두 넓고도 여유가 있었으며, 건물이 높이 솟은 것을 알지 못했으니 참으로 장인의 기이한 솜씨라고 하였다.

다음으로 통신사행원들은 히가시혼간지의 정원에 대해서도 주목했다. 신유한과 원중거에 의하면 히가시혼간지의 정원은 작았던 것으로 보인다. 그러나 연못이 있었는데 이는 곡지曲池로 네모나지도 둥글지도 않으며 둘레가 멀어 섬 모양이었다. 연못의 북쪽에는 2층 누각이 있었다. 연못은 흙을 쌓고 돌을 쌓았으나 돌을 인공적으로 꾸미지 않고 천생자연天生自然의 모습으로 두었다. 언덕이 셋이었는데 모두 기이한 화초를 심어 놓았다. 연못에는 섬을 옆에 만들고 연못을 가로지르는 다리도 만들어 놓았는데 정결하고 운치 있었다. 또한 연못 위에 널빤지를 얽어 놓고 흙을 깔아 놓았는데 밟고 지나가면 은은하게 소리가 났다. 이로 볼 때 작은 정원에 구불구불한 연못이 있고 연못가에는 누각이 있는 모습이 상상이 된다. 또한 연못은 인공적인 미가 아니라 자연미를 추구하였으며 다리를 건너거나 연못가를 걸으면 운치를 느낄 수 있었다.

이상으로 볼 때, 히가시혼간지라는 공간에 대한 통신사들의 인상이나 인식에는 부정적인 면이 거의 없다. 오히려 공간의 넓음, 건물의 큼, 설비와 용품의 화려함, 정원의 운치 등을 통해, 이러한 공간 자체를 만들어낸 기술에 대해 기이함을 말했다.

그런데 조명채는 관소가 굉장히 크고 화려함이 교토보다 나은데, 에도에 있는 300 남짓한 사찰 가운데 이곳이 가장 작은 절이라고 한다고 설명했다. 이는 물론 일본인들로부터 들은 이야기일 것이지만, 사실과 다르다. 여기서 두 가지 사실을 알 수 있다. 우선 일본인들이 통신사행원들에게 거짓 정보를 알리며 자신들의 문화를 과시하고자 했다는 점이다. 다음으로 이렇듯 큰 절이 에도에서 가장 작다는 말을 믿었다는 사실은, 사행원들이 일본 공간 건축 문화를 자신들이 경험한 그대로 인정하며 받아들였다는 것이다.

에도
江戸

관백과 에도 문화

관백에 대한 인식

관백 호칭

국서國書 전명은 쇼군에게 하는 것이었다. 그러므로 최종 목적지인 에도에서 궁극적으로 만나야 하는 인물이 쇼군이었다. 이 쇼군에 대해 사행록에서 지칭한 단어를 살펴보면 다음과 같다.

> 1607년 : 關白, 將軍, 老關白, 新關白, 舊將軍, 新將軍
>
> 1624년 : 將軍, 舊將軍, 新將軍
>
> 1636년 : 關白
>
> 1643년 : 關白, 大君
>
> 1655년 : 關白
>
> 1682년 : 關白, 大君

1711년 : 關白, 國王

1719년 : 關白, 國王

1748년 : 關白, 國王, 老關白, 太大君

1764년 : 關白

이를 통해 보면 사행은 대부분 관백이라 하였다. 다만 1607년과 1624년에는 장군將軍이라고 하였는데 이는 일본 측이 사용한 용어를 그대로 쓴 것이고, 사행도 일본 측과의 공적인 대화에서 이 단어를 사용했다. 1643년과 1682년에는 대군大君이라는 용어가 나오는데 이는 일본 측에서 관백을 지칭한 단어였다.

또한 1711년과 1719년 그리고 1748년에는 국왕國王이라는 단어가 나오는데, 이 역시 일본 측이 관백을 지칭한 단어였다. 1719년의 경우 사행이 일본인에게 관백을 지칭할 때 국왕이라는 단어를 사용했는데 이는 일본의 예禮를 따른 것이었다. 그런데 이는 앞서 교토 편의 '다이부츠덴大佛殿 연회 문제와 이총耳塚' 부분에서 살폈듯이 일본 측이 1711년 일방적으로 빙례개혁을 주장하고 관백에 대한 호칭을 국왕으로 바꾼 것에 기인한다.

1607년과 1624년에는 노관백老關白 · 신관백新關白, 구장군舊將軍 · 신장군新將軍이라는 용어가 나오는데 이는 전위하고 물러난 전前 관백과 당시 관백을 지칭했다. 1748년에는 노관백老關白과 태대군太大君이라는 용어가 나오는데, 이는 전 관백을 지칭한 것으로, 노관백은 사행이, 태대군은 일본 측이 사용하였다.

결과적으로 사행은 관백이라는 용어를 주로 썼고, 일본 측에서는 장

군, 대군, 국왕이라고 했으며, 물러난 관백을 노관백, 구장군, 태대군이라
하였다. 그런데 도쿠가와 이에야스가 1603년 세이이타이쇼군征夷大將軍에
취임한 이래 에도 막부의 수장은 쇼군이라고 불렸다. 도요토미 히데요시
와 히데요리는 직위가 간바쿠關白였으나 도쿠가와 쇼군들의 직위는 아니
었다. 그럼에도 불구하고 사행은 이전부터 쓰던 관백이란 용어를 계속
사용했다.(이에 4장에서는 관백이라고 서술하였다.)

다음은 관백의 거처에 대한 용어이다. 일본에서는 이를 에도성江戶城
이라고 한다.

> 1607년 : 關白宮
>
> 1624년 : 將軍宅
>
> 1636년 : 城
>
> 1643년 : 關白第, 關白之城
>
> 1655년 : 關白之宮
>
> 1682년 : 宮室
>
> 1711년 : 關白宮
>
> 1719년 : 宮城
>
> 1748년 : 關白宮
>
> 1764년 : 宮城, 關白宮

관백의 거처에 대해서는 성城, 궁실宮室, 궁성宮城, 장군댁將軍宅, 관백궁
關白宮, 관백제關白第, 관백의 궁[關白之宮], 관백의 성[關白之城] 등의 용어를 사

용했다. 대체로 '宮' 혹은 '城'이란 단어를 홀로 혹은 다른 단어와 조합을 하여 사용했고, '關白宮'이 4회로 가장 많이 사용되었다. 이로 볼 때 사행은 에도성에 대한 정확한 혹은 통일된 명칭을 사용하지 않았다.

관백의 기원

관백이란 칭호는 박륙후博陸侯의 고사故事로 인한 것이다. 등원양방藤原良房에서 시작하였으니, 그는 청화천황淸和天皇의 외조부로 대신大臣인데도 섭정攝政을 하였다. 자손에게 대대로 전하다가 38세 후손에서 끊어졌다. 평청성平淸盛이 43년 하였고, 원뢰조源賴朝의 32세 후손 인산仁山이 계승하여 집정執政이 되었고, 청성의 14세 후손인 평신장平信長이 15년을 하였고, 평수길이 2세까지 하였다. 원가강源家康이 4세 후손까지 이어졌으니, 곧 지금의 관백인데 가광家光의 아들로 나이 16세다.

— 남용익,『부상록』, 1655년 10월 2일

관백의 선대는 계통이 천황에게서 나왔는데, 당 희종唐僖宗 건부乾符 3년에 황자 정순貞純에게 원源씨를 사성賜姓하였으니, 원씨의 섭정攝政이 정순에게서 비롯되었다. 원뢰조源賴朝에 이르러 더욱 강하고 커져서 능히 천황을 밀쳐내고 전권專權을 제 마음대로 휘둘러 대장군의 지위에 있으면서 일국의 권력을 쥔 그 내력이 이미 오래되었다. 그런데 유서애柳西厓가 지은 『징비록懲毖錄』에 '명 태조明太祖 홍무년간洪武年間에 나라를 세웠다'고 한 것은 잘못 전해진 것이다.

만력萬曆 병술년간에 평적 수길平賊秀吉이 노예奴隷에서 일어나 원신장源信長을 대신하여 왕이 되었다. 세속에서 전하는 말로는 수길은 중국 사람으로서 일본에 흘러들어 와서 남의 나무하는 하인이 되었다. 신장이 그때 관백이었는데 수길의 용모를 보고 기이하게 여겨서 데리고 궁중에 들어가 총애하고 가까이 하며 일을 맡겼다. 수길이 인하여 신장을 죽이고 스스로 관백 박륙후博陸侯가 되어 여러 추장酋長을 잔학하게 멸망시키고 주州와 도島를 통합하였다.

이때 오직 원가강이 성에 웅거하여 항복하지 않았다. 가강은 곧 옛 관백 원의정源義定의 11세손으로 관동關東에 웅거하여 8주의 백성을 보살폈다. 땅이 험하고 군사가 용맹하여 수길이 여러 해 동안 공격하였으나 항복을 받지 못하자, 뇌물을 후하게 주어 화친和親을 하고 그의 뜻을 맞추려 힘썼다. 그랬더니 가강도 또한 마침내 복종하여 신하의 예절을 잃지 아니하였다. 수길이 죽을 때에 그의 아들 수뢰秀賴를 가강에게 부탁하며 말하기를, "내가 국사國事로서 공公을 수고스럽게 하노니, 내 아이가 장성하기를 기다려 정사를 돌려주게" 하였다. 가강이 수뢰를 세웠다가 얼마 안 가서 죽이고 드디어 수길의 일족一族을 다 주륙하여 원가源家의 옛 권력을 도로 찾았으니, 또한 인걸人傑이다.

자손에게 전하여 가광家光 가강家綱 가선家宣 가계家繼로 이어졌는데, 가계는 일찍 죽고 아들이 없었다. 길종吉宗은 가선의 사위로서 처음에 기이紀伊 태수가 되었다가 이때 관백의 계통을 이었다. 그는 종실宗室의 지친至親인데 나라 풍속이 결혼할 때 친척 형제[從父兄弟]를 가리지 않기 때문이었다.

— 신유한, 『해유록』, 1719년 9월 27일

위 예문들은 관백의 기원과 계통에 대해 서술한 내용으로, 사행록 가운데 제법 자세히 서술되어 있다. 17세기 중반 남용익은, 관백이란 명칭이 박륙후博陸侯의 고사故事에서 시작한 것이라고 했다. 박륙후는 전한前漢시대 때 전권을 휘둘렀던 정치가 곽광霍光을 말한다. 그런데 원중거에 의하면 『한서漢書』 「곽광전霍光傳」의 "매사에 모두 먼저 곽광霍光에게 관하여 아뢴 뒤에 천자에게 아뢰어 말하다.[諸事皆先關白霍光 然後奏御天子]"에서 유래한 것이다. 관關은 '관계하다, 아뢰다', 백白은 '사뢰다'라는 의미가 있으므로 關白은 '윗사람에게 아뢰다'는 뜻이다. 그러므로 관백이란 단어는 황제 위에서 권력을 지니고 정치를 좌우하는 사람이란 뜻이다. 이러한 근거로 남용익이 관백이란 명칭이 박륙후에게서 기원했다고 한 것은 바른 정보이다.

그런데 남용익은 섭정攝政이었던 후지와라노 요시후사藤原良房, 804~872에게서 관백이 기원한다고 하였다. 후지와라노 요시후사는 세이와淸和천황의 외조부인데, 황족 이외의 인물로서 최초로 섭정이 되었다. 섭정은 일본어로는 '셋쇼'라고 하는데, 어리거나 병약한 천황을 대신하여 권력을 대행하는 사람을 뜻한다. 후지와라노 요시후사의 경우는 이 섭정에 머물렀고 관백이 되지는 않았다. 관백은 섭정과 달리 성인인 천황을 보좌하는 관직이다. 그의 아들인 후지와라노 모토츠네藤原基経, 836~891가 최초로 관백이 되었다. 그런데 그 뒤 섭정과 관백은 후지와라 집안이 계승하였고, 섭정과 관백은 겸직하는 경우가 많았다. 모두 외척이었다.

남용익은 후지와라 집안이 오랫동안 권력을 행사하다가, 타이라노 기요모리平淸盛, 1118~1181와, 미나모토노 요리토모源頼朝, 1147~1199의 후손인

인산仁山이 정권을 잡았고, 다시 타이라노 기요모리의 후손인 평신장平信長, 도요토미 히데요시, 도쿠가와 이에야스로 권력이 옮겨가는 것을 기술했다. 그런데 이는 대강의 사정만 알고 기술한 것이며, '인산'이란 인물도 누구인지 정확하지 않다.

두번째 예문을 보면 18세기 초반 신유한은 관백의 선대가 천황에게서 나왔다고 기술하였다. 당 희종 건부 3년은 876년이다. 신유한이 말한 황자 정순은 사다즈미 친왕貞純親王, 873?~916으로 세이와 천황의 여섯째 아들이었다. 세이와 천황은 아들들에게 겐源이라는 성을 주고 신하로 강등시켰다. 그래서 세이와겐지清和源氏라는 성이 생겼고 사다즈미 친왕은 세이와겐지의 조상 중 한 명이 되었다. 이에 대해서는 이설異說도 있다. 이 '源'이라는 성을 '겐지(겐씨)'라고 하는데, 이름과 연결하여 성으로 읽을 때는 미나모토라고 한다.

남용익과 신유한이 언급한 미나모토노 요리토모는 그 후손 중의 한 명이다. 또한 타이라노 기요모리의 정권은 곧 무너져서 25년 정도가 전성기였다. 미나모토노 요리토모는 타이라노 기모요리 다음으로 전국을 평정하고 정권을 잡았고, 1185년경 가마쿠라鎌倉에서 막부를 세우고 1192년 세이이타이쇼군征夷大將軍에 임명되었다. 그래서 일본쪽에서는 쇼군將軍이란 명칭을 주로 사용하였다.

오다 노부나가織田信長, 1534~1582는 20년에 걸쳐 일본의 절반 이상을 수중에 넣었고 막부를 다시 일으켰다. 막강한 권력을 휘둘렀으나 관백이나 쇼군의 지위에 오르지는 않았다. 그는 타이라노 기요모리와 관계가 없으나, 후손이라고 주장하며 타이라노 노부나가平信長라고 했다. 이에 남용익이 '平信長'이라 한 것은 근거가 있으나 신유한이 '源信長'이라고 한 것은 오류이다.

신유한은 도요토미 히데요시가 중국 사람인데, 일본에 와서 노예가 되었고 나무하는 하인으로 있다가 오다 노부나가의 눈에 들어 출세했는데 배신하고 오다 노부나가를 죽여 그 뒤를 이었다고 하였다. 이때가 만력년간萬曆年間, 1573~1620 병술丙戌, 1586년이라고 하였다.

그런데 도요토미 히데요시는 오와리국 아이치군愛知郡 출신이다. 기노시타 도키치로木下藤吉郎·하시바 히데요시羽柴秀吉 등의 이름을 사용하였다. 그는 노예가 아니라 아시가루足輕 계층이었는데, 농민이나 보병 등의 하층민을 뜻한다. 오다 노부나가를 만나 성공하게 된 것은 사실이지만, 그가 노부나가를 죽인 것은 아니었다. 교토편 '관소의 종류 및 특징' 부분에서 살폈듯이, 혼노지의 변本能寺の変이 일어나, 노부나가는 부하였던 아케치 미츠히데明智光秀, ?~1582에게 배신당해 자살했다. 히데요시가 아케치 미츠히데를 물리치고 그 뒤를 이었다. 이는 1582년이었고 그는 오다 노부나가의 후계자가 되어, 8년만에 전국을 통일했다. 곧, 히데요시가 관백이 된 것은 1585년, 도요토미 성을 받은 것은 1586년, 전국 통일을 완성한 것은 1590년이었다.

신유한은 도쿠가와 이에야스를 '옛 관백 원의정源義定의 11세 후손'이라고 하였다. 그러나 그는 나고야 편에서 살폈듯이 마쓰다이라 출신이다. 源義定은 겐지源氏의 일족이었던 무장武將 야스다 요시사다安田義定, 1134~1194인데 두 사람은 관련이 없다. 이에야스가 겐지를 써서 미나모토노 이에야스源家康라고 한 것은, 쇼군에 취임하기 위해 조작한 것이었다. 신유한은 이를 일본인에게 들었고 의심 없이 받아들인 것이다. 또한 신유한은 도쿠가와 이에야스를 인걸人傑이라고 했는데 이는 그가 임진왜란의 원수인 도요토미 히데요시에 대적하고 히데요리를 죽였기 때문이었다. 이에야스에 대한 이러한 호의는 사행록 전체에 드러난다.

신유한은 도쿠가와 이에야스로부터 관백의 지위가 자손에게 전해졌는데 '가광家光, 가강家綱, 가선家宣, 가계家継로 이어졌고, 가계가 일찍 죽어 가선의 사위인 길종吉宗이 관백이 되었다'고 하였다. 그런데 신유한은 2대 관백인 도쿠가와 히데타다德川秀忠, 1579~1632, 재위 1605~1623와 5대 관백인 도쿠가와 츠나요시德川綱吉, 1646~1709, 재위 1680~1709를 빠뜨렸고, 3대인 도쿠가와 이에미츠德川家光1604~1651, 재위 1623~1651, 4대인 도쿠가와 이에츠나德川家綱, 1641~1680, 재위 1651~1680, 6대인 도쿠가와 이에노부德川家宣, 1662~1712, 재위 1709~1712, 7대인 도쿠가와 이에츠구德川家継, 1709~1716, 재위 1713~1716 그리고 8대인 도쿠가와 요시무네德川吉宗, 1684~1751, 재위 1716~1745에 대해 서술했다. 우리나라는 관백에 대한 정확한 정보를 알지 못했던 것이다.

또한 요시무네가 8대 관백이 된 것이 이에노부의 사위이기 때문이라고 하며, 종실의 지친인데도 가까운 친척을 가리지 않고 혼인을 했다고 비판하였다. 여기서 종실이란 도쿠가와 종실을 뜻하며 요시무네는 도쿠가와 3종실의 하나인 기이주의 태수였다. 그러므로 기이주 태수이며 종실이라고 한 점은 사실이다. 그러나 이에노부의 사위라고 한 점은 틀린 정보이다. 요시무네의 정실은 황족의 딸이었고 측실들도 이에노부의 딸은 아니었다. 오히려 요시무네는 이에츠구의 양자로 입적되어 관백이 되었다. 여기에는 여러 역학 관계가 작용하였으나 이에노부의 정실과 이에

츠구의 생모의 지지를 받아 오르게 되었다. 그러므로 당시 사행은 요시무네에 대해서 정확하지 못한 정보를 받아들였음을 알 수 있다.

관백의 외모 및 인상 평가

사행록 전체를 볼 때 관백에 대한 평가는 두 가지로 나뉜다. 관백의 모습에 대한 평가와 관백의 통치능력에 대한 평가이다.

사행이 관백을 직접 만날 기회는 전명식 때뿐이었다. 국서와 폐물을 전달할 때, 전달식이 끝나고 술자리를 열어 술을 한잔씩 마실 때뿐이었다. 그런데 이 경우도 관백을 만나기는 했으나 멀리서 보았다. 직접 대화를 하지는 않았다. 관백은 국서를 낭독하거나 말을 전달하는 것을 모두 신하들에게 시켰기에 목소리도 듣지 못하였다.

관백의 모습에 대한 기록은 1607년, 1624년, 1719년, 1748년, 1764년이 대표적이다. 1607년 전명식은 도쿠가와 막부의 관백을 처음 만난 자리였다. 에도성에서 도쿠가와 이에야스의 아들이자 2대 관백인 도쿠가와 히데타다를 만났다. 경섬은 그에 대해서 '나이는 29세인데, 얼굴 모양이 용맹스럽고 담기膽氣가 많다'고 하였다. 겁이 없고 용맹스러운 기운이 보였다고 했으니 긍정적인 평가였다. 또한 전명식 때 원래는 관백이 승려들을 참석시키려고 하였으나 우리나라가 억불 정책을 편다는 신하의 간언을 듣고 그만두었다고 하면서, 호의적인 태도를 보였다.

6월 6일 국서 전명식을 마친 사행은, 11일 일본 측으로부터 회답국서回答國書를 받고 14일 에도를 출발하여 회정길에 올랐다. 20일에 스루가국駿河国에 도착했는데 이곳 슨푸성駿府城에는 1605년 히데타다에게 쇼군직

이성린李聖麟, 〈청견사淸見寺〉, 《사로승구도槎路勝區圖》

도쿠가와 이에야스가 어린 시절 이마가와씨(今川氏)의 인질로 슨푸에 있을 때 이곳 주지로부터 교육을 받았다.
쇼군직에서 물러나 슨푸에 있을 때 이곳을 여러 번 다녀갔고, 셋째딸 이후 도쿠가와 가문이 귀의하는 곳이 되었다.
ㅣ국립중앙박물관 소장

을 양위한 도쿠가와 이에야스가 1607년부터 머물고 있었다. 사행록에는
이에야스와 히데타다를 노관백老關白 신관백新關白, 노장군老將軍 신장군新將
軍이라고 칭하였는데, 에도성에서는 사행에 관한 일들을 슨푸성에 물어
보고 처리하였다. 아직 권력이 이에야스에게 있었던 것이다.

정오쯤 스루가에 도착한 사행은 슨푸성에 들어가 이에야스를 만났
다. 이에야스가 1616년에 사망했으니 이는 사행이 이에야스를 직접 만
난 최초이자 마지막 기록이다. 성은 바야흐로 개축을 하고 있어 아직 완
성되지 않았는데 문을 3중으로 설치하였고 모두 쇠로 감쌌다. 이에야스
는 관복을 입고 서협당西夾堂에 앉아 있었는데 당은 2층으로 되어 있었고
각각의 높이는 반자[半尺] 정도였다. 이에야스의 옆에는 별다른 의물儀物

이 없었고 기둥 밖에는 대여섯 왜관이 있으면서 시중을 들기 위해 기다리고 있었다. 사신은 중당에 들어가 이에야스에게 예를 행하고 동쪽 벽에 앉았다가 나왔기에 이에야스를 직접 보았다. 이에야스는 66세였는데 신체[形體]가 장대壯大했고, 그의 기력을 살펴보니 쇠로衰老함에 이르지 않았다. 이에야스에 대해서는 짧은 인상만 기록했으나 호의적이었다. 또한 외당外堂에는 관복을 갖추고 문안을 드리려는 왜관들이 수도 없이 많았으니 그 권력 관계를 다시 한번 확인하게 하였다.

1624년 강홍중은, 3대인 도쿠가와 이에미츠에 대해서, 키가 7척이 좀 안 되는데 자못 날카롭고 세찬 기운[銳氣]이 있고 나이가 21세라고 하였다. 7척은 2m 10cm이니 상당히 장신이었던 것이다. 전반적으로 이에미츠의 외모에 대한 평가는 긍정적이었다. 또한 이에미츠가 전명식 때 맨발로 나타나고, 차고 있던 장검長劍을 풀고 단도短刀만 차고서 앉은 것에 대해서, 손님을 존경하는 예절이라고 하였고, 전명식을 마치고 들어갈 때는 희색喜色이 만면했다고 하였다. 맨발이라든가 단도를 찼다는 점은 보기에 따라 흠이 되고 결례가 되는 상황이었다. 그럼에도 불구하고 이에 대해 부정적인 평가를 하지 않았다는 점은 관백 나아가 도쿠가와 막부에 대한 조선 사행의 인식을 보여준다.

1719년 사행 때 관백은 도쿠가와 요시무네였다. 제술관이었던 신유한은 10월 1일 전명식 때 삼사보다 먼 거리에서 관백을 볼 수 있었다. 삼사는 정청正廳 안에서 관백을 만났으나, 제술관은 군관 및 서기와 함께 각도閣道에 있다가 기둥 바깥[楹外]에서 절을 하였다. 거리는 3, 4칸 정도였다. 그때 관백을 바라보며 관찰할 수 있었다. 관백이 있는 곳은 가리개와

발이 드리워져 있고 어두워서 자세히는 보지 못했으나 대략의 모습은 파악할 수 있었다. 관백은 평상이나 의자가 없이 여러 겹 방석 위에 앉아 있었는데 일각오모一角烏帽(뿔 모양이 있는 검은 모자)를 썼고 엷은 빛 푸른 도포를 입었다. 날래고 사나우며 파리하면서 날카로워 보였으며, 앉은 모습은 곧바르면서 길었다. 얼굴은 희면서 노르스름했고 살이 찌거나 크지는 않은 것 같았다고 했다. 그러면서 관백 주위에서 지키는 사람이 몇 명 안 되고 의장儀仗이 없는 점과 궁실이 정교하기는 하지만 크거나 위엄스러운 모습이 없고 뜰과 마당이 좁은 점을 이상하다고 하였다.

1748년 이후에는 관백에 대한 비판이 서술되었다. 1748년 관백은 도쿠가와 이에시게德川家重, 1712~1761, 재위 1745~1760였다. 조명채는 전명식 때 일본의 관리, 관백 그리고 약군若君에 대한 감상을 기록했다. 에도성에서 수십 명의 관리들을 보았는데 그들은 각 주의 태수들로 용모가 빼어나고 깨끗한 사람도 없지는 않았다. 그러나 에도의 벼슬아치들은 낱낱이 모습과 행동거지가 하찮고 비루하여 오히려 지나는 길에 보았던 평범한 왜인만도 못하였다고 평가했다. 또한 조명채는 종사관이었기에 전명식 때 정청 안에 들어가서 예를 행하고 관백을 가까이서 볼 수 있었다. 관백은 일각모一角帽를 쓰고 푸르고 검은빛 비단 도포를 입고 있었다. 얼굴빛은 파리하고 검었으며, 몸은 가늘면서도 길쭉하여 마치 타고 남은 오래된 나무처럼 보였다. 또한 한여름인데도 창문 가리개를 열어놓지도 않았고, 좌우에 모시는 이들도 몇 명만 있을 뿐이었는데, 이외에는 임금의 위의威儀가 전혀 없었다고 했다.

1748년에는 약군若君도 만나 관찰하였다. 약군은 일본어로 '와카기미'

라고 하며 여러 의미가 있으나 여기서는 관백의 아들을 뜻한다. 사행이 만난 약군은 도쿠가와 이에시게의 아들인 도쿠가와 이에하루德川家治, 1737 ~1786, 재위 1760~1786로, 당시 12세 정도였다. 약군은 비단 요에 앉아 있었는데 좌우의 창문 가리개를 치워서 잘 볼 수 있었다. 붉은 비단 옷을 입었는데 사이사이 흰빛이 비쳐 보였으니 속에 흰 적삼을 입었을 것이라고 추측했다. 머리는 깎지 않고 상투를 했으니 그 모양은 보통 아이와 다름이 없었다. 얼굴은 길쭉하고 수척하며 희었다. 비록 맑고 밝은 기운淸明之氣은 있지만 품위凝重가 없으니 또한 임금의 기상은 아니라고 하였다.

조명채는 총평으로, 관백으로부터 태수에 이르기까지 행동거지나 생김새를 볼 때 전혀 부귀한 모습이 없고 모두 쪽박을 들고 빌어먹기에 합당하거늘, 좋은 건물에 살면서 희첩을 거느리면서 일생을 방탕하게 즐기며 사니, 전혀 알 수 없는 일이라고 하였다.

1764년 사행 때 관백은 도쿠가와 이에하루였다. 1748년 사행 때의 약군이 관백이 되어 있었던 것이다. 이에하루에 대해서는 정사 조엄, 제술관 남옥 그리고 서기 원중거가 모두 기록을 남겼다. 날씨가 음산한데도 삼면을 모두 가리개로 가리고 앞쪽만 열어놓아 어두워서 잘 보이지는 않았으나 대략적으로 볼 수 있었다. 이전 사행처럼 관백은 다다미 위에 비단 방석을 깔고 앉아 있었다. 그런데 의복에 대해서 조엄은 순백 도포, 남옥은 담백한 빛, 원중거는 옥빛 옷이라고 하였다. 모자에 대해서 조엄은 풍절건風折巾, 남옥은 관을 쓰지 않았다, 원중거는 오건烏巾이라고 했으니, 용어와 표현은 다르지만 우리나라처럼 관을 쓰지 않고 오건을 쓰고 있던 것을 뜻한다. 이에 대해 조엄은 순백의 옷은 임금의 복색이 아니며, 옷에 깃 치장[緣飾]이 없어 가사[袈裟] 같다면서 이는 불교를 믿어 그런 것인가 의아해하였다.

관백의 모습에 대해, 원중거는 '모습은 파리하고 희었으며 몸의 크기는 보통 사람 가운데 작은 편에 속했는데 대략 명민한 모양이 있었다'고 했고, 조엄은 '이마는 넓고 턱은 좁아서 가벼운 형상이 잘 드러났다'고 하였으며, 남옥은 '얼굴은 아래가 뾰족하고 작아서 위엄이 없다'고 했다. 원중거는 모습에 대해 호의적이었으나 조엄과 남옥은 모습에서 위엄이 없다고 한 것이다.

또한 원중거는 관백이 위엄스러운 거동이 적어 똑바로 바라보게 하며 두려운 바가 없게 한다면서 이는 생김새 때문이 아니라 복장이 전반적으로 풍채가 없기 때문이라고 했다. 조엄은, 관백이 나이는 30인데도 원숙한 뜻이 없었으니 바라보매 임금답지 못한 자태가 있었다고 했고, 남옥은 좌우로 돌아보는 모습이 경망스러웠다고 했다. 곧, 의복과 자태와 행동에서 임금답지 못하다는 것이다.

그런데도 관백이 지위를 보전할 수 있는 것은 세습世襲을 하기에 뿌리를 내린 터전이 이미 깊어 갑자기 동요動搖하기 어려운 때문이어서 그럴 것이라고, 조엄은 비판하였다. 조선의 왕권 또한 세습이 되던 때, 관백의 세습에 대해 비판하였던 것은, 관백을 천황 아래 신하로 보았기에 가능한 발언이었다.

관백의 통치 능력 평가

사행록에는 외모가 아닌 관백으로서의 자질에 대한 평가도 나타났다. 그

대표가 8대 관백인 도쿠가와 요시무네이다. 18세기 전반 사행록에는 그에 대해 자세히 기술되어 있다. 1719년 신유한은 전명식에 앞서 요시무네에 대해 상당히 많은 정보를 수집했다. 이는 일본 사람들로부터 들은 것이었다. 요시무네는 1716년 8월 13일 관백이 되었으므로 신유한이 이러한 정보를 들은 것은 요시무네가 즉위한 지 3년이 되는 시점이었다.

길종은 사람됨이 날래고 사나우며 용모와 재주가 뛰어나다. 지금 나이 35세인데 기가 위엄이 있고 능력이 뛰어나며 또 국량局量이 있다. 무武를 좋아하고 문文은 기뻐하지 않으며 검소함을 숭상하고 사치를 배척한다.

항상 말하기를, "일본인이 조선의 문자를 오로지 사모하지만, 풍습이 각각 다르기에 배운다고 해도 잘할 수 없는 것이 있으니 스스로 일본의 글을 하는 것만 못하다. 조선 사신이 일본에 오면 군사의 위엄을 보이고 음악을 베푸는 의식儀式이 있으나, 이 또한 옳음이 없다. 군사는 우리가 수비守備하는 것인데 저들이 보고 두려워한다면 우리가 환영하여 접대하는 뜻을 잃는 것이요, 저들이 보고 업신여긴다면 우리가 강함을 보이려는 계책도 아닌 것이다. 음악에 있어서는 나라의 풍속이 각자 있는 것이니, 다른 나라의 음악이 어찌 저들의 귀를 기쁘게 할 수가 있겠는가. 교린交隣하는 도리는 성의誠意가 귀중한 것이니, 저 먼 곳의 사람들을 지체시키지 말고 기쁘게 하여 돌려보내야 한다. 번거로운 규칙과 자잘한 절목은 아울러 제거해 없애라"고 하였다고 한다.

그의 위정爲政은 반드시 후하고 거짓 없음을 먼저 하여 궁한 백성을 어루만져 주고, 조세를 감면해주며, 사람이 죽을죄를 지으면 사형을 대신하여 코를 베거나 발을 자르니, 국민들이 칭송하지 않는 이가 없었다. 다만 그의 용맹과 힘이 남보다 뛰어나고 성질이 사냥하기를 좋아하여 능히 30근 쇠몽둥이를 가지고 걸어서 산에 오르고 때때로 매[鷹]를 팔에 얹고 교외로 나갔다. 그의 신하인 집정 원충지執政 源忠之와 대목부 오랑병위大目部 五郎兵衛 두 사람이 간하기를, 들에서 짐승을 쫓다가 벼를 짓밟으면 피해가 농민에게 미치고, 또 미행微行하며 혼자 나가면 뜻밖의 변고가 생길지 염려된다고 하였다. 그러자 길종이 기뻐하면서, "그대들의 말에 진실로 이치가 있다. 그러나 임금이 안일하면 게을러지고 게을러지면 술에 빠지고 여색을 즐겨 반드시 만족함이 없는 데에 이르게 된다. 사냥을 하는 것은 또한 백성과 함께 빨리 달리면서 스스로 근력을 수고롭게 하는 것이니 술을 즐기고 색에 빠지는 것보다는 조금 낫다. 또 백성이 진실로 원망하여 떨어져 나간다면 비록 열 겹의 쇠문 안에 살더라도 화를 피할 수 없고, 사람들이 아끼고 받든다면 비록 밤낮으로 밖에 있어도 그들이 나를 해치지 않을 것이다. 앞으로는 다만 사냥하는 길을 단속하여 농장을 범하지 않게 하라" 하고, 두 사람에게 금과 비단을 내려서 충언忠言을 칭찬하였다.

신하 중에 비단옷을 입고 입시入侍한 사람이 있었는데, 길종이 문득 그 옷의 가격을 물어보고 "내가 입은 무명옷도 족히 몸을 덮을 수 있다"고 하였다. 그 후로 모시는 신하가 감히 비단옷을 입지 못하였다고 한다. 예로부터 관백이 새로 즉위하면 번번이 왜황을 알현했는데 신유辛酉년 이후로는 다시 조회하여 알현하지 않았다. 길종이 관백의 자리를 계승하여서도 또한 이 예절이 없었고 사신을 왜경倭京에 보내어 백금白金 채단彩緞 10바리[駄]를 헌납했을 뿐이다. 두 아들이 있는데, 장자는 장복長福이요, 차자는 철과鐵鍋이다. 나이가 아직 어려서 장성하기를 기다려 전위(傳位)하려 하는데, 장복은 그러한 뜻을 알고 관백 되기를 좋아하지 않는다고 했다.

— 신유한, 『해유록』, 1719년 9월 27일

당시 일본인들의 요시무네에 대한 인식은 예문의 앞 세 문장으로 대표된다. 요시무네는 위엄이 있고 날래며 재주가 뛰어나고 국량이 있으며, 무武를 좋아하고 문文은 기뻐하지 않으며 검소함을 숭상하고 사치를 배척한다는 것이다. 어느 정도 통치자로서의 자질을 갖추었음을 알 수 있다.

신유한은 일본인에게 들은 요시무네의 자질 가운데 사행과 관련된 일을 가장 먼저 서술하였다. 요시무네는 일본 사람들이 조선의 문자를 사모하는 것에 대해 비판을 하였다. 곧, 두 나라는 풍속이 다르기 때문에 아무리 조선의 문자를 배운다고 하더라도 일본인이 잘할 수 없는 것이므로 차라리 일본의 글을 하는 것이 낫다고 하였다. 이는 문자와 문학에 있어서 자주성을 강조한 것이다. 나아가 조선 사신을 맞이하여 군사의 위엄을 보이고 일본 음악을 연주하는 것에 대해 회의적이었다. 곧, 군사는 수비를 하는 것인데 군사를 보여주었다가 조선 사행이 겁을 먹거나 혹은 업신여긴다면, 환영의 의미도 군사의 강함을 과시하려는 의미도 없어진다는 것이다. 또한 사행을 맞이하여 일본 음악을 연주하지만 풍속이 다르기에 사행이 음악을 듣고 좋아하거나 이해하지 못할 것이라고 했다. 그러면서 교린하는 것은 성실한 뜻이 중하니, 먼 곳에서 온 사람들을 얼른 돌려보내야 한다며 번거롭고 자잘한 규칙들은 없애라고 했다.

요시무네의 이러한 태도는 표면적으로는 일본의 자주성을 중요하게 생각하는 것으로 보인다. 조선과 일본의 풍속이 다르므로 각자의 것을 존중하고 남의 것을 강요하거나 지나치게 경도되지 말 것을 뜻한 것이다. 그러나 그 내면을 들여다보면, 조선과 일본의 문화와 풍속이 각각 중요하다는 의미가 된다. 조선의 문화를 선망하는 것에 대한 일침이라 하겠다. 또한 번거롭고 자잘한 절차를 생략하게 한 것은, 그만큼 조선 사행에 대한 대우가 간략해졌다는 뜻이다. 형식적이나마 예전만큼 존중하며 성의껏 대우하지 않게 되었던 것이다.

요시무네의 위정자로서의 자질은 후하고 거짓 없음을 중요하게 생각하고, 백성들을 어루만지며 조세를 감면하고 형벌로 사형을 대신하였다는 것을 통해 기록하였다. 용맹함은 30근 쇠몽둥이를 들고 매를 팔에 얹고 사냥을 다닌다는 점을 통해 나타냈다. 그런데 교외에서 사냥을 하다보면 벼농사에 피해가 갈 수 있다는 간언을 듣고 사냥하는 길을 단속하게 했으며, 사냥하는 것이 주색에 빠져 만족함이 없는 상태가 되는 것보다 낫다고 하였다. 또한 미행微行이 위험하다는 간언에 대해서는 백성이 원망한다면 쇠문을 열 겹으로 만들어 궁궐에 있어도 화를 피할 수 없고 백성이 아긴다면 밖에 있어도 사람들이 해치지 않을 것이라고 하였다.

요시무네가 검소함을 숭상하고 사치를 배척한다는 것은 관복에 관련된 일화를 통해 보여준다. 비단옷을 입은 신하에게 자신이 입은 무명옷도 몸을 덮기에 충분하다고 하여 그 후로는 신하들이 비단옷을 입지 못하였다는 것이다.

신유한의 요시무네에 대한 평가는 긍정적이고 호의적이다. 위정자로서의 자질을 잘 갖추었다고 보았다. 이러한 시선은 『해유록』을 통해 그대로 조선에 전해졌다.

1748년 조명채도 요시무네에게 관심을 보였는데, 신유한이 서술한 내용 가운데 위정자로서의 면모를 간단하게 요약했다. 이 당시 요시무네는 관백에서 물러나 태대군太大君이 되어 권력을 행사하고 있었다. 그런데 사행은 에도에 도착한 뒤, 관백과의 전명식을 끝내고 태대군의 처소로 가서 요시무네와 약군을 만나 절을 몇 번 하는가의 문제로 일본 측과 신경전을 벌였고 마침내 절을 두 번[再拜]만 하기로 합의를 보았다. 사행의 입장에서는 관백이 전명식의 주체였고 그 지위에서 물러난 요시무네와 관백의 어린 아들에게, 관백에게 하듯 절을 네 번[四拜]이나 하는 것은 예법에 맞지 않는 것이었으나, 일본 측에서는 오히려 권력이 요시무네에게 있었기 때문이다. 합의가 이루어진 듯 보였으나 결국 전명식 날 아침에 일본 측에서 요시무네가 전날부터 설사 증세가 있어서 사행을 만나지 못하게 되었다고 전해왔다. 이에 대해 조명채는 재배만 하기로 한 것에 불평을 가지고 병을 핑계 대는 것이라고 의심하였다. 이런 이유로 원래 태대군과 약군을 만나기로 했으나 약군만 만나게 되었다.

이러한 사건으로 인해 1748년 사행록에서는 관백인 도쿠가와 이에시게와 그 아들에 대한 정보가 나온다. 이에시게에 대해서는 신유한도 간략히 기술했었다. 이에시게의 어릴 적 이름은 장복환長福丸인데 신유한은 장복長福이라 하며, 나이가 아직 어려서 장성하기를 기다려 전위傳位하려 하는데, 그러한 뜻을 알지만 관백이 되기를 좋아하지 않는다고 들었다고 했다. 이에 대해 조명채는 좀더 정보를 자세히 알아내었다. 요시무네에게는 아들이 셋 있는데 장자인 이에시게가 관백의 자리를 감당하지 못할 것이라 여겼다. 실제로 일본 측 기록을 보면 이에시게는 태어나면서부터 약했고 장애가 있어서 언어가 불명료했다고 한다. 그러므로 둘째 아들에게 물려주려 했으나, 이에시게의 아들인 이에하루가 총명 준수하고 문재文才가 있으므로 요시무네가 몹시 아끼어서, 이에시게를 거쳐 다시 이에하루에게 전위하도록 한다고 하였다. 1748년 당시 이에하루는 10대 초반이었는데 할아버지인 요시무네와 함께 살고 있었다. 이에 일본인들이 10년을 넘기지 않아 이에하루에게 선위될 것이라고 하였다. 그래서 1748년 사행은 태대군 처소에 가서 약군인 이에하루를 만났던 것이다.

이렇듯 18세기 전반의 사행은, 관백에 대한 관심을 많이 가져 정보를 수집하였고, 특히 요시무네의 정치가로서의 자질이라든가, 그의 아들들과 손자에 대한 정보, 막부 권력의 향방 등에 대해 관심을 가지고 알아냈다는 특징이 있다.

에도성의 건축과 문화

에도성의 모습

관백의 궁은 세 겹으로 토성土城을 설치하였는데, 성 아래에는 모두 바닷물을 끌어들여 해자를 만들어 배가 통행하였고, 높이 가로지른 널다리

[板橋]를 설치하여 배가 그 밑으로 다녔다. 일문一門, 이문二門의 안에는 모두 왜장倭將의 집이었다. 담장과 기와는 모두 황금을 입혔는데, 그 꾸밈새가 사람의 눈을 부시게 하였다. 세 번째 겹문을 들어가면 바야흐로 석성石城이 있었는데, 성 쌓는 일이 한창 일어나서 아직 완축되지 못하였다. 각 주의 군병이 모두 와서 부역赴役하며 떠들썩한 소리가 원근에서 진동하였다. 다듬어 가져온 거석巨石으로 길이가 한 길丈 남짓한 것들이 길옆에 잔뜩 쌓여 있는데 돌 한 개의 운반비가 은 40냥이라고 했다. 성의 높이는 6, 7길丈이며 겹겹의 성重城과 겹친 성가퀴層堞가 서로 안고 돌았으니, 성지城池의 웅장함이 한 나라에서 제일이었다. 관백이 거처하는 궁도 역시 다 새로 창건하였는데, 금은으로 꾸밈과 새기고 깎은刻鏤 교묘함은 실로 형언하기 어려웠다.

— 경섬, 『해사록』, 1607년 6월 6일

성을 쌓은 돌은 모두 큰 돌을 그 형상대로 쌓았는데 겉면은 깎아 완성한 듯하며 신령의 기술神功을 뺏은 듯하였다. 안에는 높고 큰 집高樓巨閣을 세워 장군이 그 가운데서 살았고, 따로 5층의 나는 듯한 누각을 중앙에 세워 망보고 방어하는 곳으로 삼았는데 천수대天守臺라고 이름하였다. 황금 용마루와 하얀 벽이 해자의 물에 그림자를 떨구어 광채가 비치니, 정신이 어질어질하였다. 집정執政·장관將官·중납언中納言 등의 집은 모두 외성外城 안에 있었다. 일본의 풍속이 별달리 귀천과 존비尊卑의 등급이 없고, 다만 황금이 많은 것을 영광으로 삼기 때문에 여러 높은 왜인將倭의 집은 모두 황금으로 전체를 칠하여 장식하였다. 또한 용·범·봉황·학·신선 등을 처마 용마루 문도리門楣 등에 새겼는데, 교묘한 솜씨는 말로 표현할 수 없었다. 안팎 성 아래 모두 해자^{壕子}를 파서 물을 채워서 깊이를 잴 수 없는 못을 만들어, 배들을 통행하게 하였다. 이 성지^{城池}를 보니 그 방비의 치밀함을 알 수 있었다. 예로부터 외적^{外敵}이 감히 와서 빼앗지 못한 것은 이런 까닭인가! 여러 도^道의 장관^{將官} 집이 모두 성 밖에 있는데, 비록 지위가 높은 사람이라도 또한 성안에 들어가지 못하니, 이는 제외하는 것이라고 하였다.

— 강홍중, 『동사록』, 1624년 12월 19일

앞 예문은 1607년 6월 6일 에도성에서 전명식을 마치고 난 뒤, 에도성에 대해 한 총괄적인 묘사이다. 이 기록을 보면 에도성은 한창 공사중이었다. 실제로 에도성은 1457년에 축성되었는데, 시간이 흐름에 따라 원래 있던 작은 성은 황폐해졌다. 도쿠가와 이에야스는 1590년 에도성에 입성을 하였고, 1603년 관백이 된 뒤 에도성 확장에 착수하였다. 1606년에 다이묘들에게 공사를 분담시켜, 도쿠가와 이에야스, 히데타다, 이에미츠 3대에 걸쳐 공사를 진행하여 1660년에 마무리되었다. 그러므로 이 기록은 에도성의 공사가 본격적으로 이뤄지고 있는 현장을 목격한 것이며 에도성의 초기 모습을 보여준다.

에도성은 3겹 토성으로 되었는데, 1겹을 통과하기 위해서는 큰 문을 하나씩 지나야 했고, 각각의 문을 통과하기 위해서는 다리를 통과해야 했다. 성 아래는 해자를 파고 바닷물을 끌어들여 배가 다녔고, 해자 위로는 다리를 설치하였던 것이다. 첫 번째와 두 번째 문 안에는 모두 왜장의 집들이었는데 담장과 기와를 황금으로 하여 몹시 빛났다. 세 번째 문을 들어가면 비로소 석성이 나타났는데 아직 공사가 한창이었다. 각 주에서 동원된 군병들이 공사를 하는 시끌벅적한 소리가 울려 퍼졌다. 그런데 성을 쌓기 위해 채석하여 가져온 돌들은 몹시 커서 가로세로가 한 길이 나 되었는데 길옆에 잔뜩 쌓여 있었다. 이러한 돌 한 개를 에도성까지 운반해오는 비용이 은 40냥이라고 했으니 공사에 드는 비용이 얼마였는지 가늠하기조차 어렵다. 석성의 높이가 6, 7길이라고 했는데, 이는 에도성 안에 있는 담장 혹은 성루城樓(전망대 역할. 일본어로는 야구라櫓) 아래 석축을 말한다. 석축을 보면 돌을 생긴 모습대로 쌓았으나 겉면은 다듬어 매끄러웠다.

문門

전명식을 하기 위해 에도성에 가며 통과한 문의 숫자는 사행마다 차이가 난다. 전명식이 열리는 혼마루本丸까지 도착하는 동안 지난 문의 숫자는 다음과 같다.

> 1607년 3개(정문, 외성, 내성의 문)
>
> 1624년 5개(3번 문에서 사신 가마 내리고 5번 문 지나 혼마루 들어감)
>
> 1636년 8개(에도성 정문부터 혼마루까지)
>
> 1643년 3개(정문, 외성, 내성의 문? 정확하게 서술 않음)
>
> 1655년 7개(삼사가 가마에서 내린 문까지)
>
> 1711년 8개(에도성 정문부터 혼마루까지, 7번 문에서 사신 가마에서 내리고 8번
> 　　　　 문에서 들어감)
>
> 1719년 6개(에도성 정문부터 혼마루까지, 5번에서 사신 가마에서 내리고, 6번 통

과하고. 그 후 혼마루 건물. 건물 입구는 문으로 세지 않음)

1748년 8개(외성부터 혼마루)

1764년 7개(성 입구부터 혼마루 건물 직전. 현관 가기 전. 가마에서 내린 문은 5번째)

에도성에는 외곽에 25개, 내곽에 11개, 내성에 87개의 문이 있었다고 한다. 그러나 사행은 정문에서 혼마루까지 갔으므로 자신들이 거쳐간 문에 대해서 기록했다. 사행은 대체로 에도성 정문에서부터 문의 개수를 기록했는데, 1607년은 에도성 정문, 외성 대문, 내성 대문을 기록했고, 1643년은 문 3개를 기록했으나 명확하게 기록하지 않아 1607년과 동일한 문인지 내성의 문을 말한 것인지 구별하기 어렵다.

나머지 사행들은 에도성 정문부터 혼마루 건물 입구까지를 기록하거나, 혼마루 건물에 들어가기 직전의 문, 혹은 삼사가 가마에서 내린 문까지를 기록했다. 그런데 문의 개수에 대해서는 5개(1624년), 6개(1719년), 7개(1655 · 1764년), 8개(1636 · 1711 · 1748년)로 나뉜다. 기록한 문의 개수가 같다고 하여도 같은 문들이라고 하기는 어렵다. 삼사가 가마에서 내린 문의 번호가 3번(1624년), 5번(1719 · 1764년), 7번(1711년)으로 나뉘기 때문이다. 예를 들어 1624년은 3번째 문에서 삼사가 가마에서 내리고 다시 중문重門을 2개 지나 건물의 뜰에 도착했고 여기서 일본 측 높은 관리들의 안내를 받으며 건물로 들어갔다. 1711년은 7번째 문에서 가마에서 내리고 8번째 문에서 건물에 들어갔다. 가마를 내린 뒤 통과한 문의 숫자도 하나 혹은 둘로 다르게 나타난다. 이는 에도성에 문이 많았기 때문이

산노마루 키쿄우몬三ノ丸 桔梗門
현재 황거를 참관하려면 이 문 앞쪽의 광장에 모여서 이 문을 통해 들어간다. 앞쪽에는 해자가 있는데
키쿄우보리(桔梗濠)라고 한다. | 김경숙 사진

고 각 사행마다 똑같은 문을 경유했다는 보장도 없기 때문이다. 다만 중
요한 문 몇 개는 알 수 있다.

내성의 대문은 오테몬大手門이라고 했다. 이곳을 지나 상상관上上官(당
상역관)은 게죠바시下乘橋에서 가마에서 내렸다. 다시 이곳을 지나면 오테
산노몬大手三ノ門(산노마루 오테몬三ノ丸大手門)이 나오고, 조금 지나면 나카노
몬中之門이 있는데 이곳을 지나기 전에 삼사가 가마에서 내렸다. 곧, 오테
산노몬을 지나 나카노몬 전에 내렸다. 그리고 걸어가서 츄쟈쿠몬中雀門에
당도하게 되는데 이 문을 지나고 나면 혼마루가 눈앞에 펼쳐졌다. (이에
대해서는 아래 '혼마루' 항목 참조.)

외성外城

외성에는 높은 관리들의 집이 있었다. 이에 대해 사행은 왜장의 집[倭將之家], 1607년, 집정·장관·중납언의 집, 높은 왜인의 집[執政將官中納言之家, 將倭之家], 1624, 장관의 집[將官之家], 1643, 집정·장관의 집[執政將官家], 1655, 높은 관리의 집[大官之家], 1711, 집정·태수·여러 귀인의 집[執政太守諸貴人家], 1719, 집정·여러 태수가 사는 곳[執政諸太守之所居], 1748, 각 주 태수의 번저[各州太守藩邸], 1764라고 하였다.

그런데 무가武家가 소유한 저택들은 부케야시키[武家屋敷라고 하는데 특히 다이묘가 소유한 저택은 다이묘야시키大名屋敷 또는 한테이藩邸라고 하였다. 특별히 에도에 있는 저택들은 에도야시키江戶屋敷 혹은 에도한테이江戶藩邸라고 하였다. 곧 외성에 있던 저택들은 다이묘의 에도한테이였다.

이로 볼 때 각 사행은 '높은 관직'이라고 하거나 구체적 관직 명칭을 사용하며 이곳이 일본 고관高官의 저택임을 기록했다. 그런데 대부분 '집 가家'를 썼는데, 1764년 사행은 '번저藩邸'라고 하여 정확한 명칭을 사용했다.

외성의 규모에 대해서는, 높이가 너댓 길[丈]인데 큰 돌로 쌓아 견고하기가 깎은 듯하고 성 밑 해자의 넓이는 수십 보이며(1655년), 높은 집안의 커다란 저택[高門甲第]들이 좌우에 줄지어 있는데 마치 궁궐 같았고(1711년), 긴 행랑[長廊]으로 둘러싸인 커다란 저택[甲第] 천 채가(1719년), 5리 정도 이어져 있었다(1748년)고 하였다.

이렇듯 수많은 주택들을 보고 사행이 가장 놀랐던 점은 도금鍍金과 조각이었다. 이는 특히 17세기 사행에서 나타나는 특징이다. 집 전체(1624)라고 하기도 했으나 대체로 담장과 지붕 쪽에 도금이 되었다고 하였다. 곧, 담장·기둥·지붕·처마·기와·용마루·문도리 등에 도금을 하였는데, 여기에 용·범·봉황·난새·학·신선 등을 교묘한 솜씨로 기이하게 새기었고, 자연스럽게 누른빛을 입혀 눈이 부시었다고 했다. 이에 대해 강홍중(1624년)은 '일본의 풍속이 별달리 귀천과 존비尊卑의 등급이 없고, 다만 황금이 많은 것을 영광으로 삼기 때문에 여러 높은 왜인의 집은 모두 황금으로 전체를 칠하여 장식하였다'고 했다. 이에 대한 전반적 평가는 남용익(1655년)을 통해 요약된다. 곧, 외성에 있는 커다란 저택들은, 지붕은 나는 듯하고 건물들은 뛰어나며 황금색 푸른색으로 빛이 나서 용과 봉황이 서리어 있는 모습이었다.

18세기 사행에 이르면, 외성 주택들의 벽과 문에 대해 좀더 자세히 기술했다. 앞서 저택들은 긴 행랑長廊으로 둘러싸여 있다고 했는데, 이 행랑의 벽들이 하얗게 칠해져 있었다. 벽에 대해서 1711년과 1719년은 하얗다고 하였고, 1748년에는 반은 벽돌甓甎로 쌓았는데 그 쌓은 모습이 거북이 무늬를 이루었고, 석회石灰를 새로 발랐다고 하였다. 또한 벽에는 2층 난간層欄이 있었고(1719년), 행랑에는 나무로 만든 긴 창문이 있었는데, 창문이 하나가 아니라 여러 개가 연결된 형식이었으므로, 사행에게는 나무 담장처럼 보였고 여기에 창문이 있다(1711년)고 하였다.

문은 붉거나 검게 칠했는데 맑고 깨끗하여 빛이 나서 사람이 비치었으며, 구리와 주석으로 장식했는데 모두 도금을 하였고, 금으로 만든 못을 더하였다. 문의 너비는 사거駟車(네 필의 말이 끄는 수레)가 드나들 수 있을 정도였다. 그런데 이렇듯 큰 문은 닫아 두고 옆에 작은 문을 내어 열어 두었다. 문 앞에는 창棨戟과 우기羽旗가 있어 궁궐처럼 보였다. 또한 벽과 난간에는 자줏빛이 나는 붉은 색 유소流蘇(깃발이나 가마 등에 다는 오색 실로 된 술)를 쌍으로 드리웠고, 난간과 창문에는 구슬 발과 비단 휘장[珠箔紗帳]이 펼쳐져 있었고(1711년, 1719년), 창문에는 쇠로 된 활촉을 꽂은 화살을 놓아두었고 화살의 안에는 발을 내려 놓았다(1764년). 또한 발 틈으로 수많은 사람들이 관광을 하고 있었는데 수풀에 꽃이 핀 듯 몹시 찬란했다.

외성에 있는 저택에 대한 감상을 한 마디로 '몹시 사치하고 고왔다[備極侈麗]'(1748년)라고 하였다.

혼마루本丸

외성을 지나 문을 또 하나 통과하고 나면, 사행의 목적지인 국서 전달식을 하는 곳으로 가게 되었는데, 이곳이 바로 관백이 거처하는 내성內城이었다. 이곳은 혼마루本丸라 하는데 1606년에 완성되었다. 관백이 거주하며, 정무를 보고, 의례를 행하는 곳이었다. 사행도 이곳에서 전명식을 하였다.

그런데 사행이 갔던 혼마루는 같은 혼마루이기는 하였으나 같은 건물은 아니었다. 곧, 혼마루는 1622년 재건, 1637년 재건, 1639년 소실, 1640년 재건, 1657년 소실, 1659년 재건, 1844년 소실, 1845년 재건, 1859년 소실, 1860년 재건, 1863년 소실 등 재건과 소실을 반복하였다. 그러므로 1607년 사행, 1624년과 1636년 사행, 1643년과 1655년 사행, 1682년 이후의 사행이 같은 건물을 보았다.

내성에 대한 사행의 첫인상은 1607년 사행록에서 나타난다. 앞의 예문에서 보이듯이 경섬은 '관백이 거처하는 궁도 역시 다 새로 창건하였는데, 금은으로 꾸밈과 새기고 깎은 교묘함은 실로 형언하기 어려웠다'고 하였다. 새로 지은 혼마루의 장식이 뛰어남을 묘사한 것이다. 또한 '끊어지지 않고 이어진 흰 담장과 금빛 벽이 태양에 비쳐 빛나서, 그 사치스럽고 화려하고 호화롭고 풍부하기가 이루 다 말할 수가 없었다(1643)'고 하여, 화려한 모습에 대해 솔직히 서술하였다.

또한 사행은 '안에는 높고 큰 집[高樓巨閣]을 세워 장군이 그 가운데서 살았고'(1624), '내성內城은 매우 작은데 다만 관백의 집만 있고'(1636), '내성은 모두 공부公府(임금이 정사政事를 보던 곳)'(1655)라고 하였다. 곧, 내성이 관백이 거주하고 정사를 보는 곳임을 나타냈다.

혼마루는 남북 400m, 동서 120~200m(최대폭)에 이르는 석축과 해자가 둘러싼 4만 평에 이르는 땅에 1만 평의 건물이 들어서 있었다. 또한 혼마루는 오모테고텐表御殿, 나카오쿠中奧, 오오쿠大奧, 이렇게 세 부분으로 구성되어 있었다. 오모테고텐은 에도 막부의 정청政廳으로 최고의 집무 기관이었다. 나카오쿠는 관백의 관저로서 관백이 주거하며 서류를 살피는 곳이었다. 오오쿠는 관백의 사저私邸로 아내와 아이들 그리고 시녀들이 생활하는 공간이었다.

제3문에 이르니 이 문이 곧 중어문中御門인데 세 사신도 가마에서 내렸다. 이 문에서부터 길에 거친 자리를 깔았는데 너비가 다섯 폭을 연달았다. 대마도의 봉행奉行 2인이 먼저 나와 맞아서 몇 걸음을 지나가니, 마주수馬州守, 대마도 태수 및 두 관반館伴과 네 목부目付와 두 장로長老가 모두 읍례로 맞아 전도 했다.

　또 수십 보를 지나가서 용정龍亭, 나라의 중요한 물건을 운반하는 가마을 화석花席, 꽃무늬 돗자리
위 평상 머리에 내려놓고 사신이 그 앞에 늘어서서 수역首譯을 시켜 국서를
모셔 내어 소반에다 받아 붉은 보자기로 덮고 손에 받들고 갔다. 태대군 ·
약군소若君所의 별폭別幅을 받든 용정은 별도로 봉안하는 곳을 마련하여 상판
사上判事 · 사자관寫字官 등으로 하여금 곁에서 모시고 호위하게 했다.

　제2문을 들어가니 비로소 명주자리紬席를 깔았는데, 그 너비는 역시 다
섯 폭을 연달았다. 제1문을 들어가니 곧 현관玄關이라는 것인데, 10여 층의
판자 계단이 있었다. 마주수 및 두 사봉社奉과 네 목부目付가 또 읍례로 맞아
서 판자 계단을 인도해 올라, 이른바 전상칸殿上間을 지나 외헐소外歇所, 바깥에 있는
휴게소에 들어가 벽 감실에 국서를 모시고, 세 사신은 북향北向하여 벌여 앉고,
마주수 및 두 장로도 마주 앉았다.

― 조명채, 『봉사일본시문견록』, 1748년 6월 1일

　제3문이라고 한 중어문中御門은 나카노몬中之門을 말하는데, 혼마루 호
위를 맡은 중요한 역할을 하는 문이었다. 삼사는 여기에서 가마를 내려
걸어서 들어갔다. 제2문은 츄쟈쿠몬中雀門을 말한다. 츄쟈쿠몬은 혼마루
에 도달하는 최종문이었다. 나카노몬과 츄쟈쿠몬은 하나의 커다란 호구
虎口(굴곡지게 출입하도록 좁게 만든 통로)를 이루어 혼마루로 직진하는 것을
막아 혼마루를 보호했다. 츄쟈쿠몬을 통과하면 혼마루 오모테고텐에 이
르게 되었다. 이곳에서 사행이 처음으로 발을 디딘 건물이 겐칸玄關이었
다. 사행이 말한 제1문은 이 겐칸의 입구문玄関口이었다.

〈에도도병풍江戶圖屛風〉 부분

그림 중앙 해자 안쪽에 있는 건물이 혼마루이다. '고혼마루(御本丸)'라는 설명이 보인다. 혼마루 뒤쪽 5층 건물은 천수(天守)이다. 해자를 건너자마자 있는 문이 ① 오테산노몬(大手三ノ門), 이 문의 10시 방향에 있는 문이 ② 나카노몬(中之門), 다시 10시 방향쯤 흰 옷 입은 사람들과 붉은 옷 입은 사람들 사이로 보이는 문이 ③ 츄쟈쿠몬(中雀門)이다. 또한 그림의 첫 번째 해자 앞쪽의 문이 ④ 오테몬(大手門)이다. 오테몬과 오테산노몬 사이에 있는 다리가 ⑤ 게죠바시(下乘橋)이다. ㅣ 일본 국립역사민속박물관 소장

사행은 이곳에서 전명식이 시작되기를 기다렸다. 조명채는 10여 층의 판자 계단[板階]이 있다고 했다. 이에 대해서는 1719년 사행록을 참고하면 자세히 알 수 있다. 곧, 신유한은 '높은 누각이 하나 있었는데 정丁자 모습이었고, 나무 계단을 올라가니 각도閣道로 통하'였다고 했다. 1764년 원중거도 층층 계단을 올라가니 사오십 명이 가지런히 벌려 앉아 있었다고 하여 그 크기를 가늠하게 한다. 조명채는 이곳을 식대式臺라고도 부른다면서, 여기서부터 관백의 당내堂內에 이르기까지는 모두 서로 이어져 있었다고 했다. 이러한 점으로 미루어 볼 때, 겐칸은 정丁자 모습으로, 계단 10여 개를 올라가야 하는 높은 누각이었고, 각도가 이어졌고, 사행 외에도 일본 관리가 사오십 명 앉을 수 있는 크기였다.

겐칸에 대해서는, 1719년에는 각도를 따라 들어가서 한 대청大廳에 들어가 국서를 남쪽을 향하도록 상 위에 놓았다고 했다. 1748년은 전상칸殿上間(덴죠노마殿ノ間)을 지나 외헐소外歇所에 들어가 국서를 벽 감실에 모셨다고 했다. 1764년 사행은 계단에서 수십 무武(발걸음 혹은 반 걸음) 북쪽으로 간 곳이 외헐소였는데 이곳을 유지칸柳之間(야나기노마)이라고 하였다. 이는 버드나무가 그려져 있기 때문에 그렇게 부른다고 하였다.

겐칸에 있던 사행은 전명식을 위해 대광칸大廣間으로 안내되었는데 일본에서는 이곳을 오히로마大広間라고 한다. 그런데 혼마루는 20여 동이 넘는 건물로 이루어져 있었다. 그중에서도 격식과 규모에서 으뜸이었던 건물이 오히로마였다. 동서로 약 50m 길이가 되었고, 이곳에서는 중요한 공식 행사가 열렸다. 이곳은 상단上段・중단中段・하단下段・이지칸二之間・삼지칸三之間・마쓰노마松ノ間 등을 위시한 여러 방으로 이루어져 있었다.

1719년의 경우는 이곳의 명칭을 알지 못했다. 어떤 정청正廳에 이르러 탁자 위에 국서를 안치했는데, 관백이 앉는 전殿과 벽을 사이한 곳이라고 했다. 또한 이곳에는 각 주의 태수 등 높은 관리들이 공복을 입고 숲처럼 모여 있었다. 1748년의 경우 대광칸大廣間이라는 명칭을 사용하고 있고, 조명채는 이곳이 관백이 앉는 정당[所坐正堂]이라고 했다. 또한 일본 측에서 전명식이 시작되기 전에 미리 오히로마를 살펴보도록 했는데, 겐칸에서 오히로마까지, 구불구불 긴 복도를 따라가서 네댓 넓은 칸을 지나가니 대청이 나왔는데 3층으로 되어 있었다. 사행은 다시 외헐소로 나왔다가 전명식 때 들어가서는 내헐소內歇所인 마쓰노마松ノ間에 앉았다. 또한 1764년 사행은 매지칸梅之間이라는 용어를 사용했는데, 정당에서 세 사신이 예를 행하는 곳(남옥), 관백이 앉은 곳의 병풍 칸막이는 모두 매화를 그려 넣어 매지칸이라고(원중거) 하였다.

곧, 사행은 혼마루 오모테고텐에서 대체로 겐칸과 오히로마에 안내되어 전명식을 행하였다. 혼마루의 구성에 대해서는 정확히 알지 못하였고 일본 측에서도 정보를 주지 않았다. 뿐더러 전명식을 제대로 치르는 것에 신경을 썼기 때문에 보이지 않는 건물까지 관심을 둘 여력은 없었다.

또한 내성에서 사행은 천수天守에 관심을 두었다. 이는 일본어로 텐슈라고 하는데 한 성의 상징적인 건물이었다. 천수는 돌로 높이 쌓은 대 위에다 건물을 지었는데 이를 천수대天守台라고 한다. 일본 측에 의하면 1607년 천수대는 높이 19칸間, 사방 20칸間이었다. 에도성의 천수는 1607

년 준공 1622년 소실, 1623년 준공 1637년 소실, 1638년 준공 1657년 소실되었다. 특히 1657년 대화재로 천수를 포함한 성의 대부분이 소실되었다. 시가지를 우선적으로 부흥하려 했고 또한 경제적인 이유 때문에 천수는 재건을 하지 않았다. 곧 1657년 이후 천수는 사라진 것이었다.

천수에 대해서는 1624·1636·1643·1655년 사행록에 나타난다. 에도성 최초의 천수에 대해서는 기록이 없고, 두 번째와 세 번째 천수에 대한 기록이 나타난다. 1624년과 1636년 사행이 본 천수가 같은 것이고, 1643년과 1655년 때 본 것이 같은 것이었다.

천수가 있던 장소는 달라서, 1607년의 천수는 혼마루 중앙의 서쪽에 위치했고, 나머지 두 천수는 혼마루 가장 북쪽에 있었다. 지금 남아 있는 천수대 부근이다. 그런데 1624년 강홍중은 천수가 중앙에 있다고 했으니, 북쪽에 위치한 사실을 제대로 파악하지 못한 채, 내성의 밖이나 외성

카노 마스노부狩野益信, 〈조선통신사 환대도병풍朝鮮通信使 歡待圖屛風〉 부분
1655년 에도성 오히로마에서 전명식을 하는 모습 | 센뉴우지(泉涌寺) 소장

에서 보았을 때 중앙에 있는 것처럼 보였을 가능성이 있다.

천수는 5층이었는데, 1624년과 1636년에는 천수가 5층이며 망보고 방어하는 곳이라 하여 제대로 파악했지만, 오히려 1643년과 1655년에는 7층이라고 하며 관백 궁의 일부로만 이해했다.

강홍중은 천수의 하얀 벽과 황금 용마루가 해자에 그림자를 드리어 광채가 비치어 정신이 어질어질하다고 하였다. 실제로 천수 그림을 보면 벽 윗부분이 하얗고 용마루는 황금 장식을 하였다. 〈에도도 병풍江戸図屏風〉에 있는 천수는 1623년 혹은 1638년 준공된 천수이므로, 사행록에 기록된 천수는 병풍에 그려진 천수이다.

에도성에 대한 전반적 평가

에도성에 대해 사행은 그 견고함을 평가했다. 앞서 살핀대로 3중 성은 해자로 둘러싸여 있는데 해자는 넓이가 7, 8길丈이고 깊이도 측량할 수 없을 만큼 깊어 보였다. 해자 위의 다리를 통과해야만 성의 문에 접근할 수 있었다. 성의 높이도 6, 7길이고 벽은 큰 돌을 쌓아 올렸다. 또한 성은 겹겹으로 쌓았고 성가퀴도 겹쳐 있었으며, 성의 문에는 옹성甕城이 있는데 옹성에도 또 문을 만들었다. 이중 삼중으로 보호 장치를 한 것이다. 또한 성벽 위에 굽이굽이 2층 혹은 3층의 포루砲樓를 설치했다고 했다. 이는 일본어로는 야구라櫓라고 하는데 무기를 수납하거나 전망대의 역할을 했다. 에도성에는 40동이 넘는 야구라가 있었다.

그러므로 사행은 에도성에 대해, '성지城池의 웅장함이 한 나라에서 제일'(1607년)이며, '방비가 치밀하니, 예로부터 외적이 와서 뺏지 못한 것

에도성 타츠미니쥬야구라^{巽二重櫓}, 석축과 해자. 에도성 혼마루의 동남^巽 방향에 있다. ㅣ김경숙 사진

에도성 후시미야구라^{伏見櫓} ㅣ김경숙 사진

은 이 때문'(1624년)이며, '험하고 굳게 질러 막아 금성탕지金城湯池가 되었으며'(1636년), '성곽城郭이나 도랑과 못이 웅장하고 견고하기가 천하에서 제일일 것'(1643년)이라고 평가했다. 결국, 비록 험준한 산기슭에 의거하지는 않았지만 평지平地의 좋은 성지城池라고 할 만하다(1764년, 조엄)라고 하였다.

참고 자료 목록

이 책에 사용되거나 참고된 조선통신사 관련 자료는 다음과 같다. 사행록 저자의 사행 직역을 병기했다.

사행록

1596년 황신(黃愼, 1560~1617), 정사(正使), 『일본왕환일기(日本往還日記)』, 『국역해행총재』, 한국고전번역원 한국고전종합DB.

1607년 경섬(慶暹, 1562~1620), 부사(副使), 『해사록(海槎錄)』, 『국역해행총재』, 한국고전번역원 한국고전종합DB.

1617년 박재(朴梓, 1564~1622), 부사(副使), 『동사일기(東槎日記)』, 서울대학교 규장각 소장.

    오윤겸(吳允謙, 1559~1636), 정사(正使), 『동사상일록(東槎上日錄)』, 『국역해행총재』, 한국고전번역원 한국고전종합DB.

    이경직(李景稷, 1577~1640), 종사관(從事官), 『부상록(扶桑錄)』, 『국역해행총재』, 한국고전번역원 한국고전종합DB.

1624년 강홍중(姜弘重, 1577~1642), 부사(副使), 『동사록(東槎錄)』, 『국역해행총재』, 한국고전번역원 한국고전종합DB.

1636년 김세렴(金世濂, 1593~1646), 부사(副使), 『해사록(海槎錄)』, 『국역해행총재』, 한국고전번역원 한국고전종합DB.

    임광(任絖, 1579~1644), 정사(正使), 『병자일본일기(丙子日本日記)』, 『국역해행총재』, 한국고전번역원 한국고전종합DB.

1643년 신유(申濡, 1610~1665), 종사관(從事官), 『해사록(海槎錄)』, 『국역해행총재』, 한국고전번역원 한국고전종합DB.

    조경(趙絅, 1586~1669), 부사(副使), 『동사록(東槎錄)』, 『국역해행총재』, 한국고전번역원 한국고전종합DB.

    미상, 『계미동사일기(癸未東槎日記)』, 『국역해행총재』, 한국고전번역원 한국고전종합DB.

1655년 남용익(南龍翼, 1628~1692), 종사관(從事官), 『부상록(扶桑錄)』, 『국역해행총

재』, 한국고전번역원 한국고전종합DB.

1682년 김지남(金指南, 1654~?), 한학(漢學), 『동사록(東槎錄)』, 『국역해행총재』, 한국
고전번역원 한국고전종합DB.

홍우재(洪禹載, 1644~?), 수역(首譯), 『동사록(東槎錄)』, 『국역해행총재』, 한국
고전번역원 한국고전종합DB.

1711년 김현문(金顯門, 1675~?), 압물통사(押物通事), 『동사록(東槎錄)』, 일본 교토[京
都]대학교 소장.

임수간(任守幹, 1665~1721), 부사(副使), 『동사일기(東槎日記)』, 『국역해행총
재』, 한국고전번역원 한국고전종합DB.

1719년 신유한(申維翰, 1681~1752), 제술관(製述官), 『해유록(海遊錄)』, 『국역해행총
재』, 한국고전번역원 한국고전종합DB.

미상, 『일관고요(日觀考要)』, 국립중앙도서관 소장.

1748년 조명채(曹命采, 1700~1764), 종사관(從事官), 『봉사일본시문견록(奉使日本時
聞見錄)』, 『국역해행총재』, 한국고전번역원 한국고전종합DB.

홍경해(洪景海, 1725~1759), 자제군관(子弟軍官), 『수사일록(隨槎日錄)』, 서울
대 규장각 소장.

1764년 김인겸(金仁謙, 1707~1772), 서기(書記), 『일동장유가(日東壯遊歌)』, 이민수 교
주, 탐구당.

남옥(南玉, 1722~1770), 제술관(製述官), 『일관기(日觀記)』, 김보경 역, 『붓끝으
로 부사산 바람을 가르다』, 소명출판, 2006.

민혜수(閔惠洙, 1723~?), 군관(軍官), 『사록(槎錄)』, 고려대 육당문고 소장.

성대중(成大中, 1732~1809), 서기(書記), 『일본록(日本錄)』, 홍학희 역, 『부사산
비파호를 날 듯이 건너』, 소명출판, 2006.

오대령(吳大齡, 1701~?), 한학 상통사(漢學 上通事), 『명사록(溟槎錄)』, 국립중
앙도서관 소장.

원중거(元重擧, 1719~1790), 서기(書記), 『승사록(乘槎錄)』 김경숙 역, 『조선후
기 지식인, 일본과 만나다』, 소명출판, 2006.

원중거, 『화국지(和國志)』, 박재금 역, 『와신상담의 마음으로 일본을 기록하다』,
소명출판, 2006.

이언진(李彥瑱, 1740~1766), 한학 압물통사(漢學 押物通事), 『송목관신여고(松

穆館爐餘稿)』. 임형택 편,『이조후기 여항문학총서』1권, 여강출판사, 1986.

조엄(趙曮, 1719~1777), 정사(正使),『해사일기(海槎日記)』,『국역해행총재』, 한 국고전번역원 한국고전종합DB.

그외자료

이익(李瀷, 1681~1763),『성호사설(星湖僿說)』, 한국고전번역원 한국고전종합 DB.

일본 시문창화집

1711년 무라카미 세이자부로[村上淸三郎]·우에다 이헤에[植田伊兵衛] 간행,『양동창화 록(兩東唱和錄)』, 국립중앙도서관 소장.

1719년 가와마 마사타네[河間正胤] 편,『상한창수집(桑韓唱酬集)』, 국립중앙도서관 소장.

겟신 쇼탄[月心性湛] 편,『상한성사여향(桑韓星槎餘香)』, 국립중앙도서관 소장.

겟신 쇼탄[月心性湛] 편,『상한성사답향(桑韓星槎答響)』, 국립중앙도서관 소장.

세노오 코레카타[瀨尾維賢, 1691~1728]편,『상한훈지집(桑韓塤篪集)』, 국립중 앙도서관 소장.

아사히나 겐슈[朝比奈玄洲, ?~1734] 편,『봉도유주(蓬島遺珠)』, 국립중앙도서관 소장.

키노시타 란코[木下蘭皐, 1681~1752] 편,『객관최찬집(客館璀粲集)』, 국회도서 관 소장.

1748년 미야세 류몬[宮瀨龍門, 1720~1771] 편,『홍려경개집(鴻臚傾蓋集)』, 일본 국립국 회도서관 소장.

무라카미 히데노리[村上秀範] 편,『화한창화록 상(和韓唱和錄 上)』, 국립중앙도 서관 소장.

스가누마 세이료[菅沼西陵, 1732~?] 편,『화한창화록 하(和韓唱和錄 下)』, 국립 중앙도서관 소장.

슈우세이[周省] 편,『선린풍아(善隣風雅)』, 국립중앙도서관 소장.

슈우세이[周省] 편,『선린풍아 후편(善隣風雅 後篇)』, 국립중앙도서관 소장.

1764년 미야세 류몬[宮瀨龍門] 편,『동사여담(東槎餘談)』, 일본 토호쿠[東北]대학 부속

도서관 소장.

이토 고레노리[伊藤維典] 편, 『문사여향 상·하(問槎餘響 上下)』, 국립중앙도서관 소장.